Jackson Pollock

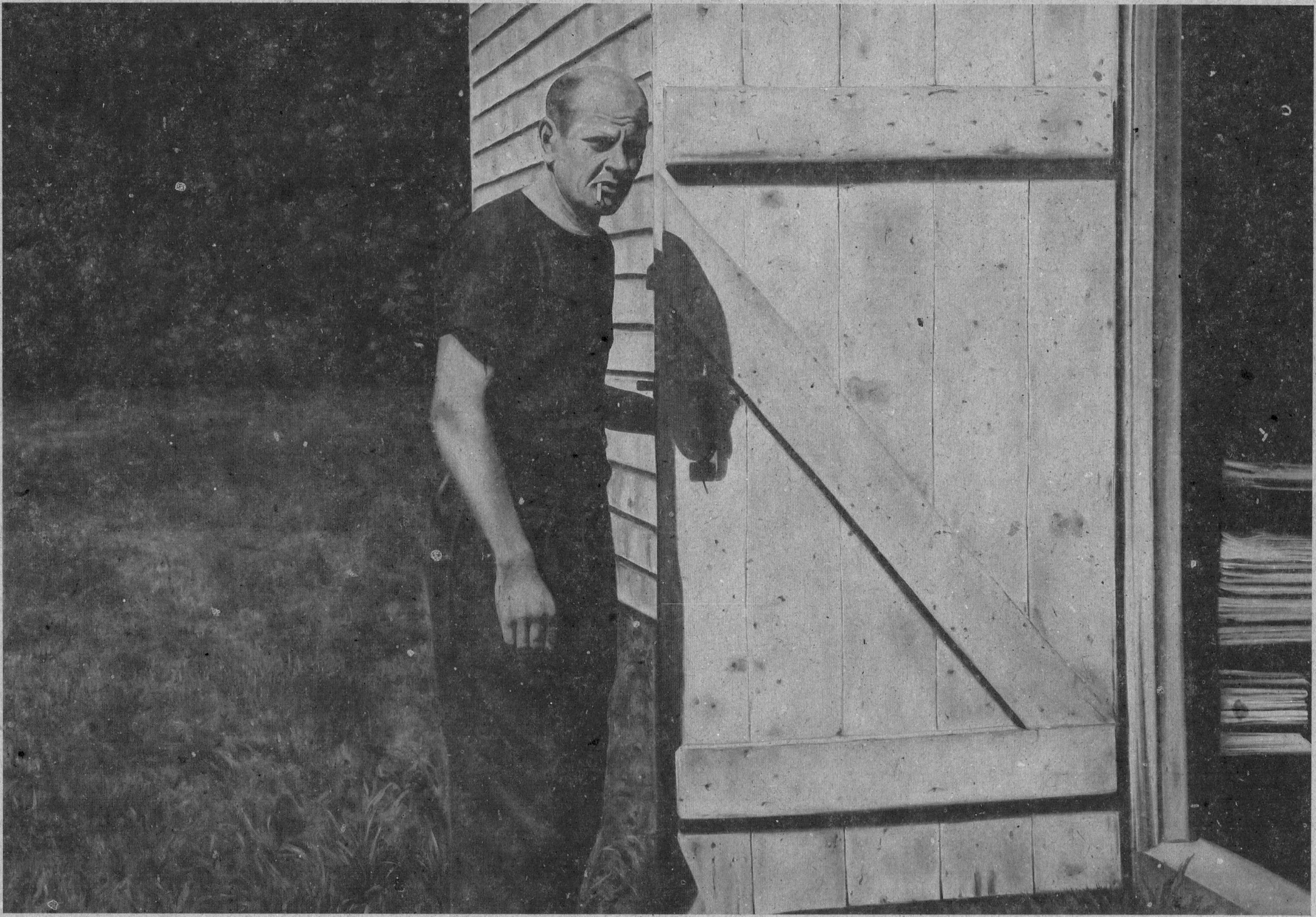

Jackson Pollock
par
Michael Vaccaro

Gabriele Di Matteo

Jackson Pollock

CHARTA

Une vie, éléments et documents

La chronologie de cet ouvrage a pu être établie à partir des publications de Alberto Busignani, Bernard E. Friedman, Francis O'Connor et Eugene Thaw, et de Bryan Robertson (voir Bibliographie).

28 janvier 1912

Naissance de Paul Jackson Pollock, cinquième et dernier fils de LeRoy Pollock (1879-1933) et de Stella Mac Clure (1875-1958), au Ranch Watkins à Cody dans le Wyoming. Ceux-ci, d'origine irlando-écossaise, et de religion presbytérienne non pratiquants, sont nés à Tingley dans le Iowa. Les autres enfants des Le Roy Pollock sont Charles (Cecil) né en 1902, (Marvin) Jay né en 1904, Frank (Leslie) né en 1907, et Sanford né en 1909.

28 novembre 1912

La famille quitte Cody, patrie de Buffalo Bill et ville-symbole du cow-boy et du Middle-West, pour San Diego en Californie.

Août 1913

Ses parents achètent une ferme à Phoenix en Arizona.

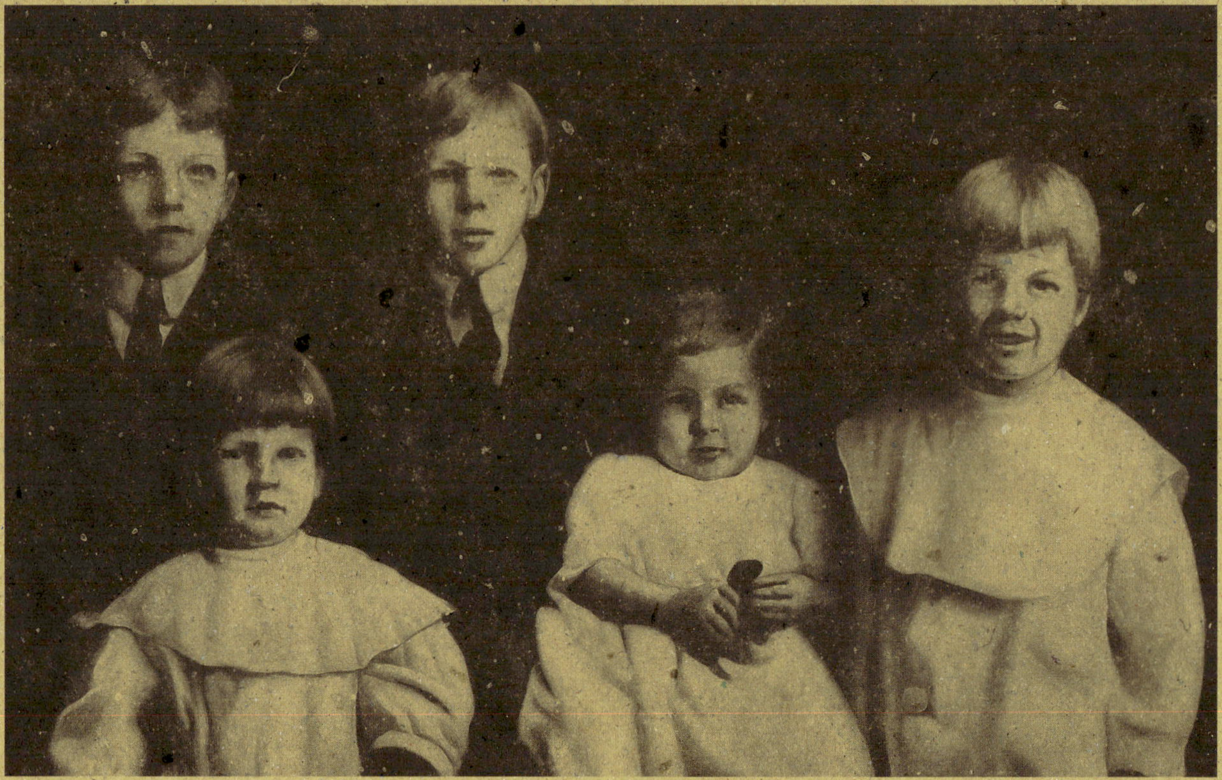

Les cinq enfants des LeRoy Pollock, c. 1914, de gauche à droite : Jay, Sanford, Charles, Paul Jackson, Frank.

La famille Pollock mangeant des pastèques à Chico, c. 1914, de gauche à droite : LeRoy, Frank, Charles, Jackson, Jay, Sanford, Stella.

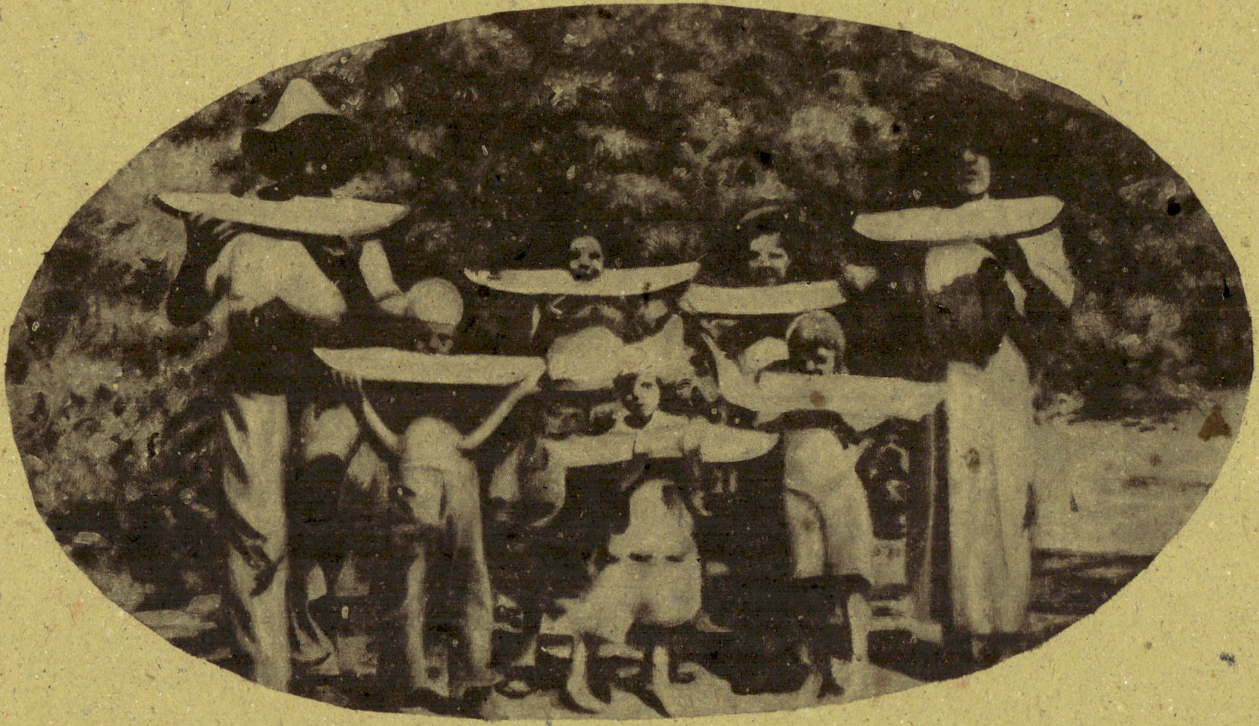

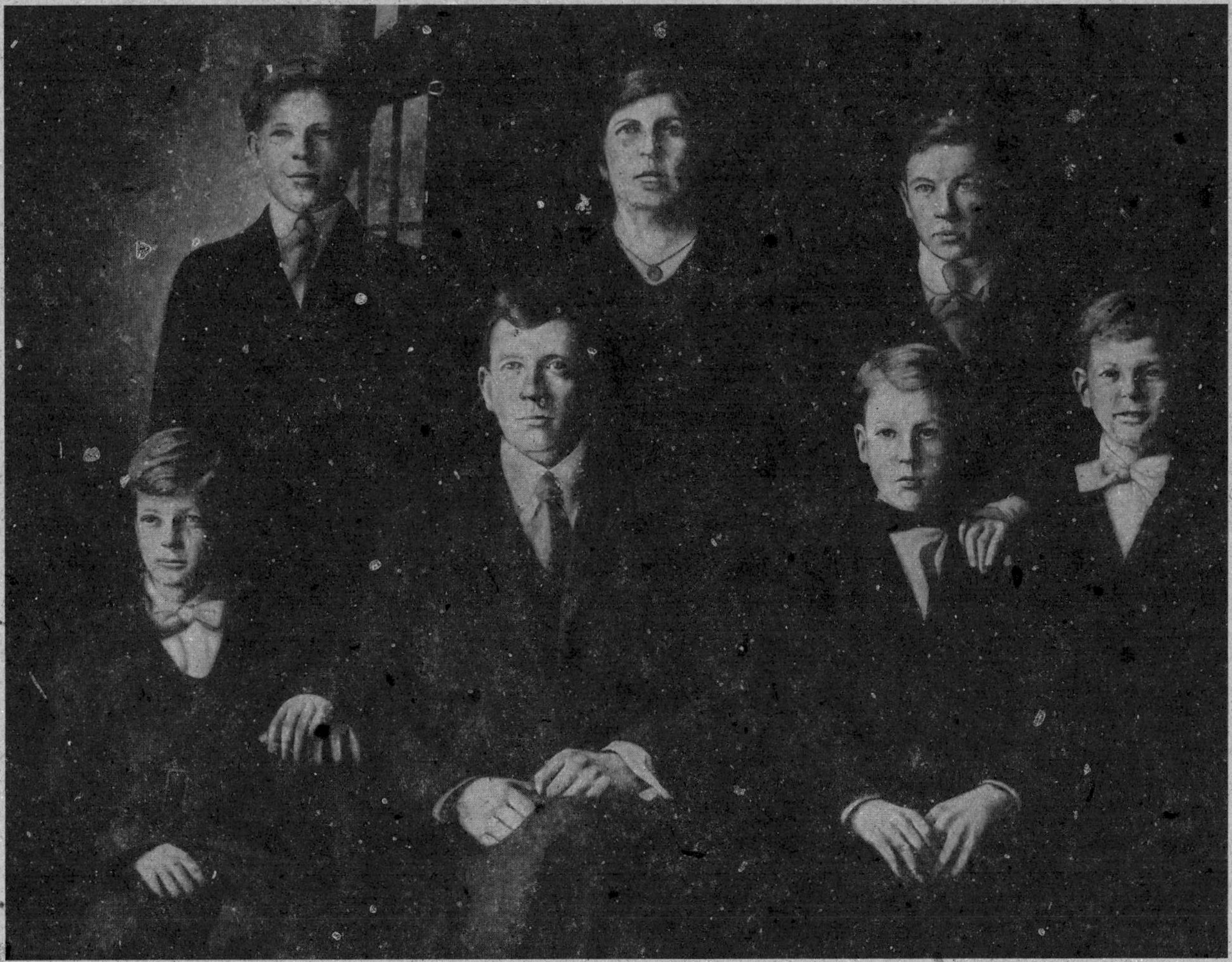

La famille Pollock à Chico en 1917,
en haut à gauche : Charles Cecil, Stella, Marvin Jay;
en bas : Sanford LeRoy, LeRoy, Frank Leslie et Paul Jackson.

Entretien Charles avec Pollock

Mon père, « artisan de la terre » connaissait et adorait son métier, mais ne savait pas le monnayer. couturière et, pendant des années, a cousu des chemises pour toute la famille.

« Ma mère méprisait la « pacotille ». Jeune fille, elle tissait à la maison. Elle était une excellente humaine, qualité du travail bien fait. Elle ne savait nous a inculqué le respect de la qualité : qualité Ma mère était aussi un artisan dans le sens où elle pratiquement rien de la peinture ou de la littérature. Les seuls livres dont je me souvienne sont la série des Dickens que possédait mon père.

Artscribe 1797 - n° 2 p. 18.

A Phœnix en Arizona, JP et sa mère à l'extrême gauche, c. 1923.

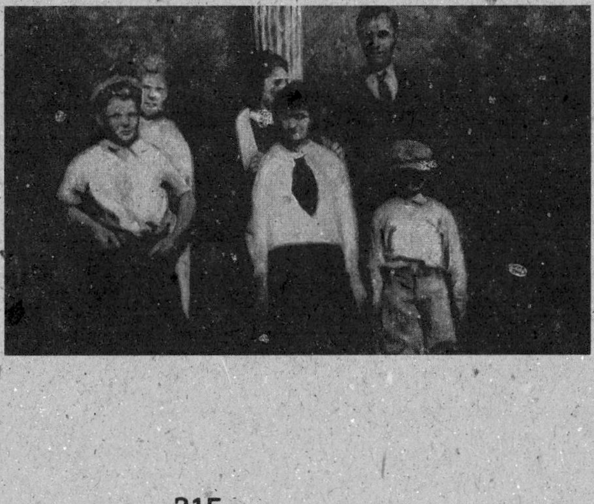

1917

Installé à Chico en Californie, Jackson Pollock entre à l'école.

1922

De Janesville (Californie), où ils s'étaient établis, ils partent pour Orland (Californie). Ainsi dès l'âge de 10 ans, JP a déjà vécu dans six lieux différents.

Cette même année, Charles Pollock va étudier à l'Otis Art Institute de Los Angeles. Il travaille parallèlement comme dessinateur au journal Los Angeles Times.

Septembre 1923

A nouveau en Arizona, JP entre à la Monroe Elementary School à Phoenix.

Il explore les alentours et découvre les vestiges de la culture indienne, les danses rituelles, les peintures de sable dans les réserves.

Printemps 1924

La famille retourne à Chico.

1925

Les Pollock se fixent à Riverside près de Los Angeles.

Septembre 1926

A New York, Charles Pollock s'inscrit à l'Art Students League et étudie avec Thomas Hart Benton.

Eté 1927

JP et son frère Sanford travaillent comme gardes forestiers sur la rive nord du Grand Canyon.

Septembre 1927

JP suit les cours de la Riverside High School avec difficultés, comme le montre une lettre de son père.

de LeRoy Lettre Pollock, 11 décembre 1297.

situation, tout cela me préoccupe énormément.
Je viens d'arriver et j'ai beaucoup pensé à toi et à ta
Mon cher fils,
J'aimerais tant te voir continuer l'école parce que je logiquement. Les commencer que l'on résoud pour problémes quelque chose. L'éducation, ça devrait vraiment former l'esprit — former à penser l'on fait; en bref, une grande soif de connaissance aujourd'hui nous donnent la force d'en résoudre de plus difficiles demain, et ainsi de suite. Cela demande beaucoup d'application, beaucoup de concentration et beaucoup d'intérêt pour ce que sais qu'alors, tu serais en bien meilleure position l'expérience pratique. Je serais vraiment un pére indigne si je ne souhaitais pas pour toi le meilleur suppose que la meilleure chose à faire est de commencer à travailler à quelque chose où tu pourras acquérir connaissance et formation par et une grande force de caractére. Enfin, si tu penses que c'est impossible pour le moment, je avenir possible.

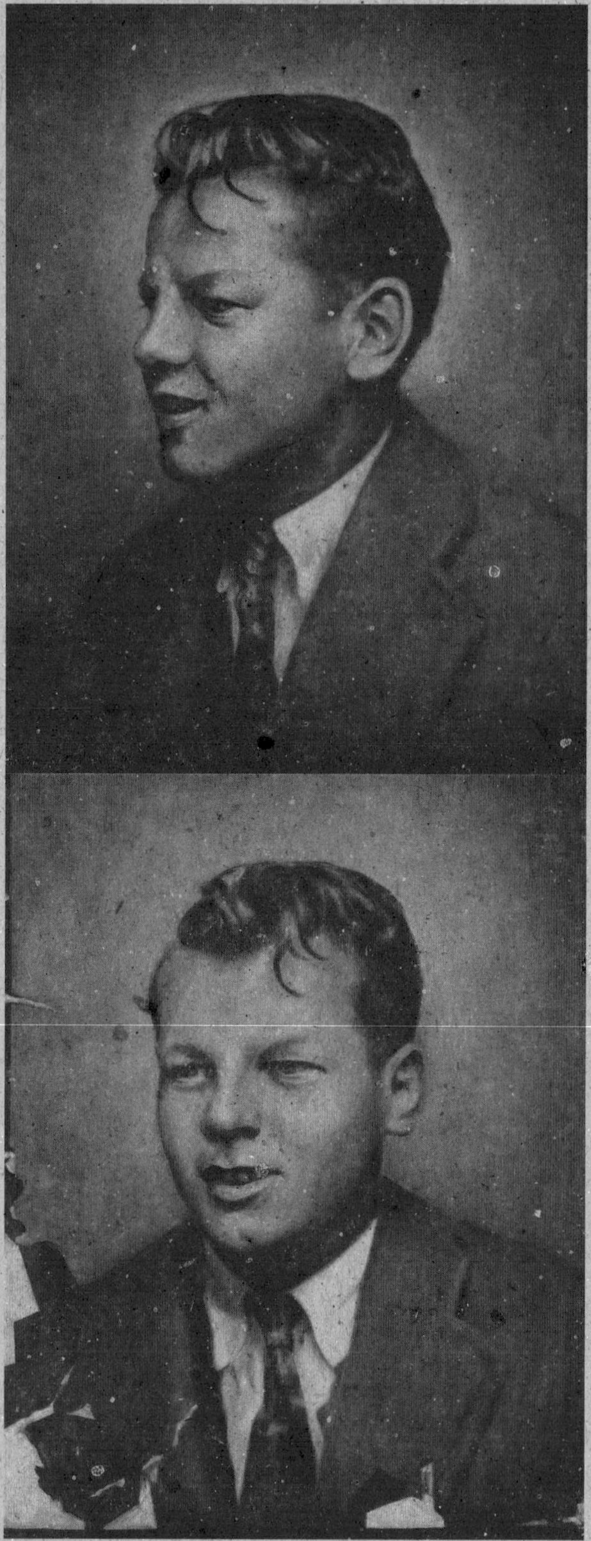

Deux photos d'identité de JP, c. 1926.

JP et Sanford dans le grand canyon en Arizona, en 1927.

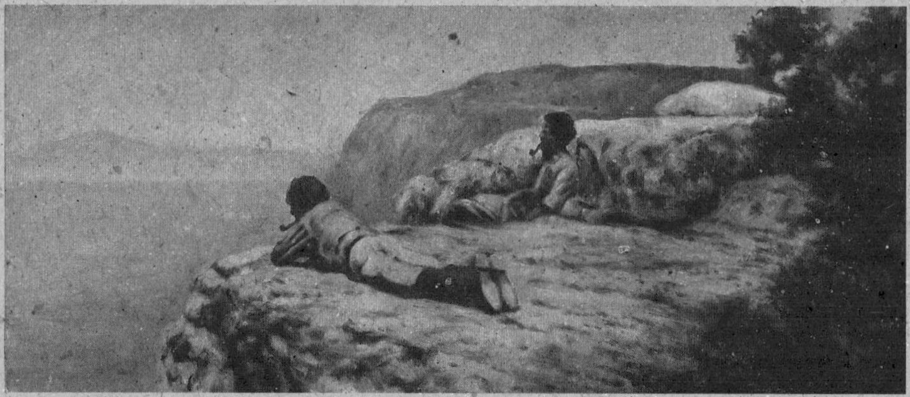

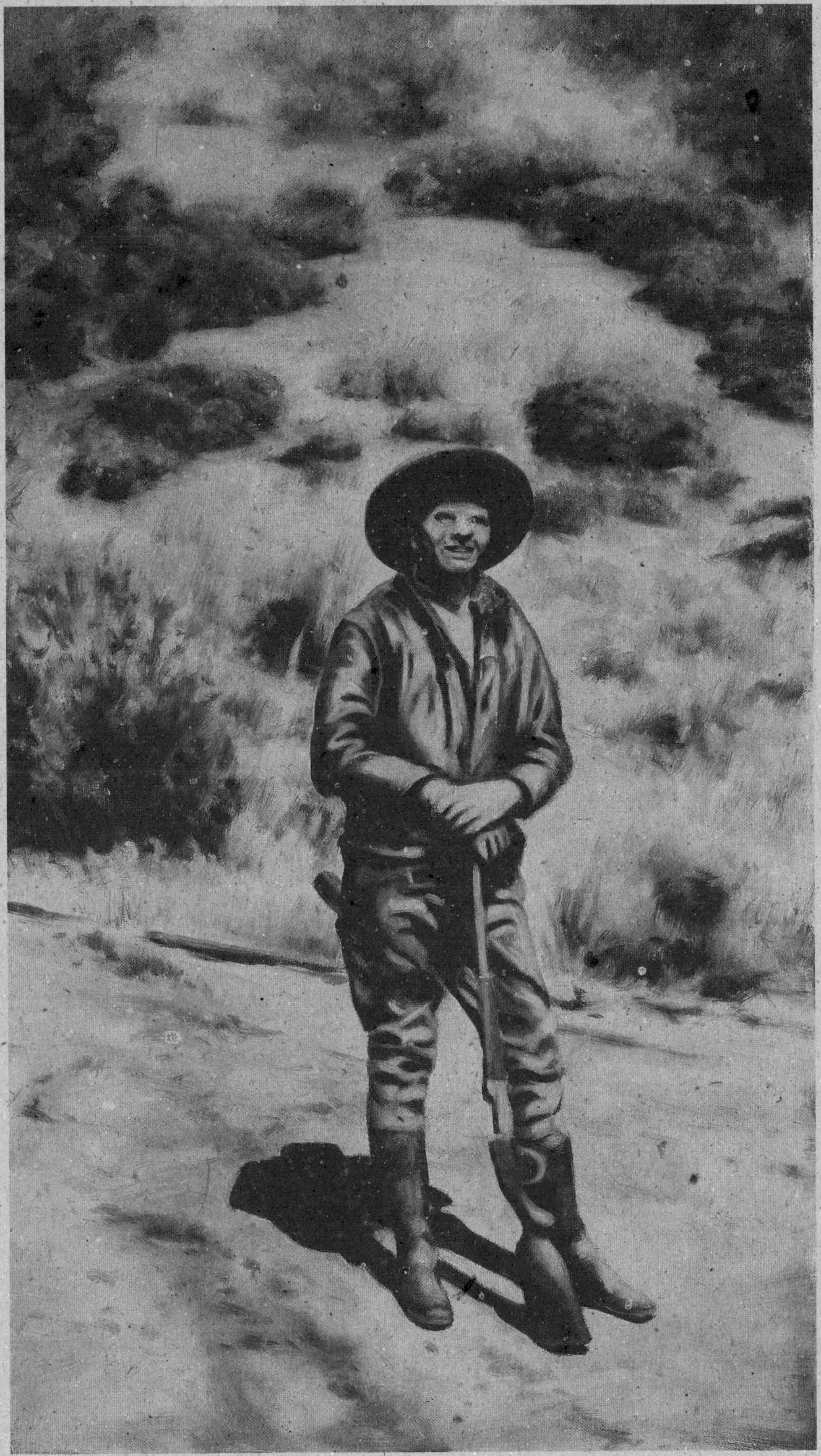

JP en garde forestier dans l'Arizona, été 1927.

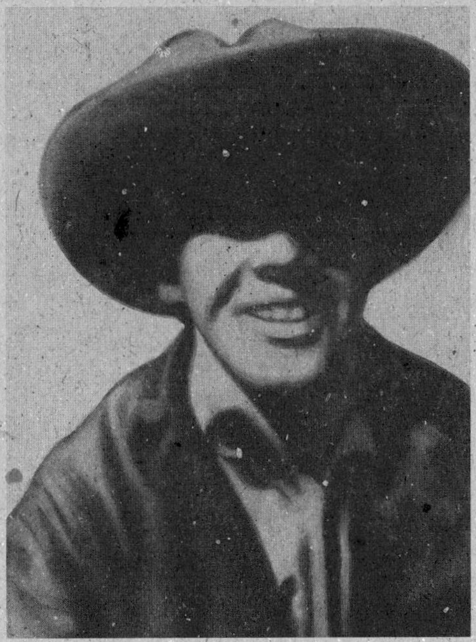

Mars 1928

JP quitte l'école.

Été 1928

La famille s'installe à Los Angeles.

Automne 1928

JP s'inscrit à la Manual Arts School. Son professeur Frederick John de St Vrain Schwankovsky l'initie à la théosophie et à l'enseignement de Krisnamurti.

Il fait la connaissance de Philip Guston, Leonard Stark, Donald Brown, Jules Langsner, et se lie d'amitié avec le sculpteur Reuben Kadish et le peintre Manuel Tolegian.

Dans un même intérêt artistique, ils lisent *Transition*, revue d'avant-garde littéraire dont la publication a commencé en avril 1927. Durant l'année scolaire, Guston, Tolegian et JP participent à l'élaboration du *Journal of Liberty*. La critique qu'ils font de la conception de l'école provoque le renvoi de JP.

JP, élève à la Manual Arts School de Los Angeles, c. 1928.

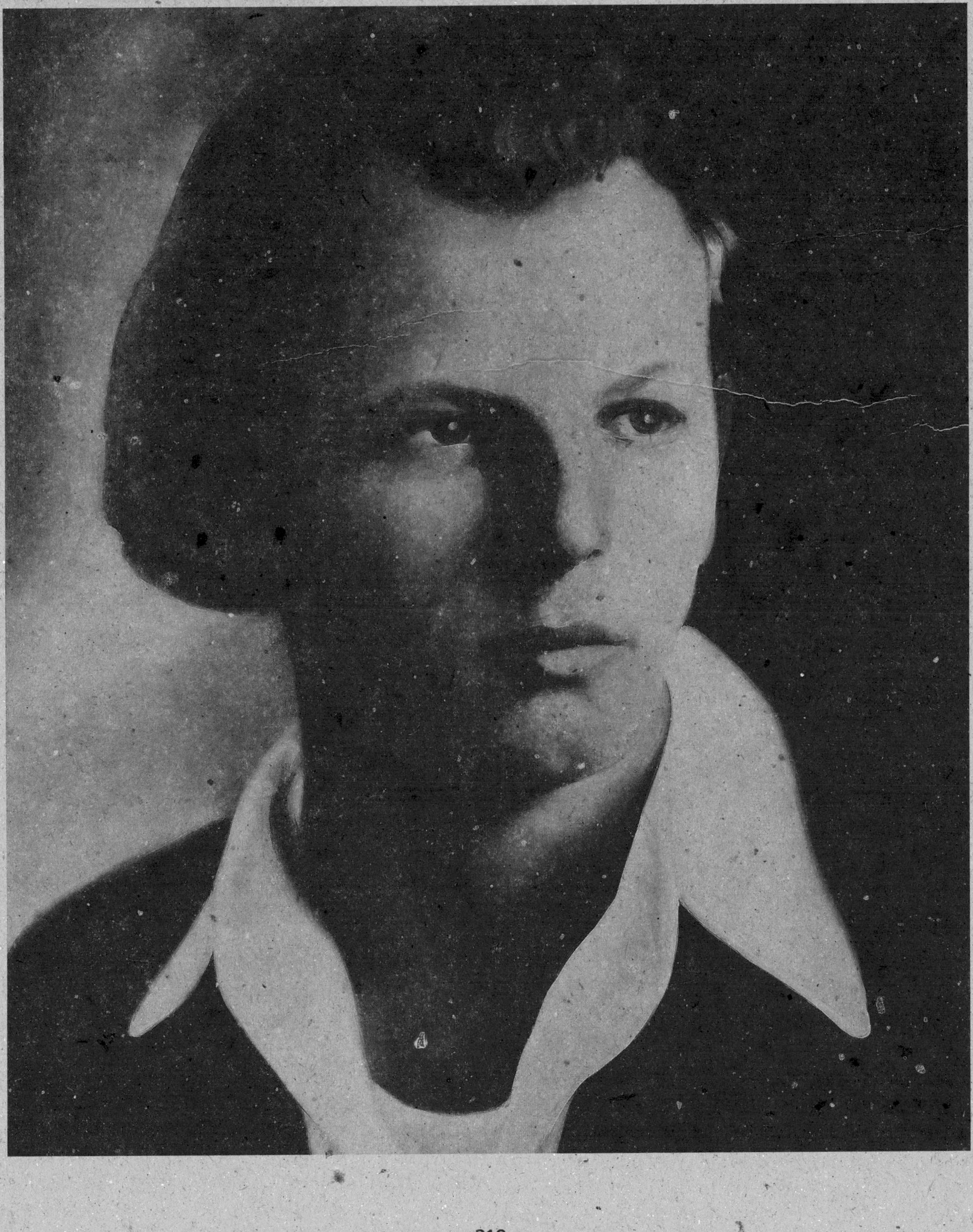

1929

JP travaille avec son père à Santa Ynez en Californie.

Automne 1929

Il retourne à la Manual Arts School.

JP, c. 1929.

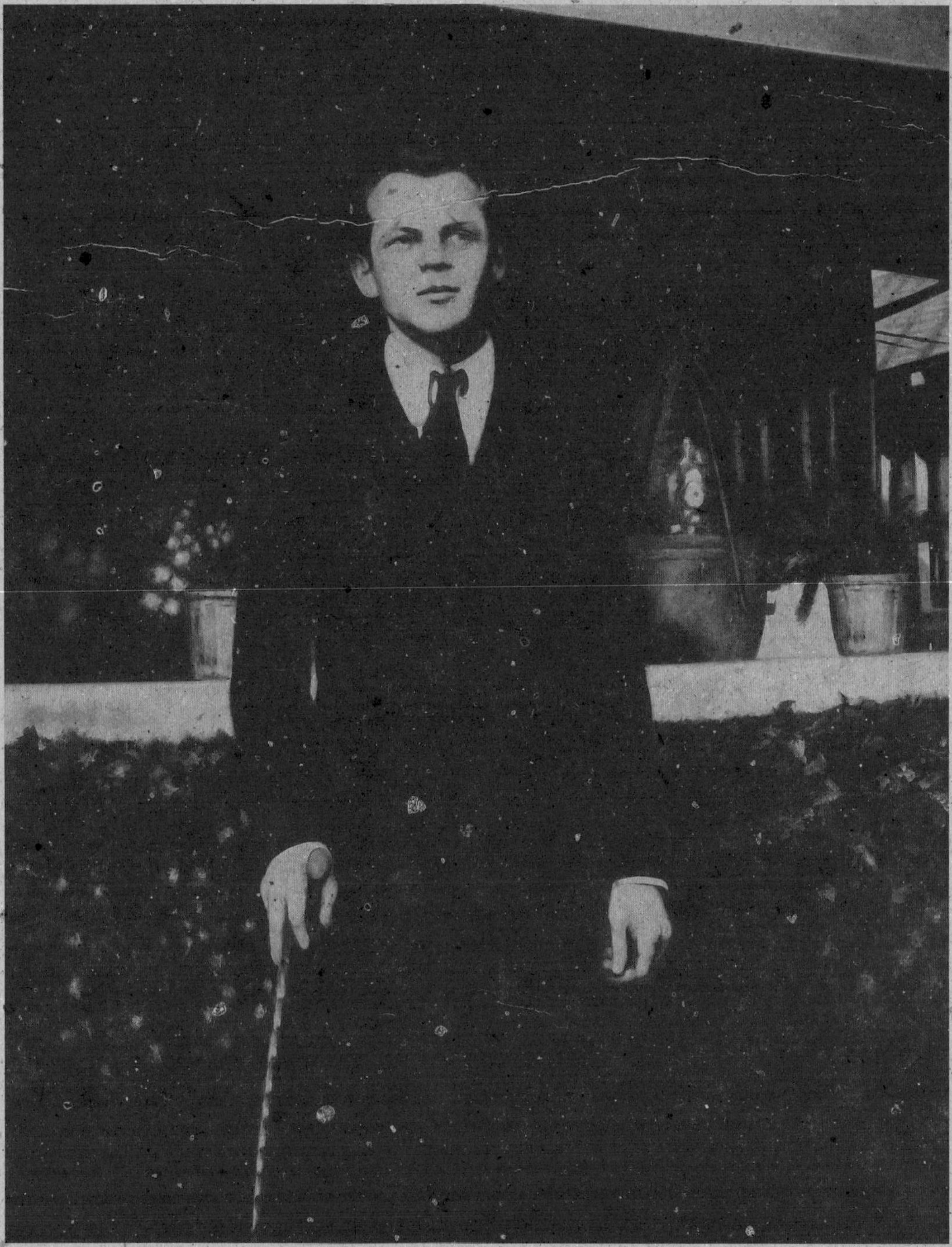

ses fréres Lettre à Charles et Franck,
12 brecoto 2929.

m'adapter à l'école /.../ J'ai eu beaucoup de mal à
J'ai été à nouveau puis il y a eu une nouvelle crise.
renvoyé. L'autre jour, j'ai fait le coup de poing avec
d'éducation physique. le supérieur du département
Nous sommes allés voir le directeur mais il était
trop borné pour comprendre mon point de vue. Il
une autre école. J'ai m'a dit de partir et de chercher
un certain nombre de professeurs qui me soutien-
nent alors j'ai quand réintégré...
même une chance d'être
devoir me faire tout petit pendant un bon bout de
temps...
rebelle pourri venu tout droit de Russie. Je vais
Si je réintégre l'école, il va falloir que je sois trés
prudent. Toute la clique pense que je suis un
J'ai lu et relu ta lettre, en la comprenant mieux à
horizons nouveaux.
J'ai laissé tomber la religion pour le moment.
Même si je suivais le Mysticisme Occulte, ce ne
« Creative Art » et « The Arts ». « Creative Art »
m'aide à mieux te comprendre et m'ouvre aussi des
chaque fois. J'ai beau avoir un peu évolué cette
année, je suis toujours loin de saisir ce que
ture m'intéresse, mais pas autant que la peinture et
la sculpture. J'ai découvert le travail de Rivera au
cours des réunions communistes auxquelles j'ai
assisté aprés mon renvoi de l'école l'année der-
J'ai peur que ça soit forcé et machinal. L'architec-
Je me suis abonné à travailler veut vraiment dire.
serait pas dans une perspective mercantile. Je ne
crois pas vraiment au talent, alors ce que je serai, je
le serai seulement par l'étude suivie et le travail.
niére. Il a un tableau au Musée maintenant, Dia des
Flores, peut-être que tu l'as vu. J'ai trouvé le
numéro de janvier 1929 de « Creative Art » sur
Rivera. J'ai beaucoup d'admiration pour son tra-
vail. Les autres revues, je n'ai pas pu les trouver.
Quant à ce que je voudrais être, c'est difficile à
modéles. Bien qu'il soit trés difficile d'avoir un nu
en face de soi et de s'en tenir au programme,
Schwankovsky a le courage de les faire venir. /.../
enfermé dans ma coquille et je n'ai rien accompli
sur le plan matériel. En fait, j'avais si peur de
parler en public que je ne pouvais pas penser
logiquement. Mais je suis en train de surmonter
cela. J'ai choisi les cours de littérature américaine,
littérature contemporaine, modelage, portrait
avons de la chance, d'aprés modéle vivant. Nous
notre école est la seule de la ville à avoir des
dire. Un artiste, sous une forme ou une autre. Au
pire, je continuerai à étudier les arts. Les gens
m'ont toujours effrayé et ennuyé alors je me suis

frère Charles, Lettre à son
13 janvier 3910.

lettres. Mes ,
de nouvelles expériences et Je fais continuellement
je passe par une période d'évolution hésitante qui
ques mais je me préoccupe surtout de moi-même
en ce moment. Je compte sur maman pour
conforme au réglement et au rythme des cloches
d'appel, si bien que je n'ai pas eu d'ennuis
récemment. Ce trimestre, je n'y vais qu'à mi-temps
et je peux consacrer le reste de la journée à écrire
Cher Charles lettres sont certainement égocentri-
me laisse dans un état d'esprit plutôt flottant. Je
et négligent quant à suis aussi un peu paresseux
t'envoyer les nouvelles de la famille.
L'école est toujours aussi rasante mais je me
ma correspondance et je suis désolé d'avoir
apparemment fait si peu de cas de ton aide mais à
partir de maintenant tu vas voir davantage d'inté-
rêt de ma part et des réponses plus promptes à tes

Je suis sûr que j'arriverai à et travailler à la maison.
faire beaucoup plus de choses comme ça. A l'école,
je vais suivre les cours de dessin d'après modèle
J'ai commencé un truc vivant et ceux de modelage.
en glaise, ce qui m'a valu les encouragements de
mon prof. Mes dessins, à te dire franchement, ne
valent rien, ils manquent de liberté, de rythme, ils
travaillé beaucoup.
Je sens que je serai un jour un artiste digne du
nom, mais je n'ai encore jamais démontré, que ce
soit à moi-même ou aux autres, que j'avais en moi
le potentiel pour le faire. /.../
pour finir une pièce. Généralement, je me décou-
sont froids et sans vie. Ils ne valent pas les timbres
pour les envoyer. Il devrait y avoir quelques
progrès bientôt, si ça doit jamais arriver, et je t'en
enverrai à ce moment-là. La vérité, c'est que je ne
me suis jamais mis au travail à fond, assez à fond

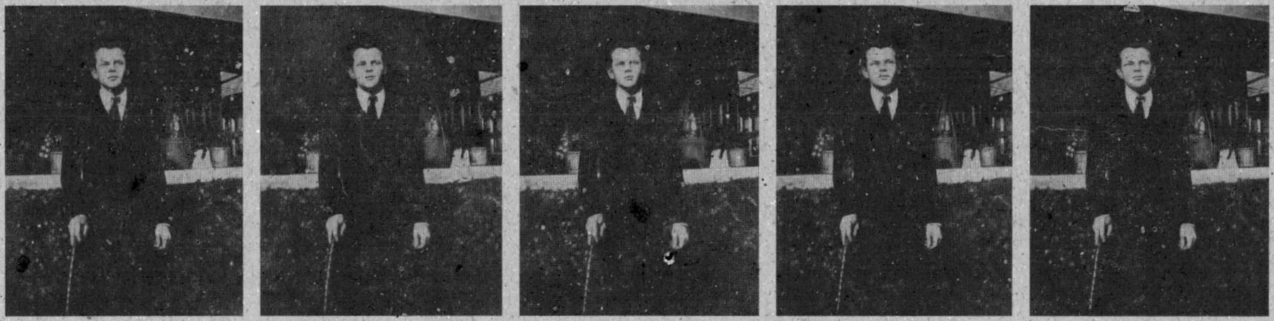

Charles Pollock, le 26 août 1981.
par et Bompuis C. C. Stoullig propos recueillis

dans ce qu'il appelait The terrible. Il avait une
passion pour la Renaissance, il écrivait d'ailleurs
des articles dans un magazine américain, regroupés
« Benton était un professeur Mechanics of Form
Organisation où l'on pouvait se rendre compte de la
clarté de ses écrits et de sa pensée. Je ne crois pas
des diplômes. Pour moi, c'était un intellectuel et
qu'il soit jamais allé à l'université, ni qu'il ait eu
pas un peintre fondamental.

structure spatiale (3e dimension, composition).
ni le clair-obscur, mais l'analyse des peintures de
Rubens, Tintoretto, Le Greco et spécialement leur
Dans ses cours, il ne nous enseignait, ni la couleur,
Nous dessinions d'après modèle, mais jamais nous
Benton l'a initié à la Renaissance. »
du travail était produit en dehors et soumis à son
appréciation ensuite. Jackson dit lui-même que
ne faisions de peinture contemporaine. La majorité

1930

JP suit les classes de modelage et de modèle vivant à la Manual Arts School, à temps partiel.

juin 1930

Au retour de Franck et de Charles Pollock de Columbia University (New York) où ils suivaient les cours de littérature, ce dernier emmène JP voir les nouvelles fresques d'Orozco à Pomona College (Californie).

Automne 1930

JP accompagne ses frères à New York et s'y installe.

29 septembre 1930

Il s'inscrit à l'Art Students League aux cours du soir, dispensés cinq fois par semaine par Thomas Hart Benton : modèle vivant, peinture et composition. Le maître corrige les travaux deux fois par semaine. Renouvelable chaque mois l'inscription s'élève à 12 dollars. JP donne comme adresse : 240 West, 14th Street.
A son arrivée à New York, il soustrait son prénom Paul et ne garde que Jackson.

Octobre 1930

Benton et Orozco commencent les fresques à la New School and Social Research.
JP pose pour Benton et fait alors la connaissance d'Orozco.

Charles propos recueillis Pollock, le 26 ût 1981.ao

Times. A cette époque, je découvris The Dial travail comme copiste dans le journal Los Angeles Angeles en 1922 et trouvai un « Je partis pour Los Magazine qui reproduisait de nombreux travaux mentionna. »
Pendant que je travaillais au journal de Los Matisse) et j'en fis part à mes frères en leur envoyant coupures, magazines... J'admets que cela eut une influence, tout au moins visuelle, car mon frère Sandy, la veille de sa mort (1963) le d'artistes accompagnés de très bons textes critiques. Ce fut une révélation pour moi (en particulier

York, de rencontrer Benton et après, d'aller à Mexico, ce qui était mon but à ce moment là.
New York. Benton, à cette époque, donnait des conférences sur l'art à des adultes dans le centre communautaire de cette église. Lorsque je décidais d'aller à New York, le reporter me suggéra d'appeler Benton. Au même moment, je pris connaissance d'un de ses articles, dans une revue, Shadowland, revue cinématographique qui comportait également des articles sur la musique et la peinture. L'un d'eux reproduisait des projets muraux, et à cette époque j'étais passionné par la fresque mexicaine. Ainsi je décidai d'aller à New Angeles, je fis la connaissance d'un reporter dont le père était un révérend de l'église de Chelsea à

Février-mai 1931

JP poursuit ses cours chez Benton grâce à une bourse d'étudiant.
Dès cette date et jusqu'en 1937, son amitié avec son professeur s'accroît; il passera plusieurs étés dans sa propriété.

Juin 1931

Mariage de Charles Pollock avec Elizabeth England.

Été 1931

Avec Manuel Tolegian, également étudiant de Benton, il traverse les États-Unis en stop pour rentrer chez lui tout en prenant quelques croquis. Tous deux travaillent comme bûcherons à Big Pines (Californie).

Lettre à Charles Pollock, 10 juin 1931.

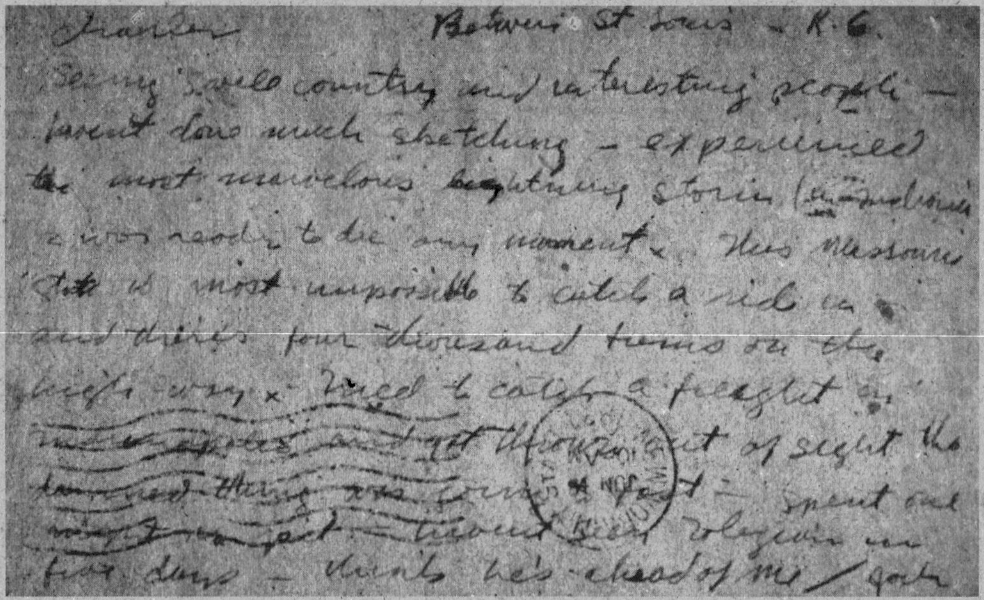
Charles — Between St Louis — K.C.
Seeing swell country and interesting people —
haven't done much sketching — experienced
the most marvelous lightning storm (in Indiana)
& was ready to die any moment. This Missouri
State is most impossible to catch a ride in
and there's four thousand bums on the
highway. Tried to catch a freight in
Indianapolis and got thrown out of sight the
damned thing was going so fast — spent one
night in jail — haven't seen Tolegian in
five days — think he's ahead of me / Jack

Pollock, 10 Lettre à Charles juin 1931.

sur l'autoroute. J'ai essayé de sauter dans un train de marchandises à Indianapolis mais il allait si vite gens intéressants — je Paysages formidables, dessine assez peu — quel orage fantastique j'ai vécu (en traversant l'Indiana) je me suis senti prêt à mourir. Quasiment impossible de faire du stop dans le Missouri — et il y a quatre mille stoppers Entre Saint-Louis et K.C.
Charles.
que j'ai été projeté à des mètres de là. Passé la nuit en tôle — n'ai pas vu Tolegian depuis cinq jours — Jack. il a dû me devancer.

Juin 1931

Octobre 1931

De retour a New York, JP se réinscrit au cours de Benton en classe de peinture murale, six matinées par semaine.

Février 1932

son père. Lettre à

temps et de travail pour assimiler ce savoir. Encore une bonne soixante-dizaine d'années et je serai un bon artiste — être artiste, c'est la vie elle-même — artiste, je ne prends pas le mot dans son sens étroit; je pense à l'homme qui construit des choses, qui crée, qui façonne la terre, que ce soit les plaines dames — ou bien parler de la vie et de la civilisation idéales. Je suppose que tu reçois encore la Nation là-bas. L'article d'Ernest était très bon, le meilleur du lot — « si j'étais un dictateur constitu-tionnel », celui de Chase était bon à mon avis. On dirait bien qu'il va falloir s'enrôler pour le gouvernement capitaliste — l'histoire de Mand-chourie va nous mettre dedans.

Ici, les choses sont à peu près pareilles — je vais à l'école tous les matins et j'ai appris ce qui vaut la peine d'être appris dans le domaine de l'art. Maintenant c'est simplement une question de Cher Papa,

J'ai attendu si longtemps pour t'écrire, Papa, je suppose que ce n'est pas la peine de chercher des excuses.

c'est vivre la vie, je veux dire. Et quand je dis Tu dois t'ennuyer tout seul au camp sans travailler — si j'étais là on pourrait faire des parties de de l'Ouest ou le minerai de fer de Pennsylvanie. Benton vient d'obtenir une autre commande de peinture murale — pour le Whitney Museum. La peinture murale monte en première ligne — quand j'y arriverai, moi, il n'y aura que ça — de toute je pense que mon médium, c'est la sculp- façon, j'ai ensuite laissées traîner sur mon bureau que cette fois, je vais faire un réel effort pour t'envoyer celle-ci, que j'ai commencée il y a quelques semaines.

nouveau « Radio City » en construction — c'est le nouveau travail de l'artiste, de construire avec le charpentier, le maçon.

L'art de la vie, c'est la composition — l'organisa-tion — l'agencement des masses, des activités.

Bien, papa, j'ai commencé tellement de lettres que ture. Je ne serai pas satisfait avant d'avoir pu façonner une montagne de pierre, avec un marteau-piqueur, si ça me dit. Il doit y avoir des nouvelles commandes de peintures murales pour le Il fait très froid ici maintenant — à mon avis c'est le plus froid qu'on ait eu cet hiver. C'est sûrement très dur pour les pauvres types qui font la queue pour bouffer — et qui n'ont nulle part où dormir.

Benton a la grippe ou la typhoïde — je n'ai pas de nouvelles — ce n'est vraiment pas de chance de tomber malade au moment où il a une commande suppose qu'on va simplement attendre et voir ce qui s'offre. Chas va venir dans l'Ouest s'il a la qu'on va faire cet été — aucun d'entre nous n'a d'idée précise sur ce qu'on voudrait faire. Je — j'espère qu'il va aller mieux bientôt.

C'est à peu près l'époque où on se demande tous ce

ici. J'aimerais trouver un boulot dans une carrière de pierres — ou dans une fabrique de pierres à la bibliothèque le soir, et toujours à éplucher des Il a eu un rhume la semaine pommes de terre. dernière mais ça va mieux. J'aimerais beaucoup venir aussi mais je dois penser à l'année prochaine chance d'obtenir sa bourse, sinon ça m'étonnerait. Frank a l'intention de venir, je crois. Il est toujours l'Ouest. Je suppose que dans quelques temps on aura tous une idée plus claire de ce qu'on peut faire. (...)

dégourdi qu'un chaton quand il s'agit de me débrouiller — pour le travail et tout ça — apparemment, l'avenir n'est clair pour aucun d'entre nous. Si je ne m'en sors pas ici, j'essaierai de faire beaucoup de dessin en rentrant dans tombales — où je pourrais gagner un peu d'argent et en même temps apprendre quelque chose sur la pierre elle-même et sur la taille. Je suis aussi J'ai reçu une lettre très intéressante de Mart[1] — je suis ravi qu'il trouve sa voie, je vais lui écrire bientôt — je n'ai pas encore reçu la lettre de Sande — c'est une drôle de famille que tu as là, Papa — de temps en temps, l'un d'entre nous fait sa petite révolution — ce sera intéressant de voir sur quoi chacun de nous finira par se fixer. J'ai encore un long chemin à faire — beaucoup à travailler — entreprendre toute chose dans un but précis; pour est reparti ou bien s'il travaille à Boston.

Cher papa, j'ai pris le temps de manger deux livres d'épinards frais — j'aime beaucoup ça. Je vais m'endormir le soir, et puis j'aime bien. Charlie B. est passé me voir l'autre soir, il venait d'Angle-terre, je ne l'ai pas revu depuis et je ne sais pas s'il chaque décision, c'est le chaos.

Je tripote toujours de l'harmonica, je ne peux pas vraiment jouer de ce truc — mais ça m'aide à arrêter ma lettre ici, mais j'écrirai plus souvent. Je suis en général dans un tel état d'agitation que je (1) Son frère Marvin. et quand j'ai quelque chose à dire, après l'avoir écrit, j'ai l'impression que ce ne sont que des inepties. J'ai reçu la lettre de maman avec l'argent. Je n'aurais pas je t'embrasse.

dû la laisser...

Jackson.

n'ai rien à écrire,

soulagé. Nous avons un temps superbe — il est presque neuf heures (heure d'été) et il commence tout juste à faire nuit.
Chas a les photos. Il te les enverra.
après avoir reçu la tienne mais je ne l'ai pas nuera sans doute tout l'été.
Bon, il n'y a plus grand chose à dire alors je vais m'arrêter ici. Je vous verrai sans doute tous très bientôt. Jack.
J'ai vraiment honte. J'ai commencé cette lettre Benton travaille à ses peintures murales, il conti- terminée ni envoyée. Rien n'a changé ici, aucune perspective nouvelle. Frank a eu la voiture aujour- d'hui, je crois. On ira probablement au camp avec Chas ce dimanche pour la remettre en état pour cet été. Je n'ai pas encore de nouvelles perspectives de travail. J'ai posé ma candidature à la « League » pour l'hiver prochain — mais je ne crois pas que je serai accepté. Enfin, nous allons bientôt nous mettre en route, le vingt-neuf en principe. Marie sera sûrement excitée de partir et elle a diantre- ment besoin de repos — Frank aussi sera très rien de sûr cependant. J'ai toujours mon manteau bleu, maman — il est en mauvais état. Je te l'enverrai ou te l'apporterai pour que tu en fasses une couverture. Je ne pense pas que ce soit la peine de le raccommoder — j'ai de quoi m'habiller.
Charlie B. est venu il y a un mois, de retour d'Angleterre. Il a dit qu'il revenait le lendemain mais je ne l'ai pas revu. Je suppose que mon accueil l'a déçu.

mère. Lettre à sa
nourrir ou se loger.
Sande n'a pas dit dans sa lettre s'il avait des l'argent. Merci mille fois. J'aurais préféré que tu l'utilises pour toi. Nous avons aussi reçu des lettres de papa et de Sande — j'étais ravi d'avoir des nouvelles mais désolé d'apprendre que Sande est en chômage partiel. Les conditions ici sont incroya- bles : des familles sans rien pour s'habiller, se
Chère Maman,
J'ai reçu tes deux lettres la semaine dernière avec nouvelles de la conférence de Thomas Craven là- bas — il devrait en avoir. Je voulais lui écrire à ce probablement rentrer chez lui pour l'été. Si je peux trouver du travail, je resterai ici — Mrs Benton dit qu'elle pourra peut-être me trouver quelque chose, pas étant donné le genre de peintres qu'on y trouve. Ceci étant, la reproduction qu'il a envoyée de la vie. C'est une question d'années — une vie.
J'ai encore beaucoup à apprendre techniquement. Mais ça m'intéresse et j'aime ça, c'est l'essentiel. peinture et la sculpture, c'est la vie elle-même (pour ceux qui en font) et l'on évolue au fur et à mesure que l'on vieillit et que l'on fait l'expérience du tableau refusé était un signe qu'il y avait quand même là-bas un certain intérêt pour la vie.
Je continue mon bonhomme de chemin — la Tolegian n'a pas encore de projets précis — il va sujet, c'est un critique intelligent qui a une grande connaissance de l'histoire de l'art. J'ai appris qu'il était pas mal ridiculisé là-bas, ce qui ne m'étonne

Mai 1932

Été 1932

Avec Whitney Darrow, futur caricaturiste au New Yorker Magazine, étudiant de la League, il retraverse les États-Unis en stop et en profite pour voir les fresques de Siqueiros à la Chouinard Art School.

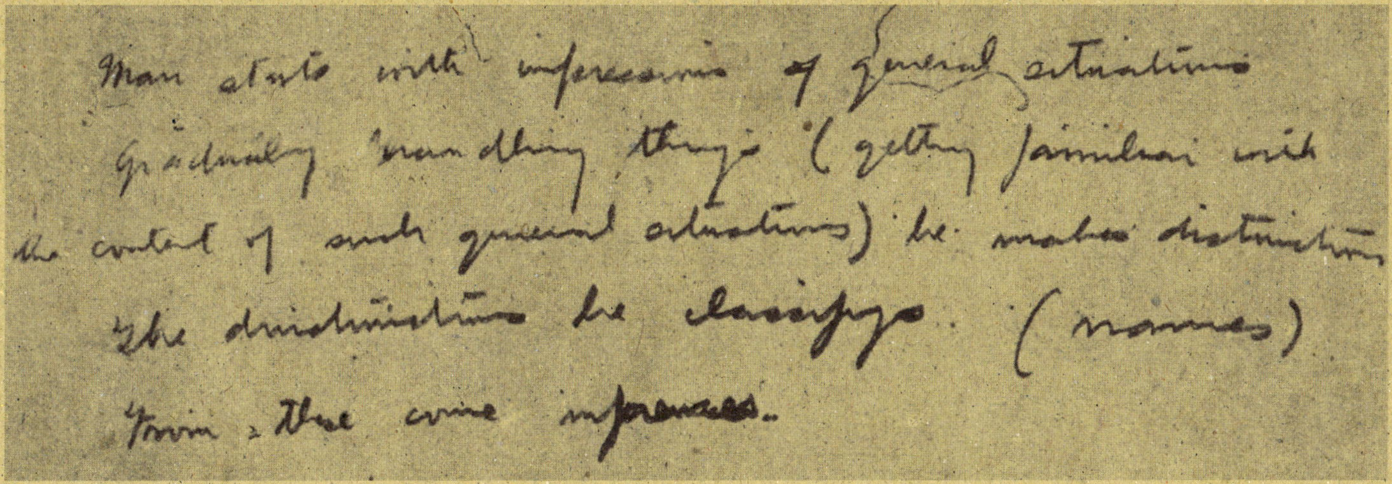

Manuscrit de JP

« L'homme, au départ, perçoit des situations globales, puis, maniant progressivement les choses (se familiarisant avec le contenu de ces situations globales), il fait des distinctions, distinctions qu'il classifie (nomenclature) et de là, il tire des conclusions ».

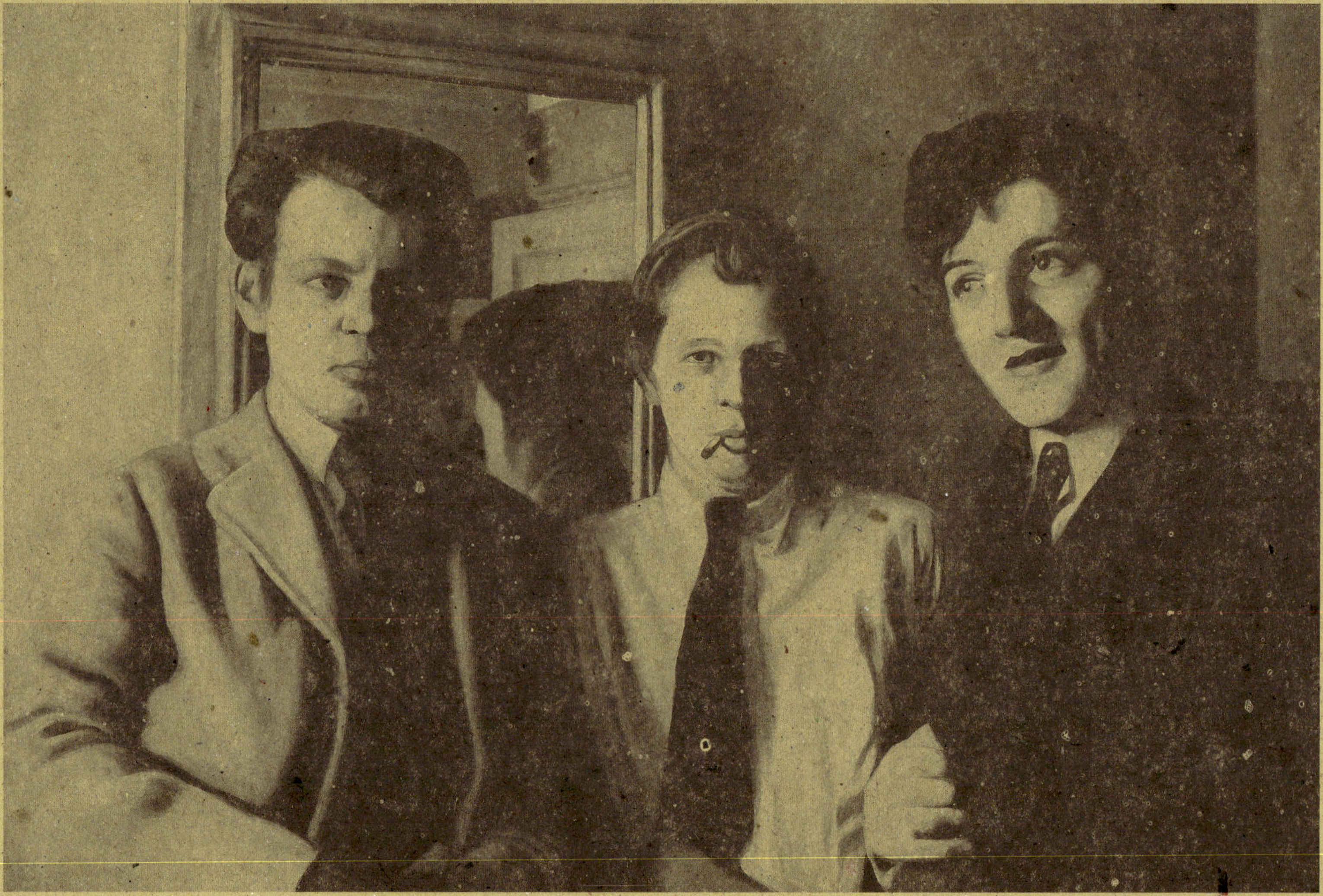

JP, Charles Pollock et Manuel Tolegian, New York, 1932-1933.

Automne 1932

Il retourne à New York par la Nouvelle Orléans dans une vieille Ford achetée par Darrow.

1er octobre 32. Lettre à 19 sa mère,

recettes pour la tomate, la prune et la pomme —
c'est assez bon marché ici.
J'ai dit que je pouvais en faire une tire à sa fin.
presque aussi bonne — ils m'ont pris au mot et se
sont proposés d'acheter les ingrédients. Si elles ne
sont pas trop longues, peux-tu m'envoyer les
très vite : 5 jours et 6 nuits. L'école commence
lundi 3 octobre sans regrets de ma part. Ravi que
Frank retravaille déjà à la bibliothèque et au
restaurant, il va prendre une petite chambre au
même étage que nous. Tolegian a fait le voyage
je vais leur écrire. Le costume est en excellent état
— je n'ai pas encore eu l'occasion de le mettre — je
Mart ait eu quelques jours de congés payés — et
que Sande soit content de son cours de fresque —
suppose — j'écrirai à nouveau bientôt.
Je t'embrasse. Jack.
n'ai été en ville qu'une fois, à l'école. J'ai fait une
grosse lessive aujourd'hui, la quatrième jusqu'ici
— cette année, il faut vraiment que tout soit propre
comme un sou neuf — c'est bon pour moi, je
Chère Maman,
Ça n'est pas vraiment mon tour — mais la confiture

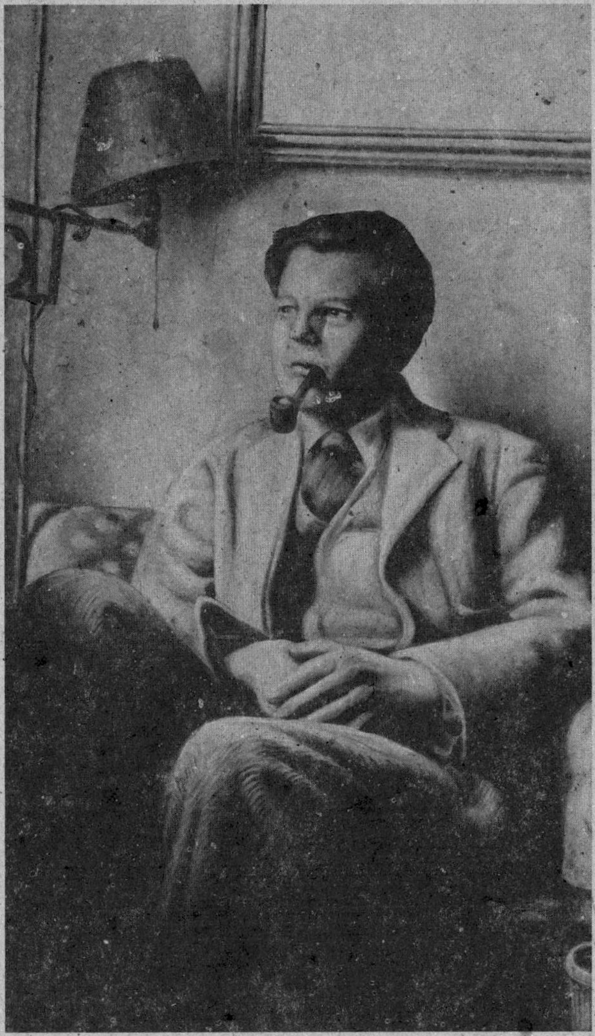

JP à New York, c. 1932.

entretien avec James Brooks, James T. Vallière.
6 novembre 1995.

bien plus attrayant que ne l'était sa peinture. C'est
Nous commencions tous à nous intéresser à la
peinture à fresque. Je n'ai jamais aimé sa peinture,
mais je pensais qu'il y avait quelque chose que je
n'y saisissais pas, ou bien que c'était un homme
Certes, il avait un bagage culturel qui nous
ce que je pense maintenant. Il était très vif, plein
d'énergie, très intelligent et instruit; c'était pas-
sionnant de parler avec lui. A mon avis, on l'aimait
pour son côté à la fois rationnel et passionné.
rapprochait le plus de l'idée, que nous nous
semblait à cette époque plutôt un apport. Il se
l'homme social moderne.
faisions, des peintres à fresque classiques et de
Pour moi, Benton était un homme très intéressant.

of Archives AmeriArt. can

3 octobre 1932

A nouveau dans la classe de peinture murale avec Benton, intitulée maintenant modèle vivant, peinture et composition murale, il est admis comme moniteur et dispensé ainsi du paiement des droits d'inscription à l'école.

Décembre 1932

Benton quitte la League, et le même mois JP en devient membre, ce qui lui permet d'utiliser l'atelier graphique le samedi. Sous ce prétexte, il réalise des lithographies, éditées à partir de 1934 par Théodore Wahl.

Janvier 1933

John Sloan reprend la classe de Benton intitulée maintenant « dessin, peinture et composition d'après nature ».
JP y reste jusqu'en mai.

Février-mars 1933

S'inscrit au cours de sculpture de Robert Laurent.

6 mars 1933

Son père meurt d'une crise cardiaque. Charles, Frank et JP manquent d'argent pour aller à l'enterrement. Peu après, Charles Pollock, sa femme et JP s'installent dans un appartement au 46 East 8th Street.

25 mars 1933

Printemps-été 1933

JP à cette époque continue d'expérimenter la sculpture et travaille chez un tailleur de pierre, Ahron Ben-Shmuel.

Été 1933

JP assiste à l'élaboration des fresques de Diego Rivera pour la New Yorker's School (West 14th Street).

Automne 1933

Malgré le retour de Benton à la League, JP ne s'inscrit dans aucun cours, mais garde d'étroites relations avec son ancien professeur : avec d'autres étudiants il participe aux lundis musicaux organisés par Benton.

JP à Martha's Vineyard, avec la famille Benton, été 1934.

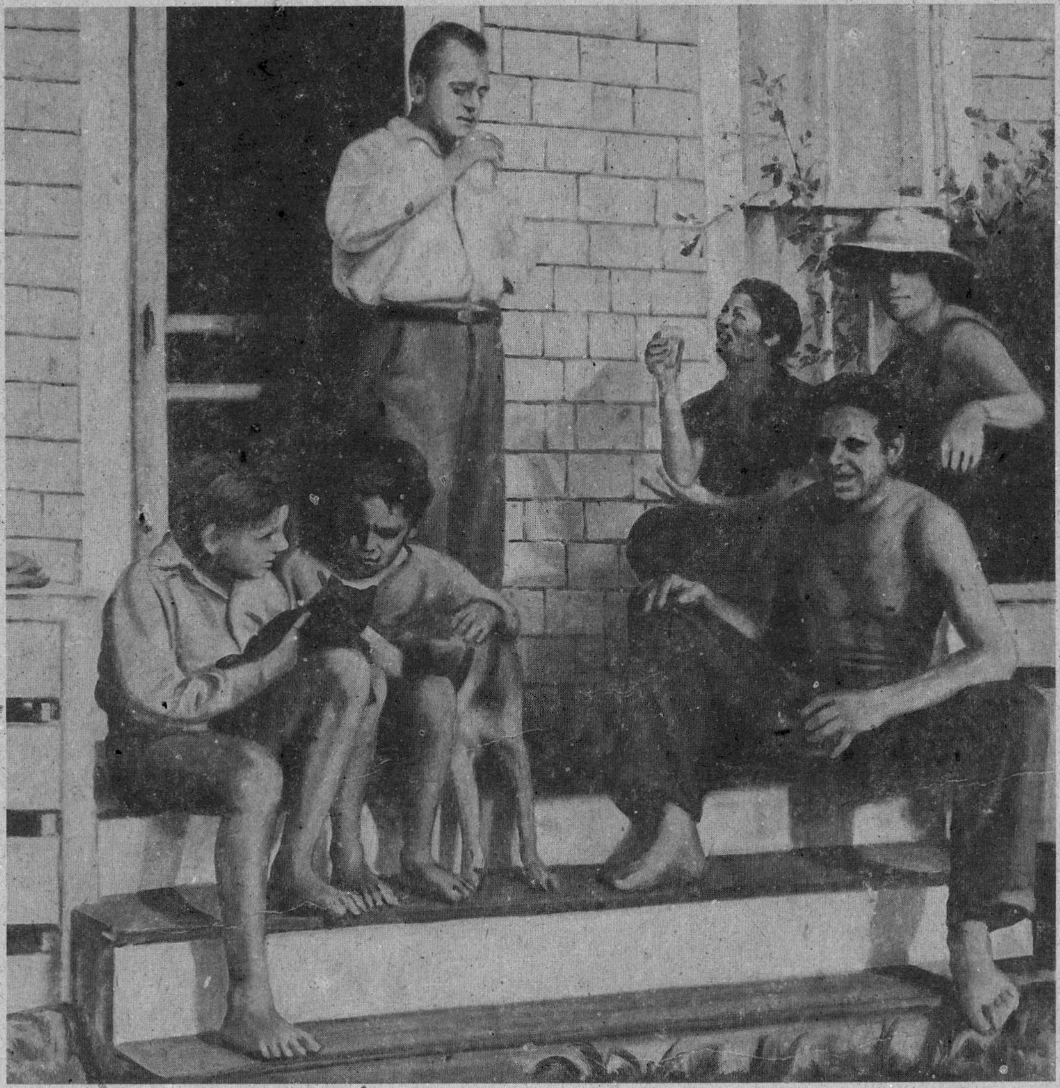

Été 1934

Dans une vieille Ford d'occasion, les deux frères Charles et Jackson Pollock parcourent 8000 miles, visitent les régions minières de Pennsylvanie, de West-Virginie, du Kentucky, et atteignent la Californie.

Après quelques excursions dans le désert. de Mojave et un passage à Los Angeles, ils rentrent à New York en rendant visite à la sœur de leur mère et découvrent la très grande pauvreté de ces régions.

Octobre 1934

Sanford Pollock et JP partagent un appartement au 76 West Houston Street.
Enseignant à mi-temps à la City and County School, Charles Pollock leur trouve un travail de concierge dans l'école, qu'ils se partagent. Caroline Pratt, directrice de l'école, et Helen Marot, professeur, aident et encouragent JP dans ces années de terrible crise économique.

Décembre 1934

Les Benton le soutiennent également, notamment par des expositions-ventes organisées par Rita B. dans le sous-sol de la galerie Ferargil dirigée par Frederic Newlin Price, marchand de Thomas B. A cette occasion, JP peint et vend un certain nombre d'assiettes et de bols en céramique. Cette activité se poursuivra jusqu'en 1939.

1er-28 février 1935

Exposition d'une aquarelle intitulée « Threshers » (Batteurs) au Brooklyn Museum.

25 février-juillet 1935

Employé comme tailleur de pierre au New York City Emergency Relief Bureau, il restaure la statue « Augustus SaintGaudens » de Peter Cooper au Cooper Square.

Bol en céramique exécuté par JP, diamètre 28,3 cm, profondeur 12,7 cm, collection particulière.

Couverture du catalogue de l'exposition « American and Foreign Artists », Brooklyn Museum.

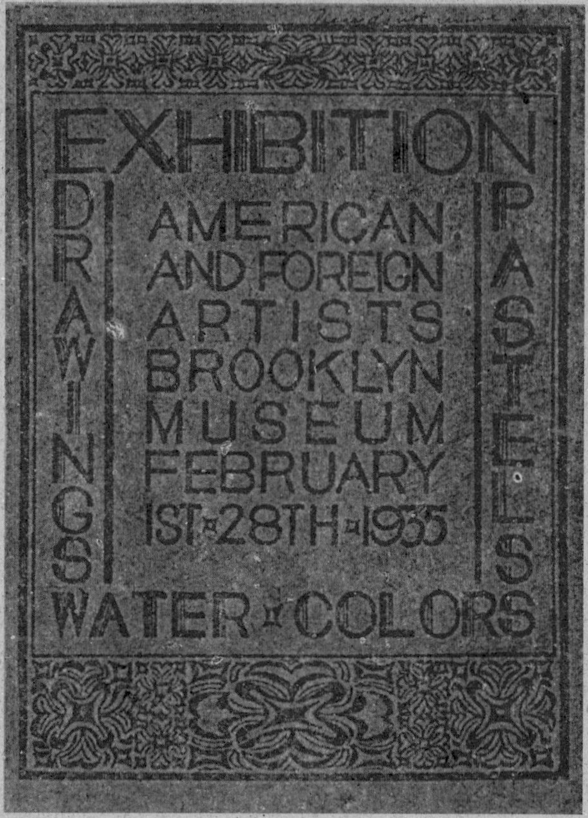

JP, Sanford et une personne non identifiée, c. 1935.

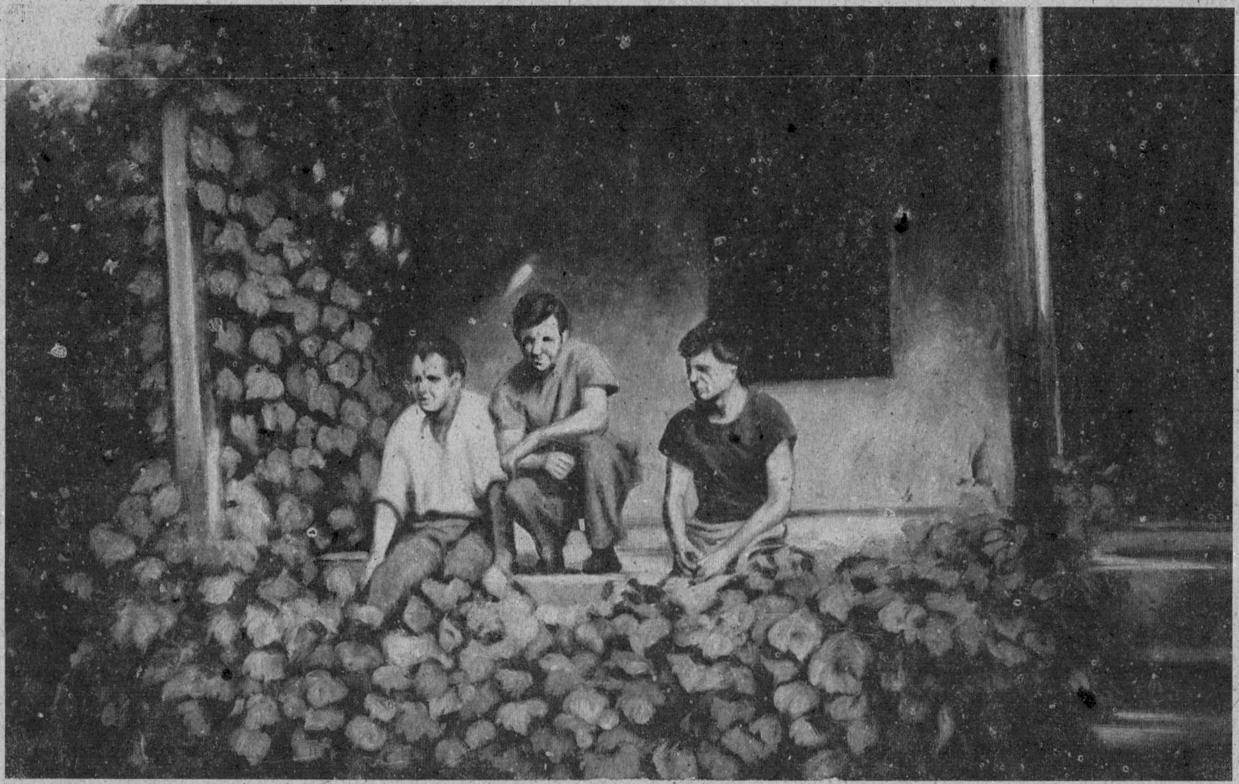

1er août 1935

JP est embauché au Federal Art Project of the Work Progress Administration, nouvellement créé, dans la division peinture de chevalet. Dans le cadre du National Recovery Program de Roosevelt, l'idée est de créer des emplois et d'insérer l'art dans les édifices publics. (1) (2)

Après plusieurs interruptions, ce travail se poursuit jusqu'en 1943, date de la fin du Project.

Cette relative sécurité financière permet à JP de développer et d'approfondir son art.

1. WPA : Work Project Administration, créé le 14 octobre 1935, suite à la crise économique qui s'était abattue sur les États-Unis depuis 1929. Cet organisme gouvernemental avait pour but d'insérer les artistes dans la société américaine. L'artiste devait être utile à la société et la société avoir besoin de lui et le reconnaître.
Le WPA avait quatre grandes divisions : art, musique, théâtre, littérature. Des subdivisions furent créées dans le domaine de l'art : peinture de chevalet, graphisme, dessin animé, fresque, photographie, affiches, sculpture...
En 1936, le WPA employait environ 5 000 artistes nationaux. Pendant son existence de 1935 à 1943, les artistes produisirent 2 500 fresques, 18 000 sculptures, 108 000 peintures, 200 000 tirages de 11 000 dessins, 200 000 posters, 23 000 assiettes originales.
De 1935 à 1939 cette section s'appela le Federal Project du WPA. De 1939 à 1942 The Art Program du WPA. En 1942, la section graphique de la War Service Division (défense militaire).
De 1942 à 1943 : section graphique du Program Operation.
1943 : liquidation du WPA. Une agence nationale devait assurer la protection de ces travaux d'artistes.

2. Easel painting : « Easel painting » ou peinture de chevalet n'est pas exactement le terme approprié mais est employé par opposition au Mural (fresque).
Les artistes produisirent environ 100 000 huiles - aquarelles - temperas - gouaches entre 1933 et 1943.
Les artistes pouvaient choisir leur sujet, leur temps de travail était déterminé.

Automne 1935

JP s'installe à nouveau au 46 East 8th Street avec Sanford Pollock, dans l'appartement que son frère Charles quitte pour travailler au Resettlement Administration à Washington. A partir de ce moment, il n'a plus que des contacts épisodiques avec Charles, tandis que Sanford le soutiendra jusqu'à y sacrifier sa propre carrière artistique.

Printemps 1936

Au 5 West 14th Street, à l'ouest d'Union Square, Siqueiros ouvre un atelier expérimental et invite Jackson et Sanford Pollock à y participer.
Techniques et médiums nouveaux y sont explorés, adaptés aux peintures murales aussi bien qu'aux drapeaux, banderolles ou étendards, produits pour les manifestations communistes. Pistolet et aérographe sont expérimentés; matières synthétiques industrielles, laques ou Duco, appliquées de manière spontanée pour provoquer l'image figurative.

Georges Cox, Siqueiros et JP à l'atelier expérimental, New York, 1936.

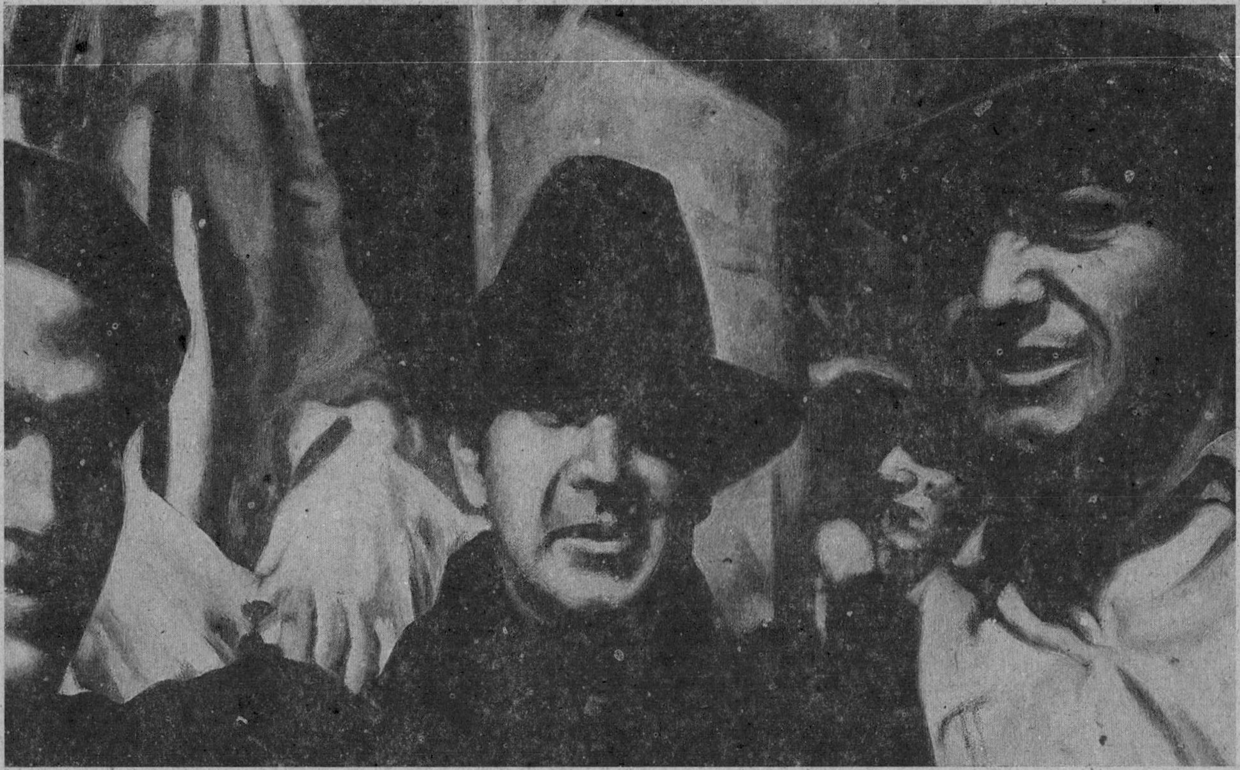

Après un séjour chez les Benton à Martha's Vineyard, JP passe quelques semaines près de Frenchtown (New Jersey).
Il rencontre Leonore Krasner pour la première fois.

Décembre 1936

Fermeture de l'atelier Siqueiros.

Janvier 1937

JP commence un traitement psychiatrique pour vaincre son alcoolisme.

Février 1937

Avec son frère Sanford, Philip Guston et Manuel Tolegian, JP expose aux Galeries Contemporaines du Comité d'Art Municipal (62 West 53rd Street). Son aquarelle s'intitule « Cotton Pickers ». Charles Pollock part à Detroit comme dessinateur et caricaturiste pour le *United Automobile Workers*. Après la lecture du numéro d'avril du *Magazine of Art* et notamment de l'article « Primitive Art and Picasso », JP fait la connaissance de l'auteur John Graham qui vient de publier en seconde édition *System and Dialectics of Art*.

21 juillet 1937

En vacances chez les Benton, JP est arrêté pour ivresse et troubles sur la voie publique.

Septembre 1937

Le réaménagement de l'appartement de la 8th Street par Sanford Pollock permet à son frère d'avoir un atelier indépendant.

Décembre 1937

Invité par les Benton, JP se rend à Kansas City dans le Missouri pour Noël : c'est la dernière fois qu'il passe quelques temps en compagnie de son professeur bien qu'il continue à entretenir avec lui des relations amicales.

Janvier 1938

En revenant du Missouri, il rend visite à son frère Charles à Detroit.

Mi-mai 1938

Il fait le projet d'accompagner Benton pour un voyage d'études et de croquis de six semaines, mais le Project ne lui accorde pas l'autorisation de congé.

9 juin 1938

Il perd d'ailleurs son emploi pour cause d'absence continuelle.

11 juin-septembre 1938

Avec l'assistance d'un psychiatre et le soutien d'Helen Marot, JP entre en cure de désintoxication à la Westchester Division of New York Hospital : il y réalise un certain nombre de bols et de feuilles de cuivre martelé.

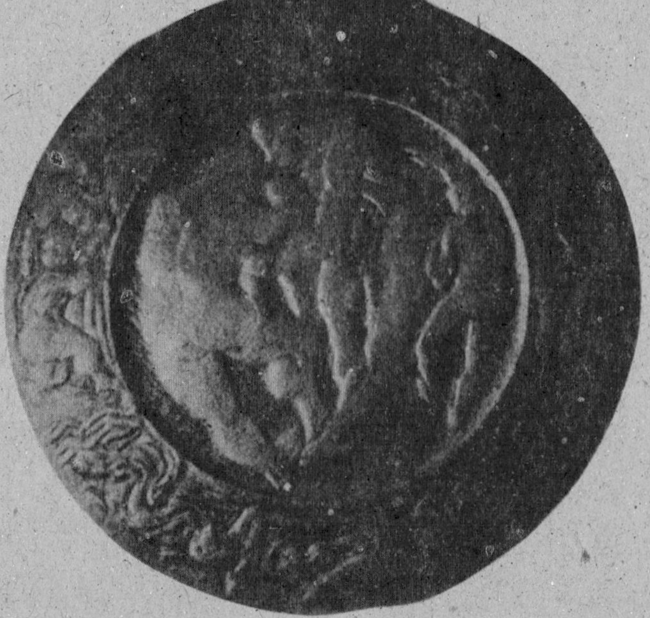

JP : sans titre, cuivre repoussé; 1938, 45,7 cm de diamètre, collection particulière.

Dessin psycho-analytique, 1939-1940, Zabriskie Gallery, New York.

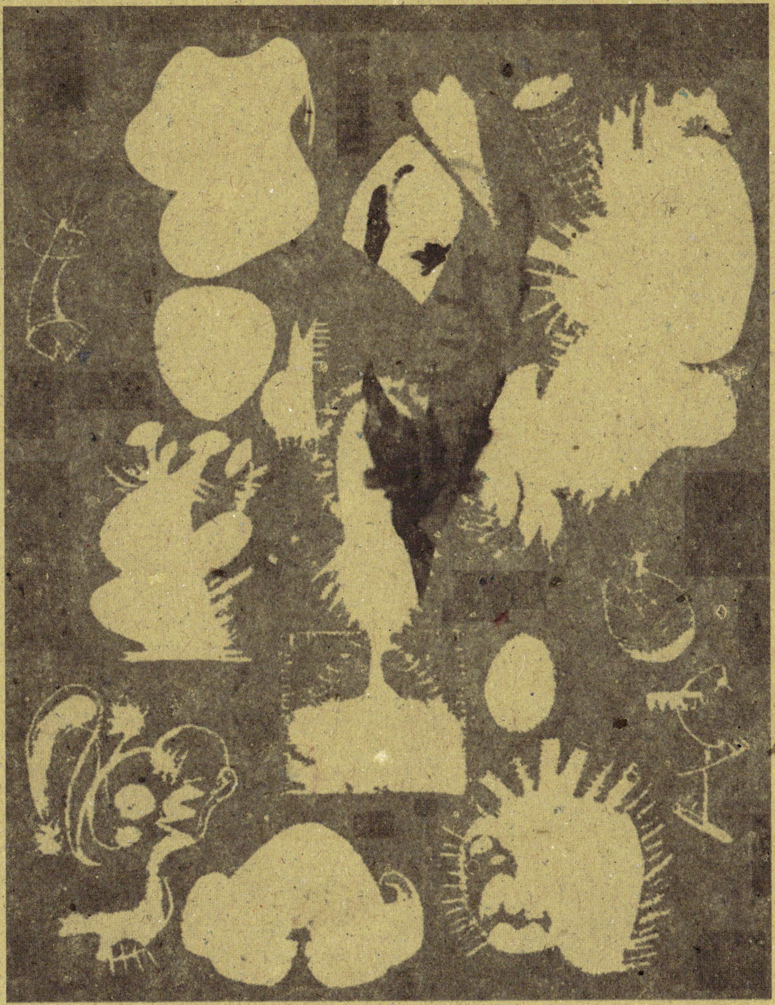

23 octobre 1938

JP est réengagé dans la division « Peinture de chevalet » du Project malgré la diminution de la rémunération.

1939

Au début de l'année, Helen Marot persuade à nouveau JP d'entreprendre une psychanalyse. Le Docteur Henderson, un jungien, accepte de le suivre et utilise ses dessins dans la thérapie.
Des mesures de restriction sont prises par le WPA, sous la pression du Congrès, et occasionnent le licenciement de nombreux artistes.

Juillet 1939

Réorganisé, le WPA reprend les artistes pour une durée de 18 mois.

Été 1939

Les deux frères Sanford et Jackson passent l'été à Bucks County (Pennsylvanie).

22 mai 1940

Fin du contrat avec le Project.

Lettre de Sanford Pollock à son frère Charles, début juin 1940.

Jack est toujours écarté du Project. Il faudrait qu'il puisse s'inscrire au Bureau pour l'emploi tant qu'il n'a pas récupéré son boulot. Et le Bureau fait un maximum de difficultés aux hommes célibataires... Ils essaient des trucs à eux, comme par exemple, de suggérer que l'armée offre des possibilités aux hommes jeunes et en bonne santé... J'aimerais autant que Jack ne se mette pas dans ce pétrin et qu'il aille passer un été sain et reposant à la campagne. C'est éprouvant pour tout le monde que d'avoir à subir une expérience aussi humiliante, mais Jack est particulièrement sensible à ce genre d'histoire sordide.

Nous avons été obligés de signer une déclaration sous serment comme quoi nous n'appartenions ni au parti communiste, ni au parti nazi. C'est une procédure totalement illégale. Et maintenant, d'après ce que je comprends, l'armée est en train de fourrer son nez dans le Project pour trouver comment intégrer les artistes dans le « Programme de Défense Nationale ».

Lettre à Charles Pollock, été 1940.

Cher Charles — Dis à Elizabeth que le costume me va assez bien — et merci. Je n'ai pas grand'chose à te raconter sur mon travail et le reste — si ce n'est que j'ai connu des changements violents au courant de ces quelques dernières années. Dieu sait ce qui résultera de tout ça — mais jusqu'à présent c'est assez négatif. Je suis content que tu te sois remis à la peinture et j'espère que tout ira bien sur le projet que l'assistance sociale t'a confié — Moi, je ne me sens par la forme pour me présenter à ce genre de concours. J'essayerai quand mon œuvre sera un peu mieux définie. Phil Guston et sa femme ont reçu quelques petites commandes comme ça. J'essaie toujours de me faire réembaucher par le Project mais je ne suis pas très optimiste. Il faudrait au mieux encore quatre à cinq semaines, mais encore faut-il que je ne sois pas conscrit entre-temps.

Jack.

Quel sacré gosse vous avez !

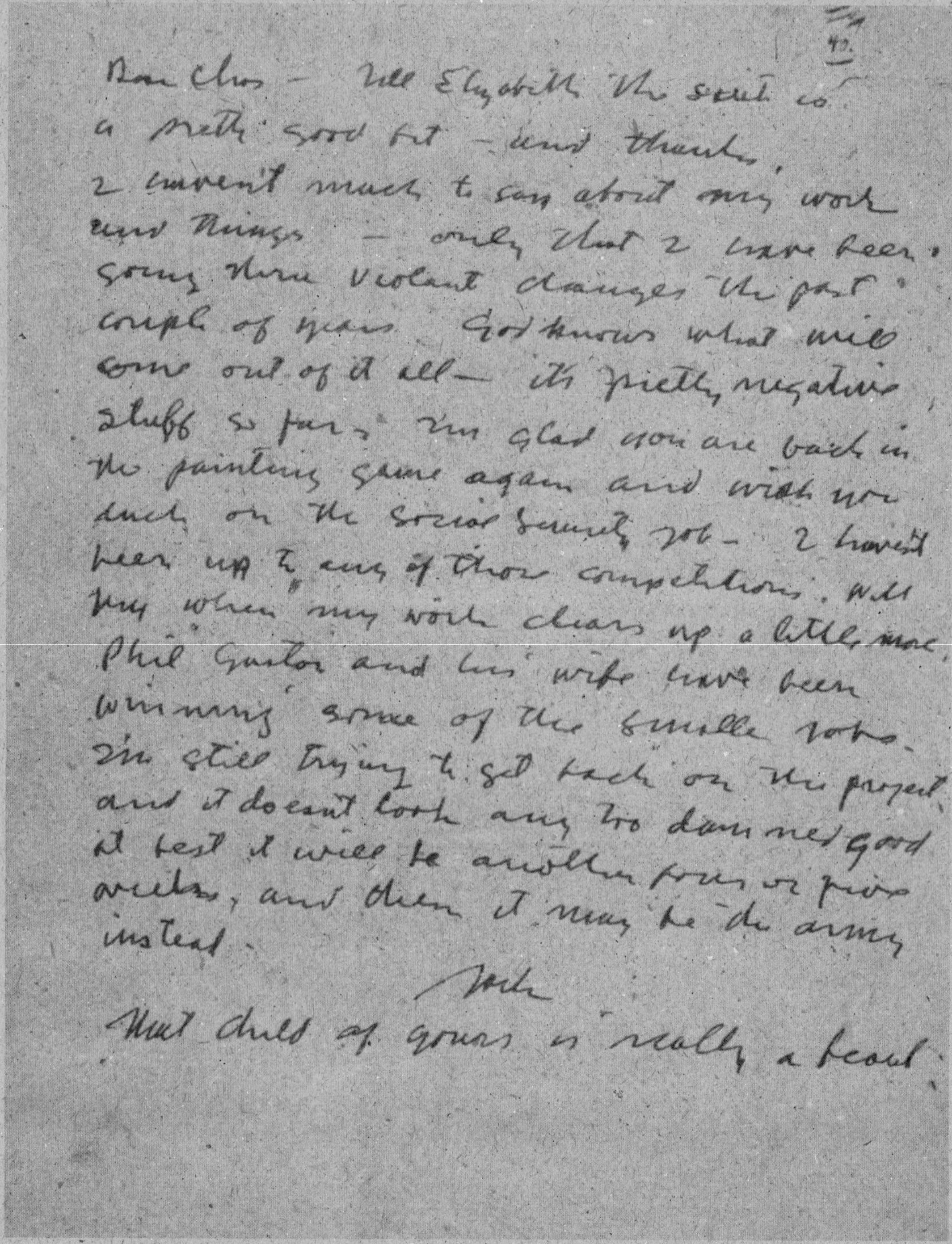
Dear Chas — Tell Elizabeth the suit is a pretty good fit — and thanks. I haven't much to say about my work and things — only that I have been going thru violent changes the past couple of years. God knows what will come out of it all — its pretty negative stuff so far. I'm glad you are back in the painting game again and wish you luck on the Social Security job — I haven't been up to any of those competitions. Will try when my work clears up a little more. Phil Guston and his wife have been winning some of the smaller jobs. I'm still trying to get back on the project and it doesn't look any too damned good at best it will be another four or five weeks, and then it may be the army instead.

Jack

That child of yours is really a beaut

Lettre à Charles Pollock, été 1940.

10 octobre 1940

Réintégration au Project dans la division « Dessin ».

Avril 1941

Henderson quittant New York pour la Californie, JP poursuit son traitement avec un second analyste jungien, Violet Staub de Lazlo.

20 janvier-6 février 1942

JP présente « Birth » à la Mac Millen Gallery dans l'exposition « American and French Paintings ». John Graham choisit parmi les artistes français, Braque, Bonnard, Matisse, Modigliani, Picasso, et parmi les artistes américains, Stuart Davis, Willem de Kooning et Lee Krasner avec qui il s'est lié d'amitié deux mois plus tôt. Grâce à Lee, JP fait la connaissance de Mercedes et Herbert Matter qui deviennent des amis fidèles.

Printemps 1942

A l'initiative de William Baziotes et de Matta, Motherwell invite JP à participer à une exposition intitulée : « First papers of Surrealism » organisée par les surréalistes à White Law Reid Manson sur Madison Avenue. Sous le prétexte de ne pas aimer les activités du groupe, JP refuse de s'y joindre. Malgré tout, des expériences d'écriture automatique réunissent à cette époque les mêmes artistes. Lee introduit Pollock auprès de son professeur Hans Hofmann qui lui propose d'entrer dans son école pour travailler d'après nature, ce à quoi Pollock réplique « I'm nature » (Je suis la nature).

Mai 1942

JP et Lee Krasner qui travaille dans la division « Mural » du Project, signent une pétition adressée au Président Roosevelt protestant contre la détérioration de l'activité créatrice au WPA.

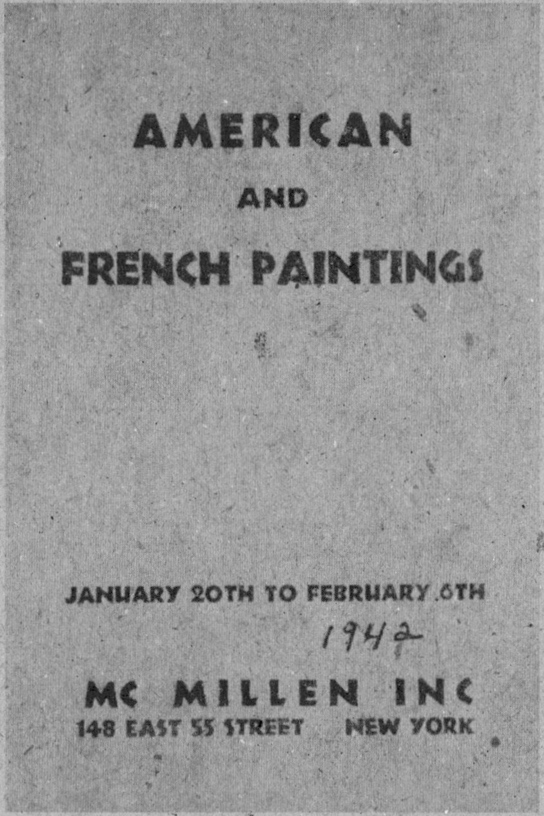

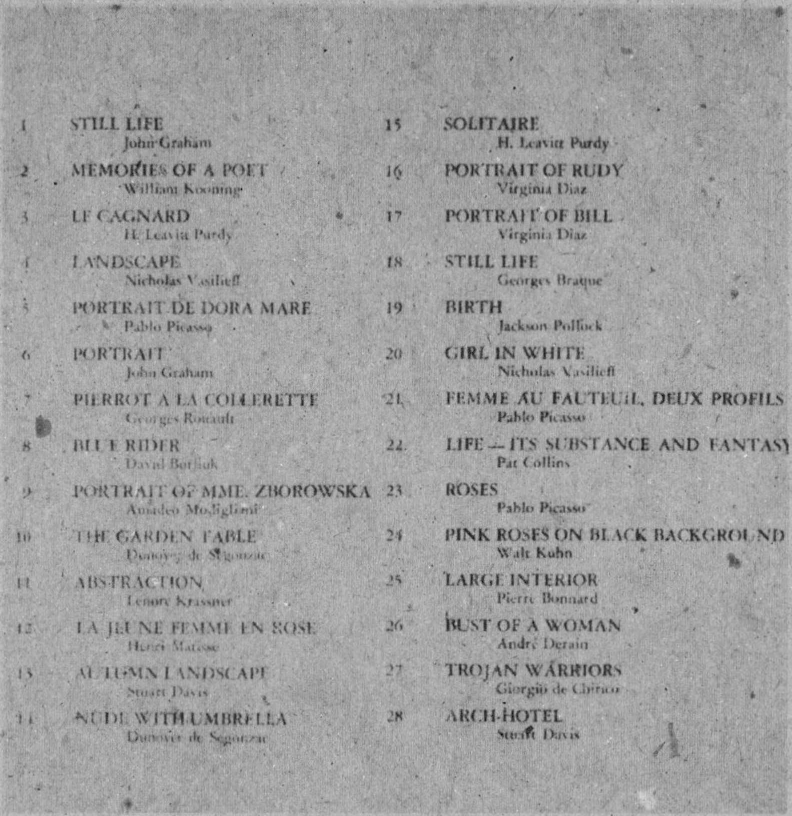

1	STILL LIFE — John Graham	15	SOLITAIRE — H. Leavitt Purdy
2	MEMORIES OF A POET — William Kooning	16	PORTRAIT OF RUDY — Virginia Diaz
3	LE CAGNARD — H. Leavitt Purdy	17	PORTRAIT OF BILL — Virginia Diaz
4	LANDSCAPE — Nicholas Vasilieff	18	STILL LIFE — Georges Braque
5	PORTRAIT DE DORA MARE — Pablo Picasso	19	BIRTH — Jackson Pollock
6	PORTRAIT — John Graham	20	GIRL IN WHITE — Nicholas Vasilieff
7	PIERROT A LA COLLERETTE — Georges Rouault	21	FEMME AU FAUTEUIL, DEUX PROFILS — Pablo Picasso
8	BLUE RIDER — David Burliuk	22	LIFE — ITS SUBSTANCE AND FANTASY — Pat Collins
9	PORTRAIT OF MME. ZBOROWSKA — Amadeo Modigliani	23	ROSES — Pablo Picasso
10	THE GARDEN TABLE — Dunoyer de Segonzac	24	PINK ROSES ON BLACK BACKGROUND — Walt Kuhn
11	ABSTRACTION — Lenore Krassner	25	LARGE INTERIOR — Pierre Bonnard
12	LA JEUNE FEMME EN ROSE — Henri Matisse	26	BUST OF A WOMAN — André Derain
13	AUTUMN LANDSCAPE — Stuart Davis	27	TROJAN WARRIORS — Giorgio de Chirico
14	NUDE WITH UMBRELLA — Dunoyer de Segonzac	28	ARCH-HOTEL — Stuart Davis

Catalogue de l'exposition « American and French painting », organisée par John Graham.

Pendant les deux années qui précédèrent la première exposition de Pollock, il y eut énormément d'expériences de toutes sortes sur l'automatisme — y compris, je pense, le « cadavre exquis » comme l'appelaient les surréalistes. Les moments dont je me souviens le mieux n'étaient pas consacrés à la peinture mais à la littérature. Baziotes et sa femme Ethel, Jackson et Lee, ma femme Maria et moi-même avons passé au moins deux soirées à faire des poèmes automatiques abstraits. Au début, chacun écrivait un vers puis on assemblait le tout, sans ordre logique. Quand nous nous sommes rendus compte que cela ne marcherait pas, j'ai arrangé les vers par série, mais le résultat n'était toujours pas satisfaisant alors nous avons finalement décidé de choisir un sujet commun. Je me souviens d'un soir pluvieux où l'un des sujets était la pluie; nous nous sommes retrouvés avec un très beau poème, dont j'ai gardé longtemps une copie où chacun avait signé son vers de ses initiales, mais, qui a fini par disparaître dans l'un des rangements périodiques de ma bibliothèque.

Robert Motherwell, Art in America, avril 1977.

Chers Charles, Elizabeth et Jeremy,
... Sanford et Arloie sont allés chez des amis pour voir s'ils pourraient emprunter 50 000 dollars. C'est ce que ça lui coûtera de changer son nom pour celui de McCoy. Il a trouvé un travail aujourd'hui, qui doit commencer dans quinze jours, alors c'est pour cela qu'il est si pressé de faire changer son nom. Sanford ou Jack va devoir quitter le WPA et Sanford a pensé que c'était mieux pour lui — ils vont devoir déménager aussi, ce qui n'est pas rien. Jack veut garder l'appartement. /.../

Lettre de Stella Pollock à son fils Charles, 1 mai 1942.

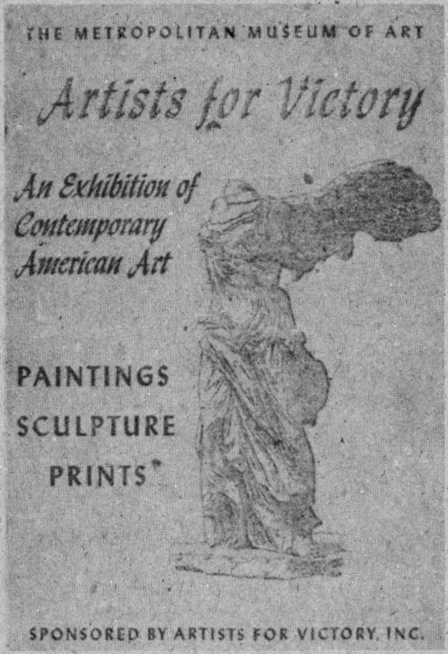

Couverture du catalogue de l'exposition « Artists for Victory ».

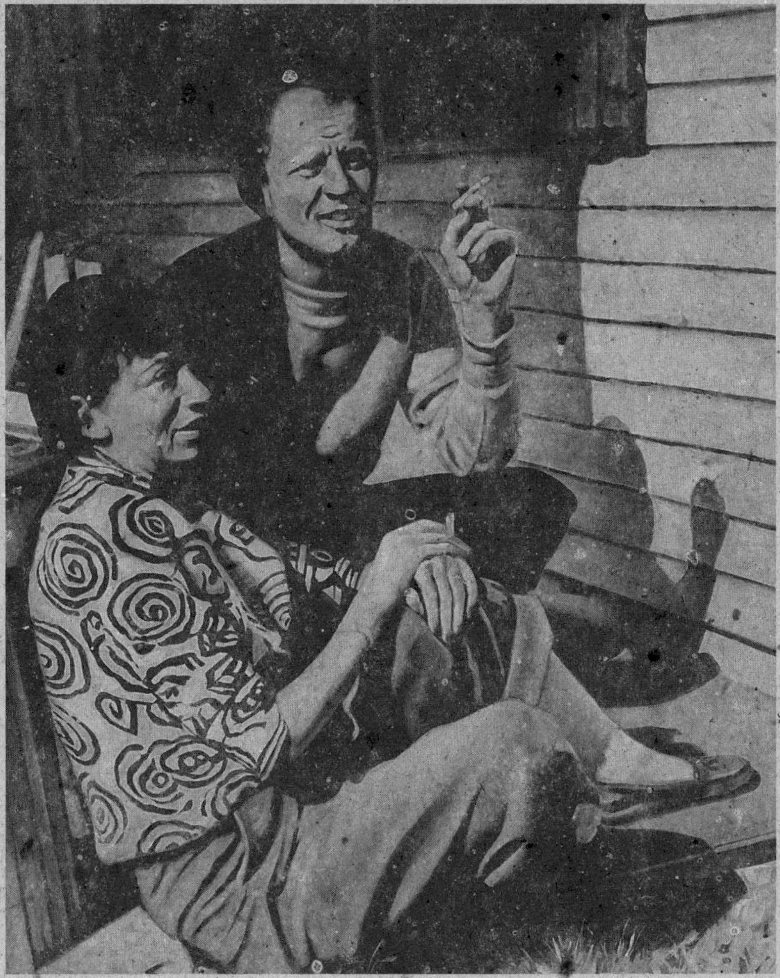

JP et Lee Krasner à East Hampton, c. 1940.

Été-octobre 1942

JP assiste Lee Krasner dans un projet de décoration de fenêtres pour la division militaire du WPA.

Automne 1942

Lee s'installe avec JP dans l'appartement du 46th Street que son frère Sanford quitte pour s'établir dans le Connecticut.

7 décembre 1942

La toile « Flame » de 1937 est présentée au Metropolitan Museum of Art dans l'exposition « Artists for Victory ».

Fin janvier 1943

L'emploi au WPA s'achevant, JP entreprend plusieurs petits travaux publicitaires, puis devient jardinier au « Musée des peintures non-objectives » dans le 54th Street (devenu maintenant le Guggenheim Museum).
Peu avant, il rencontre Peggy Guggenheim qui forme sa collection depuis 1938, sur les conseils de Marcel Duchamp, d'André Breton et Max Ernst, et des critiques Herbert Read, Alfred Barr et James Johnson Sweeney.

Printemps 1943

Peggy Guggenheim invite JP et Robert Motherwell à réaliser des collages pour une exposition programmée en avril. A cette occasion, les deux artistes travaillent ensemble dans l'atelier de JP.

16 avril-15 mai 1943

Il expose un collage dans la galerie Art of This Century.

JP devant son « Mural », quelques années après sa réalisation.

18 mai-26 juin 1943

Au *Spring Salon for Young Artists* il présente « Stenographic Figure ». Alfred Barr, Marcel Duchamp, Jimmy Ernst, Max Ernst, Piet Mondrian, James Thrall Soby, et James Johnson Sweeney, avec Howard Putzel et Peggy Guggenheim, constituent le jury du salon.

Sur l'insistance de Matta et de Howard Putzel, son secrétaire, Peggy Guggenheim établit un contrat à JP lui promettant 150 dollars par mois et un pourcentage (60 %) sur les ventes, à partir de 2 700 dollars de recette.

Elle programme une exposition personnelle pour novembre et commande une peinture murale pour l'entrée de sa maison de la 61ᵉ rue.

ses toiles. Un jour, Mme Harry Winston, riche collectionneuse de Detroit, vint à la galerie dans l'intention d'acheter un Masson. Je la convainquis donner trois cents dollars par semaine en échange de toute sa production. Pollock était généreux, il ardent supporter de Pollock, me conseilla de modifier les termes de mon contrat avec lui : de lui se suicida.

Lee était tellement dévouée à Pollock que, durant me faisait beaucoup de cadeaux. A l'époque, je souffrais d'une mononucléose infectieuse aiguë et dus rester alitée au moment de l'exposition annuelle consacrée à Pollock. Lee Pollock était très ennuyée; elle prétendait que j'étais la seule à savoir vendre. D'autre part, Putzel m'avait quittée pour créer sa propre galerie à New York; cette aventure se termina en tragédie : le pauvre homme de Pollock. Je n'avais jamais rien vendu de lui plus de cent dollars et quand, en 1947, je quittai ma maladie, elle me rendit visite tous les matins pour essayer de me persuader de leur prêter deux mille dollars afin d'acheter une maison à Long Island. Elle pensait qu'en quittant New York, Pollock cesserait de boire. Je ne savais comment trouver cet argent, mais je finis par céder pour avoir la paix. Aujourd'hui je ris de tout cela. Je ne savais pas alors la valeur qu'allait prendre l'œuvre assuma tous les frais grâce à une toile que Bill Davis lui avait achetée. Comme convenu dans le l'Amérique, aucune galerie ne voulut reprendre mon contrat avec lui. Je le proposai partout et, pour finir, Betty, de la galerie Betty Parsons, accepta d'organiser une exposition, affirmant que c'est tout ce qu'elle pouvait faire. C'est Pollock qui en Lee est millionnaire et je m'en veux d'avoir été aussi stupide.

contrat, le reste des toiles me fut expédié à Venise où je m'étais installée. Bien sûr, Lee avait droit, pour sa part, à une peinture par an. Lorsque les toiles furent à Venise, je les cédai une à une à différents musées et il ne me resta plus que deux œuvres de cette période ainsi que neuf peintures plus anciennes datant de 1943-1946. Aujourd'hui, d'acquérir un Pollock à la place.

En 1945, le collectionneur Bill Davis, lui aussi

quittant l'Amérique. A présent, il en orne le réfectoire.

Pollock se procura une grande toile et dut abattre dans la solitude, trouver une idée originale. Lee revint et le trouva assis devant la toile vierge, à tion, de plus en plus déprimé. Il expédia sa femme à la campagne, espérant se sentir plus libre et, Un jour, Max Ernst avait inventé, ou fabriqué, une machine rudimentaire pour couvrir ses toiles de broyer du noir. Puis, un beau jour, il se leva et, en quelques heures, créa un chef-d'œuvre.

Cette peinture murale était plus abstraite que ses œuvres précédentes. Elle se composait d'une bande continue de figures abstraites bleues, blanches et jaunes, s'inscrivant rythmiquement les unes par rapport aux autres, le tout éclaboussé de peinture noire, selon la méthode du « dripping », de toutes les bouteilles que j'avais intentionnellement cachées, connaissant ses faiblesses. Non gouttelettes de peinture. A l'époque, j'avais été choquée, mais maintenant, je ne trouvais plus rien à redire à cette manière de peindre.

Nous eûmes du mal à installer cette immense toile plus grande que le mur pour lequel elle avait été conçue. Pollock essaya de le faire lui-même mais, n'y réussissant pas, il devint complètement hystérique, monta dans mon appartement et se mit à boire Pour finir, Marcel Duchamp vint à la rescousse avec un ouvrier et ils installèrent le tableau. Il était content de me téléphoner toutes les cinq minutes à la galerie pour me demander de venir l'aider, il s'enivra au point de se déshabiller et de faire irruption, en tenue d'Adam, dans une réception donnée par Jean Connolly qui vivait alors chez moi. lieu en novembre 1943. Le texte du catalogue avait été écrit par James Johnson Sweeney, qui aida magnifique, mais il aurait eu besoin de davantage d'espace; aussi rend-il beaucoup mieux là où il se trouve à présent.

Pollock était très sensible à la sculpture des Indiens de l'Ouest, c'est ce qui m'apparut dans ses premières peintures et dans certaines de celles qui constituaient sa première exposition. Celle-ci eut un mur, chez lui, pour la caser. Il resta assis des journées entières devant, sans trouver l'inspira- beaucoup Pollock tout au long de sa carrière. Je dis souvent que Pollock est notre « fils spirituel ». Le critique d'art Clement Greenberg prit fait et cause pour Pollock qu'il considérait comme le plus grand amis. Je me démenais pour susciter l'intérêt du public et ne ménageais pas mes efforts, même quand il s'agissait de trimbaler partout ses immen- reprit l'exposition au musée de San Francisco et acheta **The Guardians of the Secret**. Nous ne vendions pas beaucoup de tableaux de Pollock, mais ses gouaches étaient plus faciles à placer. J'en offris un bon nombre en cadeaux de noces à mes peintre de l'époque. Alfred Barr acheta **She-Wolf**, l'une des meilleures toiles de l'exposition pour le Museum of Modern Art. Par la suite, le Dr Morley

Confessions of an Art Peggy Guggenheim, Addict, New York 1960

que, pour gagner sa vie, il était charpentier au musée de mon père. Il avait été l'élève du peintre tion. Matta, un de mes amis peintres et Putzel, m'encouragèrent l'un et l'autre à l'aider. A l'épo- fortement influencé par les surréalistes et Picasso. Mais il dépassa très vite ce stade pour devenir le académique Thomas Benton et, c'est en s'efforçant de rejeter l'influence de ce dernier qu'il était devenu l'artiste qu'il était quand je fis sa connaissance. De 1938 à 1942, il avait travaillé dans le cadre du Federal Art Project for artists, au sein du WPA, mis en œuvre par le président Roosevelt pour lutter contre le chômage.

La première fois que j'exposai Pollock, il était céderait des tableaux.

Pollock devint rapidement le pôle d'attraction de la plus grand peintre après Picasso. Pour pouvoir travailler tranquillement, il m'avait réclamé une allocation mensuelle; je lui fis donc un contrat d'un an au terme duquel il recevait 150 dollars par mois et un solde à la fin de l'année s'il avait vendu pour plus de 2 700 dollars de tableaux, réservant le tiers de la somme pour la galerie. Si je perdais de l'argent, il était convenu qu'en contrepartie, il me temps parce qu'il avait exigé qu'elle se dévouât entièrement à lui. Comme j'avais perdu Max, il peinture moderne. De 1943 à 1947 — année où je quittai l'Amérique — je me consacrai à lui. Il avait de la chance car sa femme, Lee Krasner, peintre elle-aussi, s'occupa également beaucoup de lui; elle renonça même à peindre pendant un certain et c'était vrai. Pour moi, il était comme un animal pris au piège qui n'aurait jamais dû quitter son devint mon nouveau protégé. Ma relation avec Pollock se limitait à des rapports mécène-artiste et Lee nous servait d'intermédiaire. Pollock était d'un caractère difficile, il buvait trop et pouvait devenir très désagréable, voire même infernal. Mais, comme Lee me le faisait remarquer quand je me plaignais de lui : « Il a aussi des côtés angéliques », Le premier salon de printemps de New York révéla Pollock comme le meilleur peintre de sa généra- Wyoming natal.

Afin de fournir à Pollock ses 150 dollars mensuels, je me consacrai uniquement à la vente de ses tableaux, négligeant les autres peintres de la que je puisse l'emporter en quittant mon appartement; excellente idée qu'apprécia plus tard l'Université de l'Iowa à qui je fis don du tableau en pouvais pas me permettre.

Je commandai à Pollock une peinture murale pour mon hall d'entrée qui faisait sept mètres de long sur un mètre quatre-vingt de haut. Marcel Duchamp lui suggéra de l'exécuter sur toile afin galerie. Beaucoup ne tardèrent pas à me quitter pour Sam Kootz, un marchand de tableaux qui les prenait sous contrat ce que, financièrement, je ne

Dès août 1943

JP prépare sa première exposition personnelle en travaillant à de petites peintures.

Pollock, été 1943. Lettre de Lee Krasner à Stella

vous envisagez de venir dans l'Est bientôt ?
J'écrirai à nouveau bientôt.
Je vous embrasse — Lee.
Amérique. Elle veut s'occuper de le représenter, et
elle peut faire beaucoup pour lui. Il y a aussi
Sweeney qui a offert à Jackson un travail — donner
lui arrive des tas de choses merveilleuses en ce
moment — comme il vous l'a dit, Peggy Guggen-
heim est venue voir son travail — Elle a acheté un
dessin et elle lui fait une exposition personnelle en
novembre. Elle est vraiment très enthousiasmée
par son travail, en fait, elle lui a dit que l'une des
grandes toiles était le plus beau tableau fait en
proposé de faire une exposition de ses dessins. Je
ne peux pas tout me rappeler mais c'est merveil-
leux.
des cours à Buffalo, New York — je ne crois pas
qu'il va accepter, mais l'offre elle-même est un
excellent encouragement. Puis une femme qui
venait de la côte Ouest pour organiser des
expositions au musée de San Francisco lui a
Chère Stella,
J'ai vraiment honte de ne pas avoir écrit plus tôt,
mais la vie à New York est compliquée et, en dépit
S'il vous plaît, n'oubliez pas de m'envoyez les
renseignements concernant les chaussures pour
que je puisse les acheter rapidement. Est-ce que
du fait que je ne travaille pas (mises à part les
séances de pose pour Sara), j'ai l'impression de ne
jamais avoir une minute à moi... Quant à Jackson, il

JP dans son atelier au 46 East, 8th Street, New York, 1943; derrière lui, « The Gardians of the Secret » en cours d'exécution.

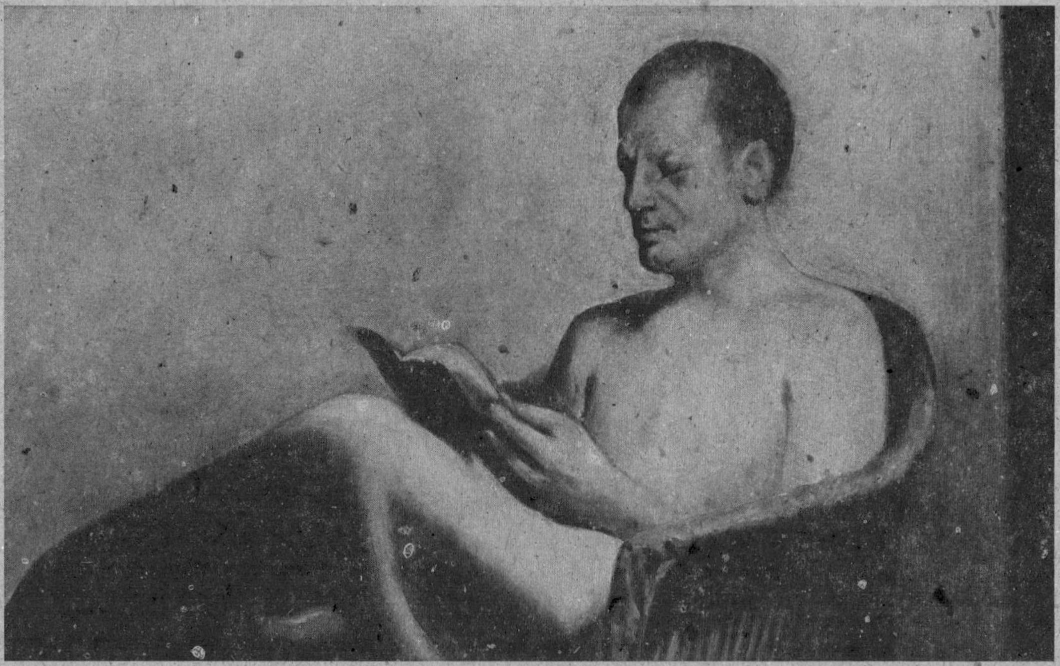

Lettre à sa mère, été 1943.

jours. Il est dans l'armée comme correspondant -
artiste, et il va travailler en Inde et en Chine. Il a
l'intention de venir dans l'est quand il aura fini.
ouverte toute la journée : bien évidemment, on les
a volées. J'espère qu'elles ont la bonne taille ! Si tu
galerie Art of This Century en novembre.
Baisers à Mart et Alma.
Je t'embrasse. Jack.
C'était une très bonne surprise de voir Frank. Il
était très fier de son jeune fils, Jonathan. La
semaine d'après, Rube[1] est arrivé pour quinze
te rappelles la marque, la taille et le magasin où tu
les as achetées dis-le nous très vite pour que Lee
aille t'acheter une autre paire.
J'ai montré quelques-uns de mes tableaux — et
l'on m'a offert une exposition personnelle à la
Chère Maman,
Tes chaussures étaient tout emballées, le paquet
était prêt à partir et voilà que je laisse la maison

(1) Redish. Kauben

Janis, 27 septembre 1943. Lettre de Sidney

suis ravi que vous alliez de l'avant. Je vous
souhaite bonne chance et espère vous revoir
bientôt. Lee Krasner doit me téléphoner pour me
sens, parmi les œuvres de peintres américains, le
tableau le plus exaltant que j'ai vu.
J'espère que le reste du comité aura le même
sentiment que moi; de toute façon, félicitations ! je
J'ai beaucoup apprécié ma visite à votre atelier et
particulièrement votre nouveau « Personnage sur
et autour de la table de conférence »[1]. C'est à mon
dire quand vous souhaitez me rendre visite.
Amitiés à tous les deux. Sidney.

(1) à la toile « Male and Janis fait sans doute allusion Female in Search of a Symbol ».

Lettre de Howard Putzel, 2 octobre 1943.

superbe.
J'espère que tu fais quelques petites toiles pour les
pauvres...
Amitiés à Lee.
siasmé par ce que tu fais. Ça n'est pas dans l'esprit
de sa collection mais il dit que le Modern Museum
devrait acheter « The She-Wolf » et il prédit aussi
que tu seras la sensation de cette saison et que, à
l'encontre des sensations saisonnières précéden-
tes, toi, tu vas durer.
J'espère que Lee et toi viendrez à l'avant-première
de l'expo Chirico lundi de 4 à 6. Elle est vraiment
Je n'ai pas eu une minute depuis que tes toiles sont
arrivées avec les Chirico. Il manquait le petit
tableau « Conflict », j'espère que tu l'apporteras.
Soby est passé cet après-midi et il est enthou-

Préface Sweeney de James Johnson
à l'exposition à Art of This Century.

éclate de prodigalité minérale non encore cristalli-
sée. Il est somptueux, explosif, trouble.
comme le lac, le volcan, la montagne, le vent,
l'étoile, le nuage». Le talent de Pollock est
volcanique. Il est feu, jaillissement, indiscipline. Il
Trop souvent, le plat refroidit pendant le service.
Nous avons besoin de jeunes artistes qui, pour
Mais les jeunes peintres, américains en particulier,
ont trop tendance à se soucier de l'opinion d'autrui.
seule une plante vigoureuse profitera de l'élagage.
En matière d'art, nous ne connaissons que trop les
créer, suivent leurs impulsions intérieures sans
prêter l'oreille ni à la critique ni au public — de
peintres qui, pour dire quelque chose à leur
manière, prennent le risque de rater une toile.
Pollock est de ceux-là.
Il est vrai que Pollock manque de discipline. Mais
mer. La mer est inspiratrice.
Parmi les jeunes peintres de notre temps, Jackson
cas où la discipline aurait dû céder le pas à la
liberté. Pollock, lui, saura en tirer profit. Sous la
tutelle de Thomas Benton, son œuvre de jeunesse
dénotait une bonne assimilation des règles conven-
tionnelles. Aujourd'hui, il a fait sien le credo de
Victor Hugo : leste-toi de la réalité et jette-toi à la
« Le talent, la volonté, le génie » écrivait George
Sand à Flaubert, « sont des phénomènes naturels
Pollock, de par son exubérance, son indépendance
et sa sensibilité innée, est promis à un avenir
exceptionnel. S'il continue d'exploiter ces qualités
avec autant de courage et de détermination, il
saura y répondre.

Clenberg Greement ,
The Nation, 27 novembre 1943.

la peinture américaine. Il est l'équivalent — même
si c'est de façon négative et avec quelque impuis-
sance — de ce clair-obscur américain qui domine
connaissance à avoir tiré quelque chose de positif
de cette qualité fangeuse de la couleur qui
caractérise si profondément une grande partie de
boue dans les plus grandes toiles de Pollock, qui
sont d'ailleurs, bien que les moins achevées, ses
œuvres les plus originales et les plus ambitieuses.
Melville, Hawthorne, Poe et que Blakelock et Ryder
ont le mieux rendu en peinture. Il y a beaucoup de
plaques de boue gravée (Pollock grave [inscribes]
presque toujours ses couleurs les plus pures);
l'espace se tend mais n'éclate pas en tableau; la
Jeune et plein d'énergie, il prend des commandes
qu'il ne peut honorer. Dans l'immense et audacieux
Guardians of the secret il se débat entre deux
Moins abstraites qu'il n'y paraît, les abstractions
de Pollock nous causent à la fois surprise et
satisfaction. Il est le premier peintre de ma

concluantes : la plus petite, Conflict, et Wounded
Animal, avec son incrustation crayeuse, comptent
Pollock sont prétentieux), zigzague entre l'intensité
du tableau de chevalet et la douceur des peintures
murales. Les œuvres de moindre taille sont plus
dans trop de directions à la fois. Pollock est passé
par l'influence de Miró, Picasso, la peinture
parmi les peintures abstraites les plus puissantes
que j'aie vu réaliser par un Américain. Ici la force
de Pollock a juste assez d'espace pour se déployer,
alors que dans les plus grands formats, il s'épuise
boue n'est pas véritablement transmuée. Cette
peinture, comme Male and Female (les titres de
mexicaine, d'autres encore; au bout de ce voyage, à
31 ans, il a désormais, pour l'essentiel, sa propre
manière. Dans sa quête d'un style, il se peut bien
qu'il retombe sous l'influence de quelqu'un; mais si
les temps sont favorables, il n'y restera pas
longtemps.

Fifty-seventh Maude Riley, street in review.

« il a fait sien le credo de Victor Hugo : leste-toi de
la réalité et jette-toi à la mer. La mer est
inspiratrice ».
personnelle du peintre, à la galerie « Art of This
Century » que dirige Peggy Guggenheim.
Pollock a été l'élève de Thomas Benton, et selon
son biographe, son œuvre de jeunesse dénotait une
bonne assimilation des règles conventionnelles.
Alors que maintenant, toujours selon M. Sweeney,
à certaines de ses énigmes peintes. Parmi les
« sans-titre » figure un tableau rose, tout récem-
ment enfanté, qui vraisemblablement l'a contenté
Tout ceci nous plaît. Pollock cherche à aller au fond
des choses et montre une détermination féroce
devant chacune de ses toiles, presque toutes de
grandes dimensions et toutes de tailles différentes.
Confiant dans sa jeunesse, il ne donne pas de titre
d'autre. Une série de « Moon-Woman » donne libre
cours au symbolisme, à la forme et à l'explication,
car c'est sa propre légende créée de toute pièce.
et étonné infiniment, une fois suspendu au mur.
Par ailleurs, il a peint un « She-Wolf » bleu ardoise
barbouillé de vifs traits blancs. « The Guardians of
the Secret », un tableau difficile : en bas, un loup
aux aguets, des panneaux à la Beckmann de part et
« Somptueux, explosif, trouble ». C'est ainsi que
James Johnson Sweeney qualifie l'œuvre de
Jackson Pollock lors de la première exposition
On perçoit, dans cette exposition, un écho de Miró :
tournoiements et tourbillonnements. Mais pour
reprendre les mots de M. Sweeney, « les jeunes
peintres américains ont trop tendance à se soucier
de l'opinion d'autrui ». En voici un qui ne souffre
pas que le plat refroidisse pendant le service ».
(jusqu'au 27 novembre).

Digest, 15 novembre 1943. The Art

27 novembre 1943

Il expose 14 toiles à Art of this Century dont : « Male and Female », « The Guardians of The Secret », « The She-Wolf », « The Moon-Woman », « The Moon-Woman Cuts the Circle », « The Mad Moon-Woman », « Stenographic Figure », « Conflict », « The Magic Mirror ».

30 novembre-
31 décembre 1943

A l'occasion de l'exposition surréaliste « Natural Insane-Surrealist Art », JP expose un dessin (sans titre) de 1943 parmi d'autres travaux de Calder, Cornell, Ernst, Masson, Matta, Miró, Motherwell, et Tanguy. A cette époque, il entreprend un traitement avec un homéopathe qu'il consultera régulièrement jusqu'à sa mort.

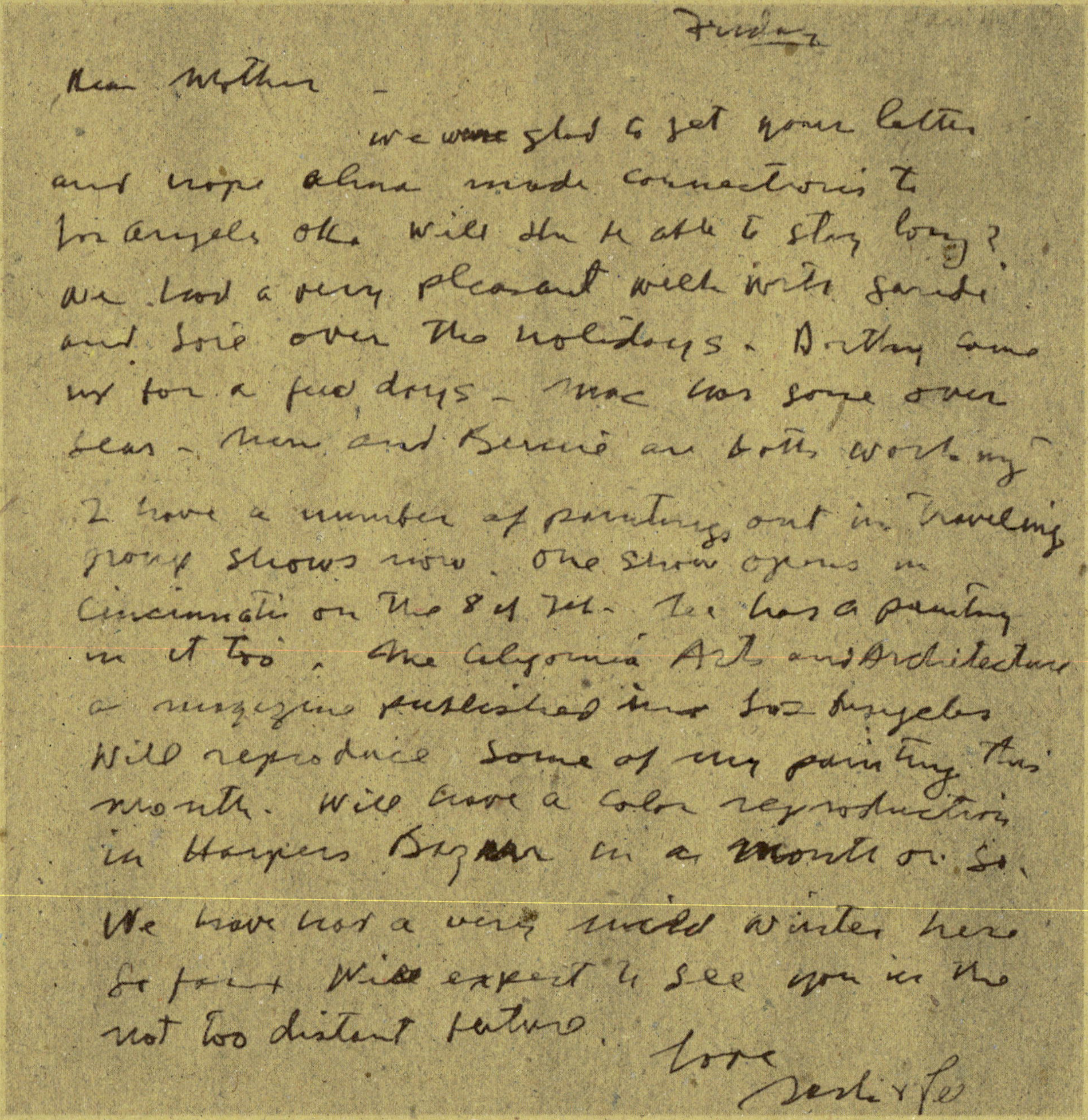

Friday

Dear Mother –

We were glad to get your letter and hope Alma made connections to Los Angeles ok. Will she be able to stay long? We had a very pleasant week with Sandie and Loie over the holidays. Dorothy came up for a few days – Mac has gone over seas – Nina and Bernie are both working.

I have a number of paintings out in traveling group shows now. One show opens in Cincinnati on the 8 of Feb – Lee has a painting in it too. The California Arts and Architecture a magazine published in Los Angeles will reproduce some of my painting this month. Will have a color reproduction in Harpers Bazaar in a month or so.

We have had a very mild winter here so far. Will expect to see you in the not too distant future.

Love

Jack & Lee

Lettre à sa mère, 4 février 1944.

Janvier 1944

Février 1944

La revue *Arts and Architecture* publie un entretien avec JP rédigé avec l'aide d'Howard Putzel.

8 février-12 mars 1944

Exposition intitulée « Abstract and Surrealist Art in the United States » au Cincinnati Art Museum, conçue par Sidney Janis qui avait rencontré JP dès 1943 lors d'une visite à son atelier, comme en rendent compte *Les mémoires*. Avec « The Guardians of the Secret » JP fait partie de la section surréaliste.

1944-1945

JP expérimente la gravure dans l'atelier de Stanley William Hayter, qui s'était expatrié à New York. Ainsi durant l'année entière (fin 1944-fin 1945) il réalise une série de gravures.

Février 1944

« The Moon-Woman Cuts the Circle » et « The She-Wolf » sont prêtées pour l'exposition « Twelve Contemporary Painters » organisée par le Département des expositions itinérantes du Museum of Modern Art.

Avril 1944

Une reproduction en couleur de « She-Wolf » paraît dans *Harper's Bazaar* à l'occasion d'un article écrit par Sweeney consacré à « Five Americans Painters » (Graves, Gorky, Avery et Matta).

Lettre à sa mère, 1944.

Harpers Bazaar est paru ce matin, la planche est bien. Dites-moi si vous pouvez trouver une copie là-bas — sinon, je vous en envoie une. Rien de nouveau sur l'année prochaine. Cette reproduction devrait aider un peu, et on va essayer de se mettre d'accord dans les mois qui viennent. Ce n'est pas possible de faire faire un nouveau transformateur

Chère maman, chers tous,

J'aurais écrit plus tôt, mais j'avais l'intention de venir passer quelques jours — pendant que Lee reçoit ses parents à Long-Island. Mais je dois rester là, monter cette exposition. On viendra tous les deux une autre fois. Les deux colis sont arrivés en parfait état. Merci mille fois. Tout peut nous servir. — il faut que j'aille voir les boutiques audio de W. Street essayer d'en trouver un d'occasion. D'après ce que j'ai compris, le transformateur et le tableau mesure environ 1 m 10 × 3 m, Sweeney et Peggy sont venus le voir — ils trouvent que c'est ce que j'ai fait de mieux jusqu'à présent — Je ne pense pas que ma peinture murale ait beaucoup importé. L'exposition de Miró sera sans doute intéressante. Le Miró et le Picasso que vous avez vus chez Peggy — au 1er étage — mon nouveau haut-parleur font un tout. Est-ce que par bonheur toi et Loie pourrez venir bientôt ? J'aimerais bien. J'ai eu peur quand j'ai vu le reportage sur le statut 4F(1) — mais je ne pense pas que ce soit très plu à Rube — mais j'ai eu l'impression qu'il aimait bien le reste. Il paraît que Phil travaille beaucoup pour Fortune Jack.

Je vous embrasse.

Magazine. Vendredi.

(1) Classification donnée aux conscrits par les militaires américains, correspondant au statut « P3 » en France.

Lettre à Charles Pollock, 14 avril 1944.

dans Arts & Architecture. Si vous ne l'avez pas vu, je vous envoie un exemplaire. Je n'ai pas vu maman dans une forme pareille depuis bien longtemps. Elle m'a laissé croire qu'il fait un froid de canard là-bas. S'il n'y avait pas cette connerie de guerre, j'irais bien passer quelque temps à l'Ouest — penses-tu pouvoir venir ici cet été ?

Cher Charles,

On vient de préciser les conditions de mon contrat pour l'année prochaine — et je me sens donc un peu moins tendu. J'ai un succès étonnant quand tu considères que c'est depuis un an seulement que j'expose — une planche en couleurs dans l'édition d'avril de Harpers Bazaar — et des reproductions

Amitiés à Elizabeth et Jeremie.

Jack.

ART OF THIS CENTURY
30 W. 57 ST., NEW YORK
OPENING APRIL 11 • 4–6

Woman At Piano (1938) Bracque

The Host (1929) Dali

for Children (1943) Ernst

The Frog Is A Heart (1944) Hare

(1943) Helion

Elephant With Trappings (1943) Hirschfield

Nature Morte Tri-Color (1928) Leger

Kandinsky

Jardin (1930) Masson

(1944) Matta

11. The Flight of the Bird Over the Plain (1939)
Lent by Mr. Kenneth Macpherson

12. Nude (1910)

13. Personnage (1944)

14. Diffraction 1 (1944)

15. Seated Bather (1933)
Lent by Mr. Kenneth Macpherson

16. Pasiphae (1944)

17. The Entombment (19

18. Toilette de l'Air (193

19. Mon Repos (1944)

20.

Catalogue de l'exposition collective à l'Art of This Century, où fut présentée pour la première fois « Pasiphaë ».

11 avril-6 mai 1944

La galerie « Art of This Century » montre « Pasiphaë » parmi d'autres travaux de Braque, Dali, Ernst, Kandinsky, Léger, Masson, Matta, Miró, Motherwell, Picasso, Rothko et Tanguy.

2 mai 1944

Sur l'insistance d'Alfred Barr, et après plusieurs mois de délibération du comité d'acquisitions, le Museum of Modern Art achète « The She-Wolf », premier Pollock acquis par un musée.

Lettre de Sanford Pollock à son frère Charles, 4 mai 1944.

Arloie et moi sommes passés par New York il y a une semaine et j'ai essayé de trouver quelqu'un qui puisse me renseigner sur le glyptol... Je t'ai dit tout ce que j'en savais...
Nous avons trouvé Jack en assez bonne forme. Il peint assidûment et fait des choses passionnantes. La piètre reconnaissance qu'il a eue n'a pas l'air de le décourager. La galerie a renouvelé son contrat pour un an avec les mêmes modestes conditions.
Mais dans la mesure où cela lui permet de peindre, il ne se plaint pas. Il n'a rien vendu.

Lettre de Howard Putzel, mai 1944.

Madame Lloyd, de Haverford en Pennsylvanie, est venue voir le long dessin (vendu), elle était vraiment enthousiasmée. Elle finira par en acheter un. M. Morley du musée de San Francisco est allé voir « Male and Female » à la « Pinacotheca » et il va y amener des administrateurs du musée. Il y a des chances — pas mal de chances — pour que tu sois vraiment lancé d'ici le début de 1945, lancé de façon plus solide et plus durable que tout ce que pourraient faire la publicité et un forcing à la vente, et cela sans se plier à des mondanités.

Lettre à Charles Pollock, mai 1944.

La galerie me donne 150 dollars par mois, ce qui suffit à peine à payer les factures. Je vais devoir vendre beaucoup de tableaux cette année pour arriver à dépasser 150 dollars. Le Museum of Modern Art a acheté le tableau reproduit dans Harpers cette semaine, ce qui, j'espère, stimulera d'autres ventes. /.../

9-27 mai 1944

Dans une exposition de groupe à la Pinacothèque de New York et aux côtés de Byron Browne, de Willem de Kooning, et de Georges Morris, JP présente « Male and Female ».

Été 1944

JP et Lee Krasner louent un atelier à Back Street à Provincetown. Après avoir quitté la galerie Art of This Century, Howard Putzel les rejoint pour deux semaines. La mère de JP leur rend également visite.

Lettre à ses voisins, non datée.

Chers Wally et Ed,
Excusez-nous d'avoir tant tardé à vous répondre — Lee était à Long Island quand votre lettre est arrivée. Ma mère est ici depuis hier, pour un séjour de deux semaines — et nous attendons Sande et Loie pour dimanche. La chambre que nous avons réservée pour eux coûte deux dollars par jour, ce qui n'est pas trop mal pour Provincetown. Les ateliers coûtent 21 dollars par semaine, quand il y en a de disponibles. Je suis sûr qu'il y en aura après la fête du travail. Envoyez-nous des nouvelles et dites-nous que vous allez venir. Il fait vraiment un temps merveilleux en ce moment, moins chaud qu'au début mais toujours rudement agréable pour les bains de mer. Nina est restée environ trois semaines. Elle travaille avec Hofmann. Bernie la rejoindra après la fête du travail. Je n'ai pas travaillé du tout depuis que nous sommes ici. Je dois m'y mettre sans plus tarder. Je parie que la coupe militaire de Ed n'est pas plus courte que la mienne — moins de cheveux sur le dessus cependant !
Faites nos amitiés à Joe et Margaret. Je n'ai que Cooper Square comme adresse. Nous attendons de vos nouvelles et espérons bien vous voir ici bientôt.
Amitiés Jack-Lee.

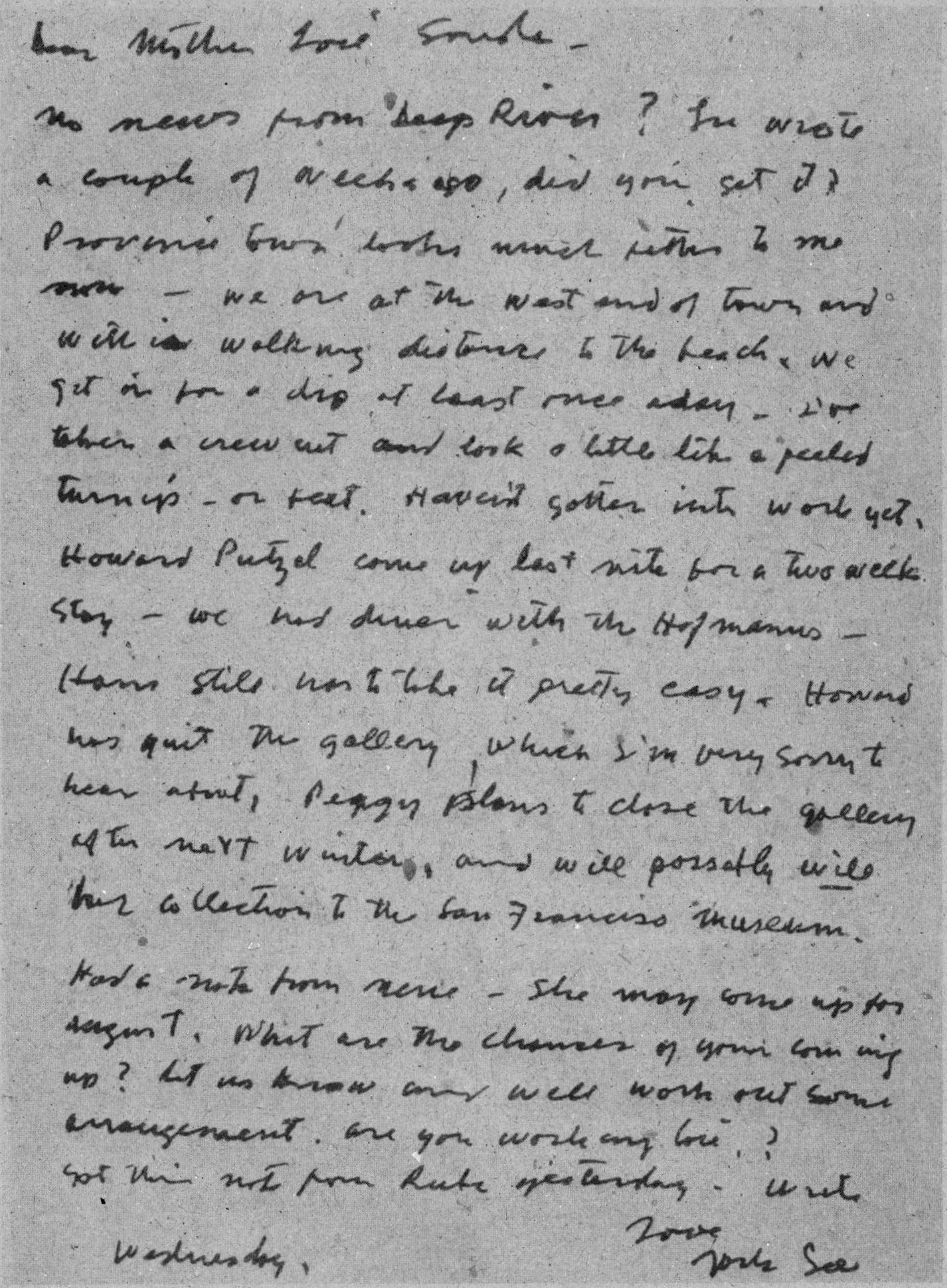
Dear Mother Loie Sande —

No news from Deep River? Lee wrote a couple of weeks ago, did you get it? Provincetown looks much better to me now — we are at the west end of town and well in walking distance to the beach. We get in for a dip at least once a day — I've taken a crew cut and look a little like a peeled turnip — or beet. Haven't gotten into work yet. Howard Putzel came up last nite for a two weeks stay — we had dinner with the Hofmanns — Hans still has to take it pretty easy. Howard has quit the gallery, which I'm very sorry to hear about, Peggy plans to close the gallery after next winter, and will possibly will her collection to the San Francisco Museum.

Had a note from Nina — she may come up for August. What are the chances of your coming up? Let us know and we'll work out some arrangement. Are you working Loie?
Got this note from Rube yesterday — Write

Love
Jack Lee

Wednesday.

Lettre à sa mère, Loie et Sanford, 25 août 1944.

Novembre 1944

Sortie du livre de Sidney Janis « Abstract and Surrealist Art in America », comprenant une déclaration de l'artiste sur « The She-Wolf ».

21 novembre-
20 décembre 1944

De l'exposition organisée par Sidney Janis en février, une sélection de peintres, dont JP avec « The Mad Moon-Woman », est présentée à la Mortimer Brandt Gallery.

5-31 mars 1945

Une exposition personnelle ouvre à l'Arts Club de Chicago et comprend 17 peintures et 8 dessins dont : « The Moon Woman », « The Guardians of the Secret », « Search for the Symbol », « Stenographic Figure », « Wounded Animal », « Pasiphaë », « The Mad Moon-Woman », « Male and Female ».
Une longue correspondance entre Peggy Guggenheim et William Eisendrath, directeur de l'Arts Club, la prépare.

Lettre Guggenheim. de Peggy

29 juin 1944
sujet de l'exposition sur Pollock :
C'est plutôt un soulagement pour moi que d'apprendre qu'il vous faudrait moins d'œuvres que ce que vous aviez cru au départ. Pollock ne les produit pas rapidement. Si une partie de l'exposition sera constituée de gouaches et de dessins, il vous faut, bien sûr, plus de quinze œuvres en tout. Je crois qu'il sera préférable de vous faire parvenir, début janvier, une liste d'œuvres avec dimensions.
Il se peut que le San Francisco Museum of Art organise une exposition sur Pollock qui aurait lieu avant la vôtre. Si tel est effectivement le cas, et qu'il y ait trop d'œuvres, vous n'aurez qu'à les entreposer dans vos magasins.
Mr. William N. Eisendrath, Jr.
The Arts Club of Chicago
400 North Michigan Avenue
Chicago, Illinois

Cher Bill Eisendrath,
En ce qui concerne votre courrier du 20 juin au
Veuillez agréer, Monsieur, l'expression de mes sentiments les plus amicaux.

Peggy Guggenheim Lettre de

Mr William Eisendrath, Art Club of Chicago
l'accrocher à San Francisco le quinze janvier et j'espère que, de là, elle se promènera un peu partout en Californie. Faites-moi savoir, s'il vous plait, si cela ne dérange pas vos projets. Si je me souviens bien, vous aviez besoin des tableaux cet automne. En tout cas, j'espère que vous pourrez les avoir avant le Dr Morley.
Cher Bill,
Merci pour votre lettre du 6 juillet. Ma galerie est fermée et j'étais absente, si bien que je n'ai reçu votre lettre qu'aujourd'hui. Je suis ravie que vous soyez d'accord pour l'exposition Pollock, mais j'ai oublié la date que vous avez fixée et tout mon courrier est resté à la galerie. Le Dr Morley doit
Avec mes meilleurs vœux
Amicalement
P.G.
21 juillet 1944.

Peggy Lettre de Guggenheim.

20 décembre 1944
que je peux vous faire parvenir les œuvres suivantes, si vous pensez qu'elles vont vous suffire — ce qui sera le cas, j'en suis sûre, les œuvres de Pollock étant si puissantes qu'il ne faut pas qu'il y en ait trop :

Male and Female	79 × 49	(pouces)
Moon Woman	69 × 43	
Search for a Symbol	67 × 43	
Stenographic Figure	56 × 40	
Mad Moon Woman	39 1/2 × 29 1/2	
Wounded Animal	39 × 30	
Pasiphaë	96 × 56	

(Au sujet de la dernière peinture, veuillez en noter les dimensions, qui sont énormes. Ce serait avec
Cher Bill Eisendrath,
Sous la main votre courrier au sujet de l'exposition sur Pollock que vous organisez pour le mois de mars et pour laquelle il vous faudrait au moins 27 œuvres. Je suis désolée, mais il m'est impossible de vous en trouver autant : il y a eu beaucoup de vendues qui ne sont plus disponibles. Il n'empêche joie que je vous la ferai parvenir, si vous le désirez. Sinon, je la garderai pour l'exposition sur Pollock que je suis en train de monter pour le printemps prochain. Mais si cela peut vous arranger, je vous la sacrifie. Prière de me le faire savoir).
Viennent s'ajouter à la liste ci-dessus environ six petites peintures dont voici les dimensions : (en lui ai écrit ce jour, mais afin d'éviter toute mésentente, je vous conseille de prendre contact avec lui directement.
Je vous prie de bien vouloir me faire savoir si les œuvres mentionnées ci-dessus suffiront pour votre exposition. Dans le cas contraire, je peux vous conseiller (si vous estimez que les frais en valent la pouces) 17 × 17; 16 × 24; (2) 18 × 31; 21 × 28; 23 × 26; 26 × 20.
Il y a également cinq dessins qui mesurent chacun environ 26 par 20 pouces.
Un autre petit tableau se trouve à Chicago. Je l'ai prêté à M. Harold Wessel, 162 Franklin Road, Glencoe, Illinois. M. Wessel doit vous l'expédier. Je peine) d'essayer d'emprunter deux œuvres au San Francisco Museum of Art.
Veuillez agréer, Monsieur, l'expression de mes sentiments les meilleurs.

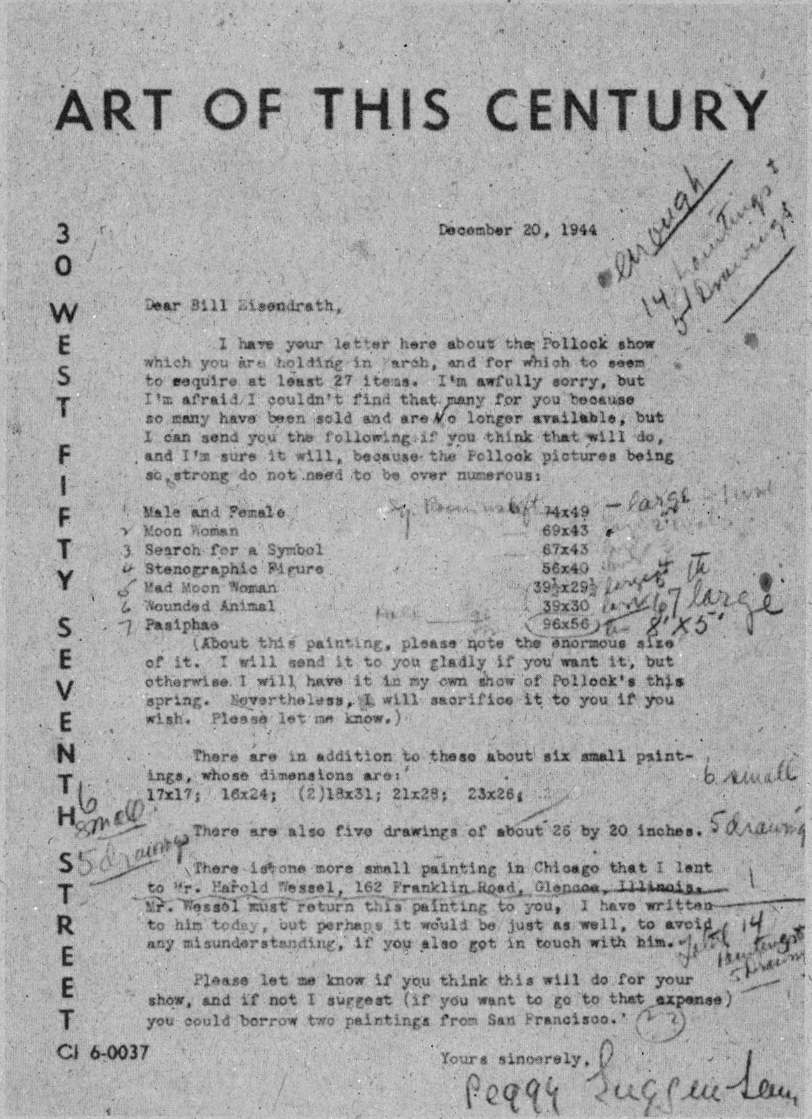

ART OF THIS CENTURY

30 WEST FIFTY SEVENTH STREET

CI 6-0037

December 20, 1944

Dear Bill Eisendrath,

I have your letter here about the Pollock show which you are holding in March, and for which to seem to require at least 27 items. I'm awfully sorry, but I'm afraid I couldn't find that many for you because so many have been sold and are no longer available, but I can send you the following if you think that will do, and I'm sure it will, because the Pollock pictures being so strong do not need to be over numerous:

1 Male and Female	74x49
2 Moon Woman	69x43
3 Search for a Symbol	67x43
4 Stenographic Figure	56x40
5 Mad Moon Woman	39½x29½
6 Wounded Animal	39x30
7 Pasiphae	96x56

(About this painting, please note the enormous size of it. I will send it to you gladly if you want it, but otherwise I will have it in my own show of Pollock's this spring. Nevertheless, I will sacrifice it to you if you wish. Please let me know.)

There are in addition to these about six small paintings, whose dimensions are: 17x17; 16x24; (2)18x31; 21x28; 23x26;

There are also five drawings of about 26 by 20 inches.

There is one more small painting in Chicago that I lent to Mr. Harold Wessel, 162 Franklin Road, Glencoe, Illinois. Mr. Wessel must return this painting to you, I have written to him today, but perhaps it would be just as well, to avoid any misunderstanding, if you also got in touch with him.

Please let me know if you think this will do for your show, and if not I suggest (if you want to go to that expense) you could borrow two paintings from San Francisco.

Yours sincerely,

Peggy Guggenheim

Lettre de Peggy Guggenheim à William Eisendrath concernant la préparation de l'exposition à l'Arts Club de Chicago.

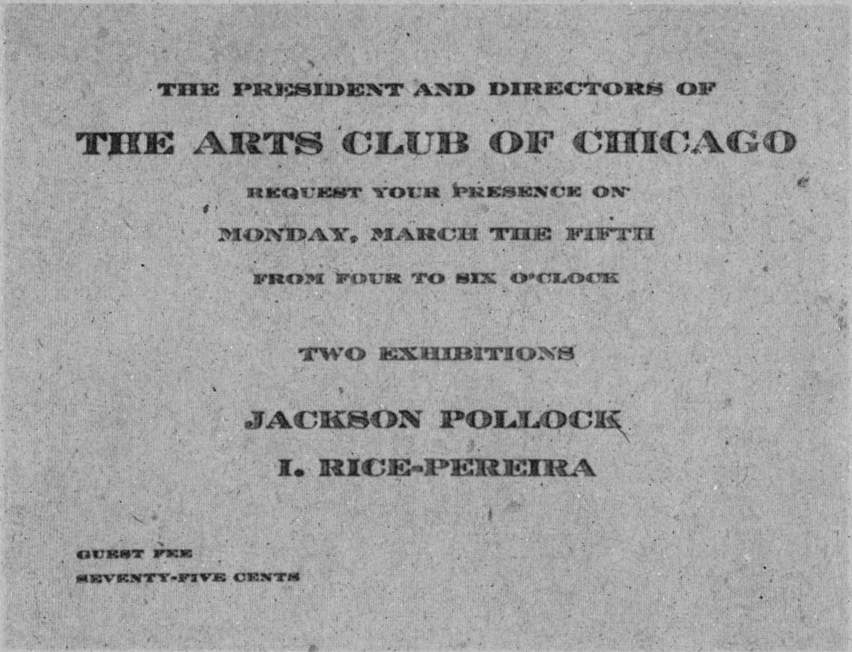

THE PRESIDENT AND DIRECTORS OF

THE ARTS CLUB OF CHICAGO

REQUEST YOUR PRESENCE ON

MONDAY, MARCH THE FIFTH

FROM FOUR TO SIX O'CLOCK

TWO EXHIBITIONS

JACKSON POLLOCK

I. RICE-PEREIRA

GUEST FEE

SEVENTY-FIVE CENTS

Carton d'invitation pour l'exposition à l'Arts Club de Chicago.

19 mars-14 avril 1945

Exposition personnelle à la galerie Art of This Century de New York avec « Horizon on Black », « Square on Black », « The Totem Lesson I », « The Totem Lesson II », « The First Dream », « Portrait of H.M. », « Night Ceremony », « Night Mist », « Two », « There were Seven in Eight », « Night Magic », « Image ». Le jour de l'ouverture, les visiteurs sont conviés à voir le « Mural » dans la maison de Peggy Guggenheim.

Catalogue de l'exposition à l'Art of This Century.

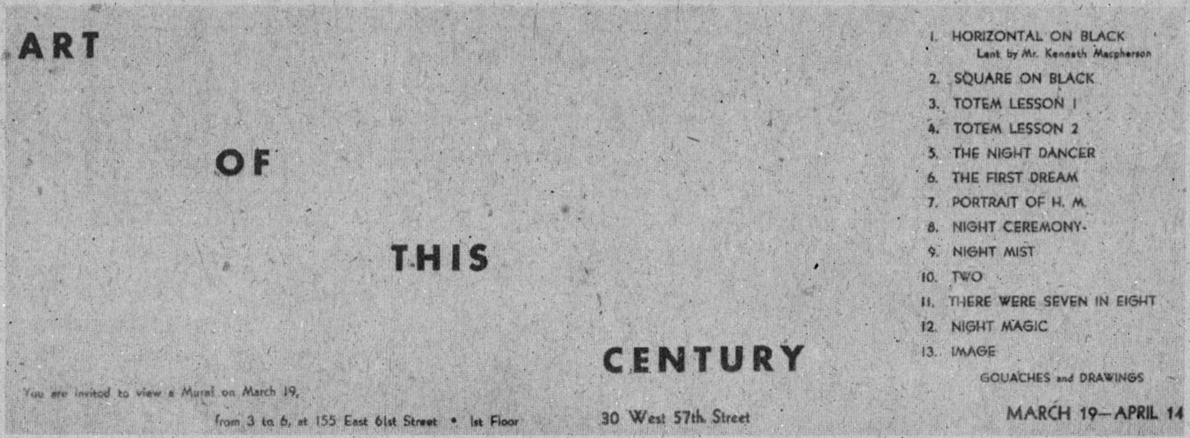

ART

OF

THIS

CENTURY

1. HORIZONTAL ON BLACK
Lent by Mr. Kenneth Macpherson
2. SQUARE ON BLACK
3. TOTEM LESSON 1
4. TOTEM LESSON 2
5. THE NIGHT DANCER
6. THE FIRST DREAM
7. PORTRAIT OF H. M.
8. NIGHT CEREMONY
9. NIGHT MIST
10. TWO
11. THERE WERE SEVEN IN EIGHT
12. NIGHT MAGIC
13. IMAGE

GOUACHES and DRAWINGS

You are invited to view a Mural on March 19, from 3 to 6, at 155 East 61st Street • 1st Floor

30 West 57th Street

MARCH 19—APRIL 14

Août 1945

En compagnie de Reuben Kadish et de sa femme qui cherchent à louer une maison, JP et Lee Krasner visitent Eastern Long Island. De retour à New York, ils décident de s'installer à East Hampton et trouvent une ferme de 5 hectares avec une grange.
Peggy Guggenheim les aide à l'achat de cette maison et, à cette occasion, établit un nouveau contrat de 2 ans avec Pollock : 300 dollars lui sont alloués par mois en échange de toute sa production.

7-26 août 1945

L'exposition personnelle de Chicago est reprise au San Francisco Museum of Art.

25 octobre 1945

Mariage de JP et de Lee Krasner à la Marble Collegiate Church de la 5e avenue. Nathalie Tabak, future Mrs Harold Rosenberg, est le témcin.

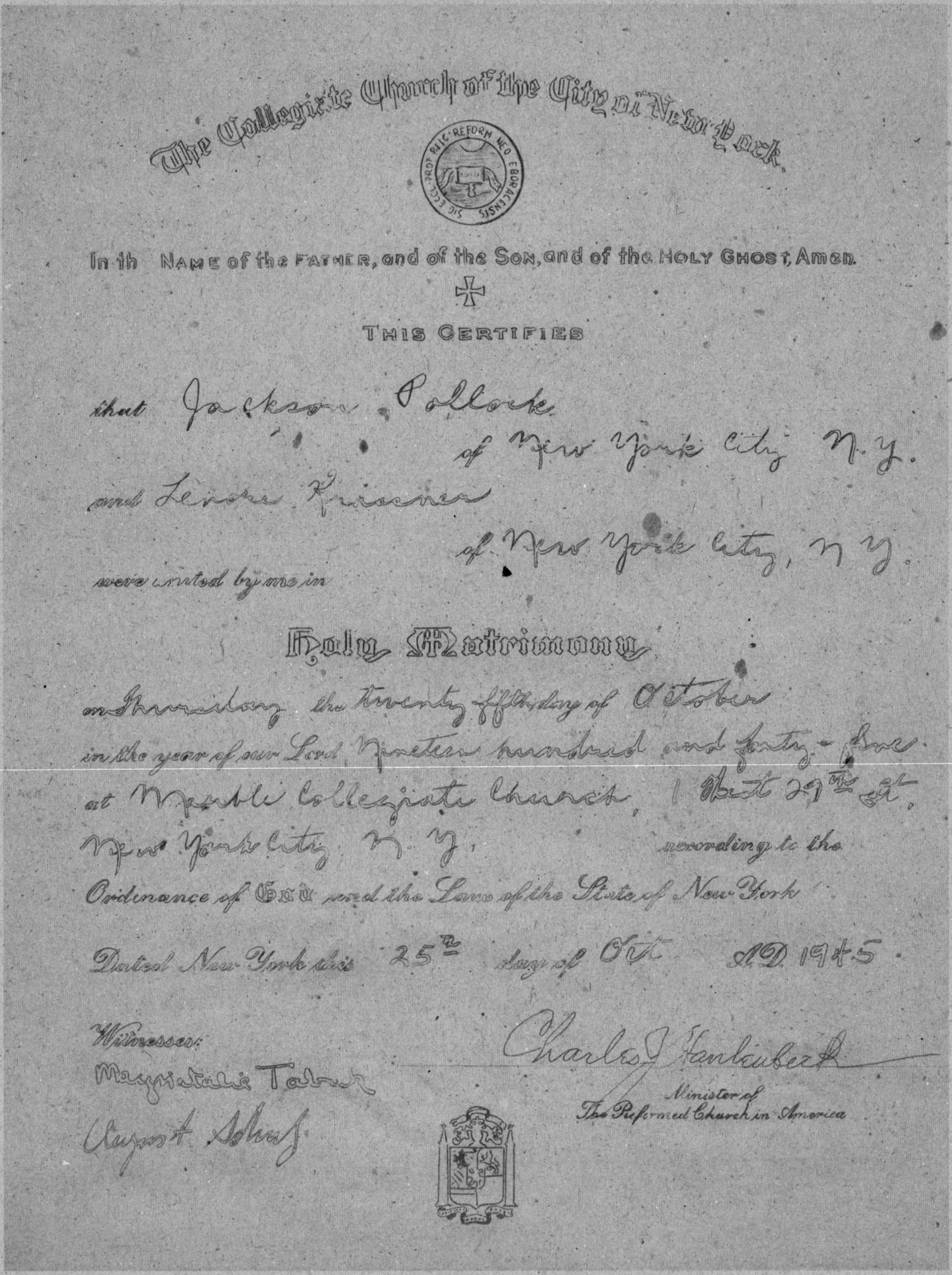
The Collegiate Church of the City of New York

In th NAME of the FATHER, and of the SON, and of the HOLY GHOST, Amen.

THIS CERTIFIES

that Jackson Pollock
of New York City N.Y.
and Lenore Krasner
of New York City, N.Y.
were united by me in

Holy Matrimony

on Thursday the twenty fifth day of October
in the year of our Lord Nineteen hundred and forty-five
at Marble Collegiate Church, 1 West 29th St.
New York City N.Y. according to the
Ordinance of God and the Laws of the State of New York

Dated New York this 25th day of Oct A.D. 1945.

Witnesses:

Minister of
The Reformed Church in America

Certificat de mariage de JP et Lee Krasner.

La grange transformée en atelier, à Springs.

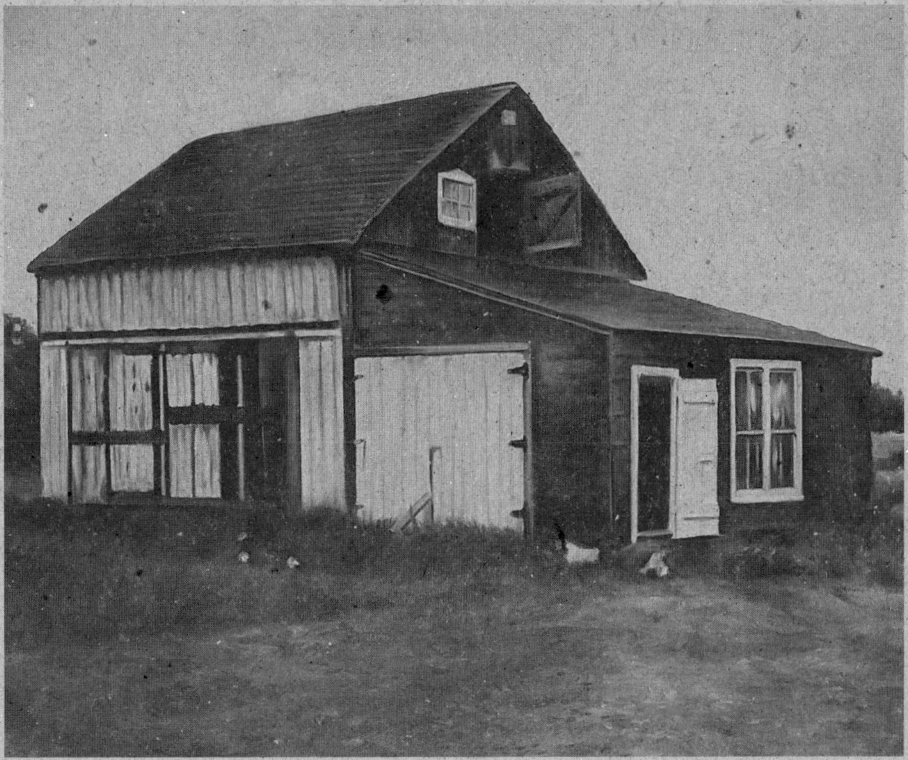

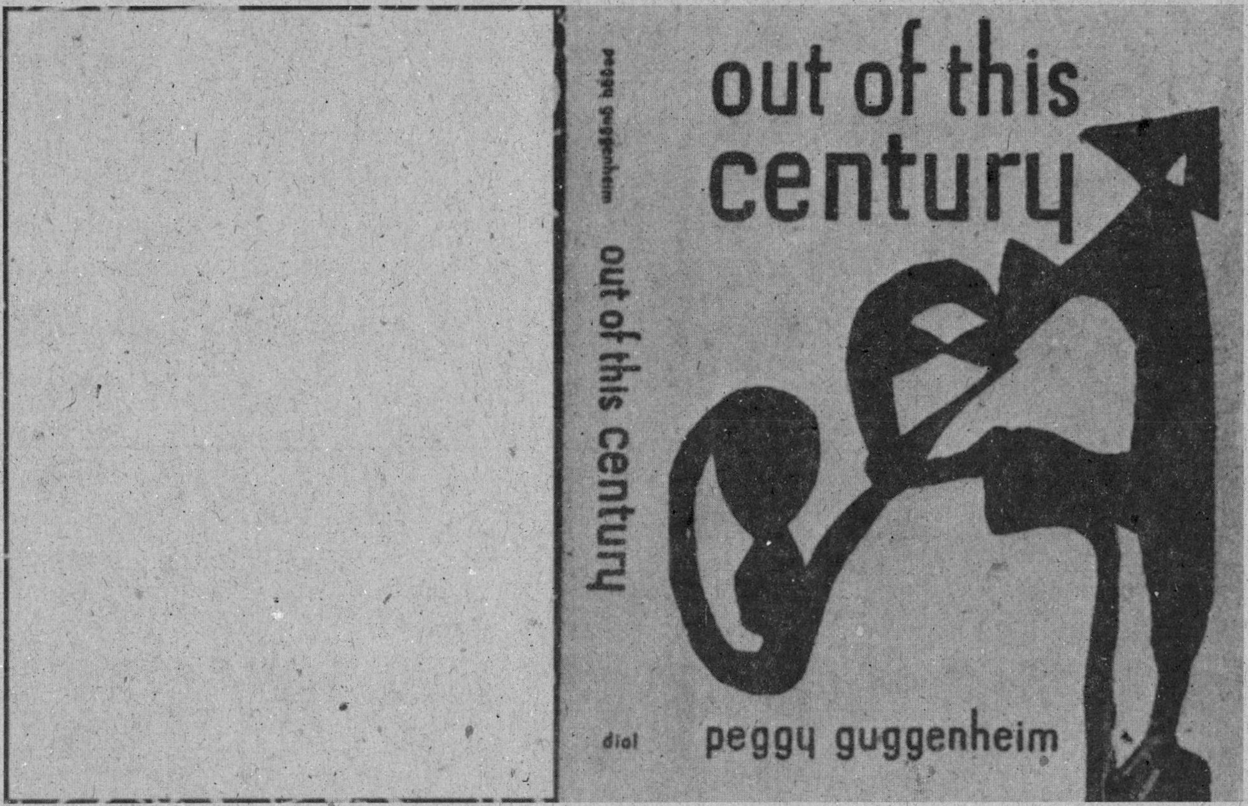

Couverture du livre des mémoires de Peggy Guggenheim, **Out of this Century**, 1946.

Novembre 1945

Installation des Pollock à Springs.

1946

JP installe un nouvel atelier dans la chambre en étage de sa maison à East Hampton. Il y prépare sa troisième exposition personnelle à l'Art of This Century où il présente 19 toiles dont « Circumcision », « Water Figure », « Troubled Queen », « The Little King », « The Child Proceeds », « The White Angel », « An Ace in the Hole », « Direction », « Moon Vessel », « High Priestess », « Once Upon a Time ».

Été 1946

JP transforme la grange en atelier.

Il dessine la couverture du premier livre des mémoires de Peggy Guggenheim intitulé « Out of this Century ».

10 décembre 1946

« Two » marque sa première participation au Whitney Annuals.

14 janvier-1er février 1947

Année des premiers drippings. Dernière exposition à l'Art of This Century, que Peggy Guggenheim ferme à la fin de la saison pour retourner en Europe.

Deux séries y sont présentées : « Sounds in the grass » et « Accabonac Creek » qui constituent un ensemble de 16 peintures, dont « Croaking Movement », « Shimmering Substance », « Eyes in the Heat », « Earth Worms », « The Blue Unconscious », « Something of the Past », « The Dancers », « The Water Bull », « Yellow Triangle », « Bird Effort », « Grey Center », « The Key », « Constellation », « The Tea Cup », « Magic light ».

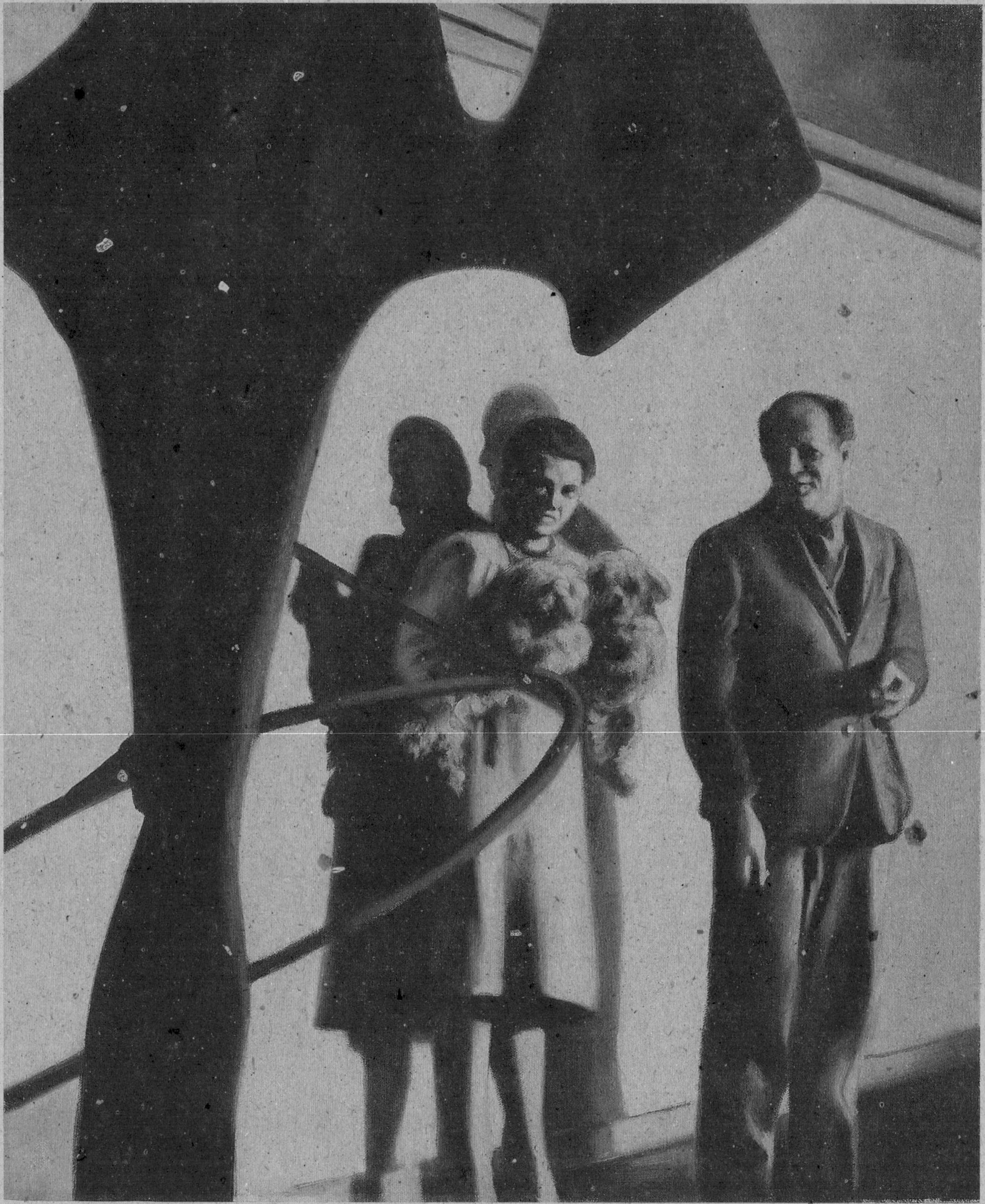

Peggy Guggenheim et JP à l'Art of This Century, devant le « Mural », 1946.

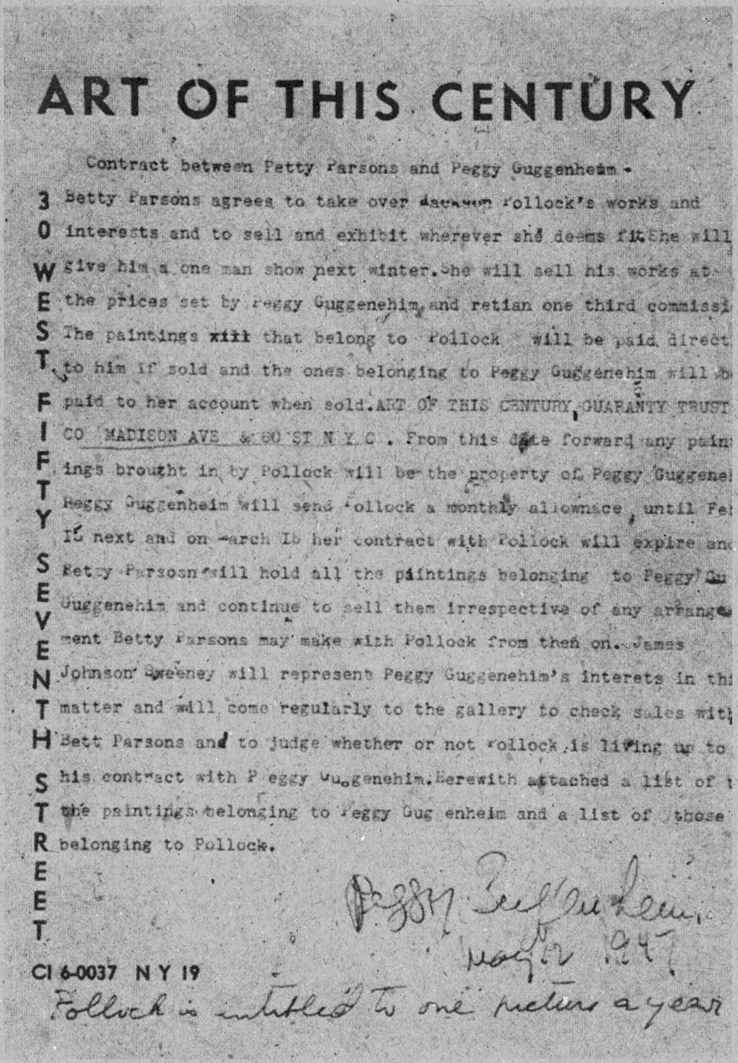

ART OF THIS CENTURY

Contract between Petty Parsons and Peggy Guggenheim.

Betty Parsons agrees to take over Jackson Pollock's works and interests and to sell and exhibit wherever she deems fit. She will give him a one man show next winter. She will sell his works at the prices set by Peggy Guggenehim and retian one third commissi[illegible] The paintings that belong to Pollock will be paid direct[illegible] to him if sold and the ones belonging to Peggy Guggenehim will b[illegible] paid to her account when sold. ART OF THIS CENTURY, GUARANTY TRUST CO MADISON AVE & 60 ST N Y C. From this date forward any paint[illegible] ings brought in by Pollock will be the property of Peggy Guggene[illegible] Peggy Guggenheim will send Pollock a monthly allowance, until Fe[illegible] 15 next and on March 15 her contract with Pollock will expire an[illegible] Betty Parsoan will hold all the paintings belonging to Peggy Gu[illegible] Guggenehim and continue to sell them irrespective of any arrange[illegible] ment Betty Parsons may make with Pollock from then on. James Johnson Sweeney will represent Peggy Guggenehim's interets in th[illegible] matter and will come regularly to the gallery to check sales wit[illegible] Bett Parsons and to judge whether or not Pollock is living up to his contract with Peggy Guggenehim. Herewith attached a list of [illegible] the paintings belonging to Peggy Guggenheim and a list of those belonging to Pollock.

Peggy Guggenheim
May 12 1947

30 WEST FIFTY SEVENTH STREET

CI 6-0037 N Y 19

Pollock is entitled to one picture a year

Contrat entre Peggy Guggenheim et Betty Parsons, 12 mai 1947.

1er avril-4 mai 1947

Précédemment montré à Art of This Century, « Mural » fait partie de « Large Scale Modern Painting », exposition organisée au Museum of Modern Art de New York.

12 mai 1947

Après de difficiles négociations pour trouver une galerie à JP, Peggy Guggenheim signe un engagement avec Betty Parsons : elle garde le monopole de la production de JP jusqu'à l'expiration du contrat tandis que Mrs Parsons accepte d'organiser l'hiver suivant une exposition personnelle.

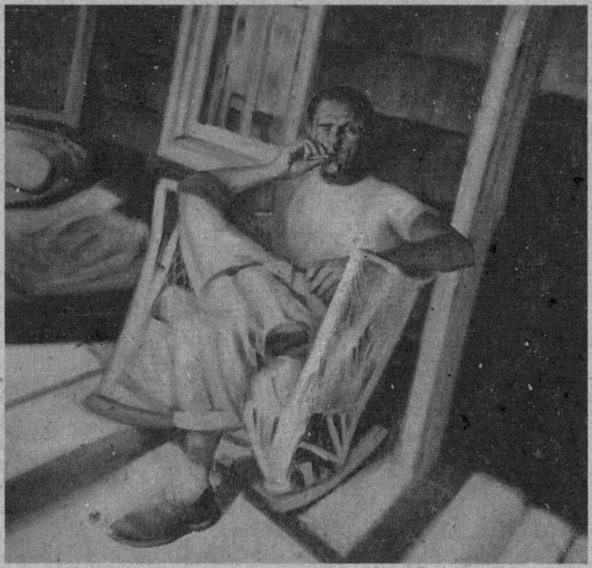

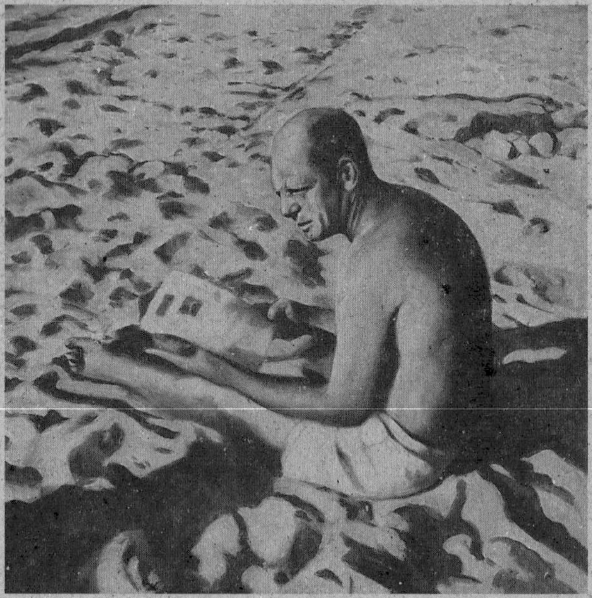

JP pendant l'été à Long Island.

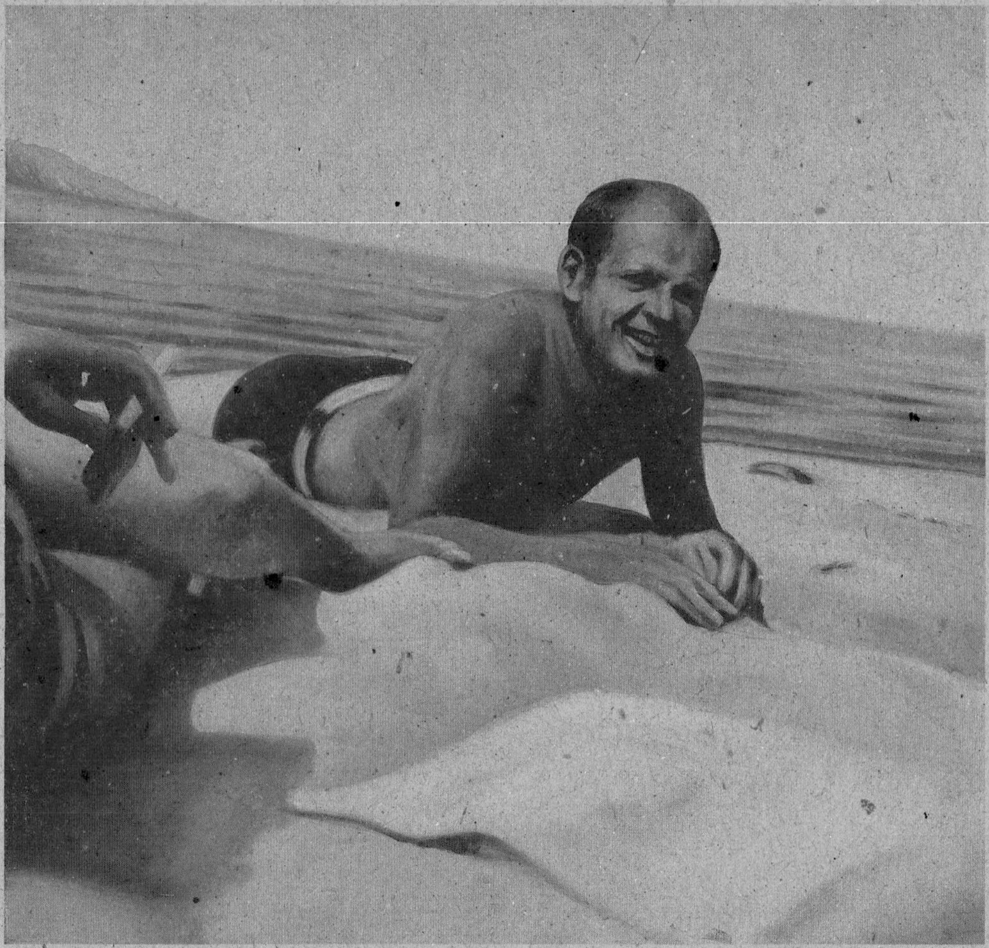

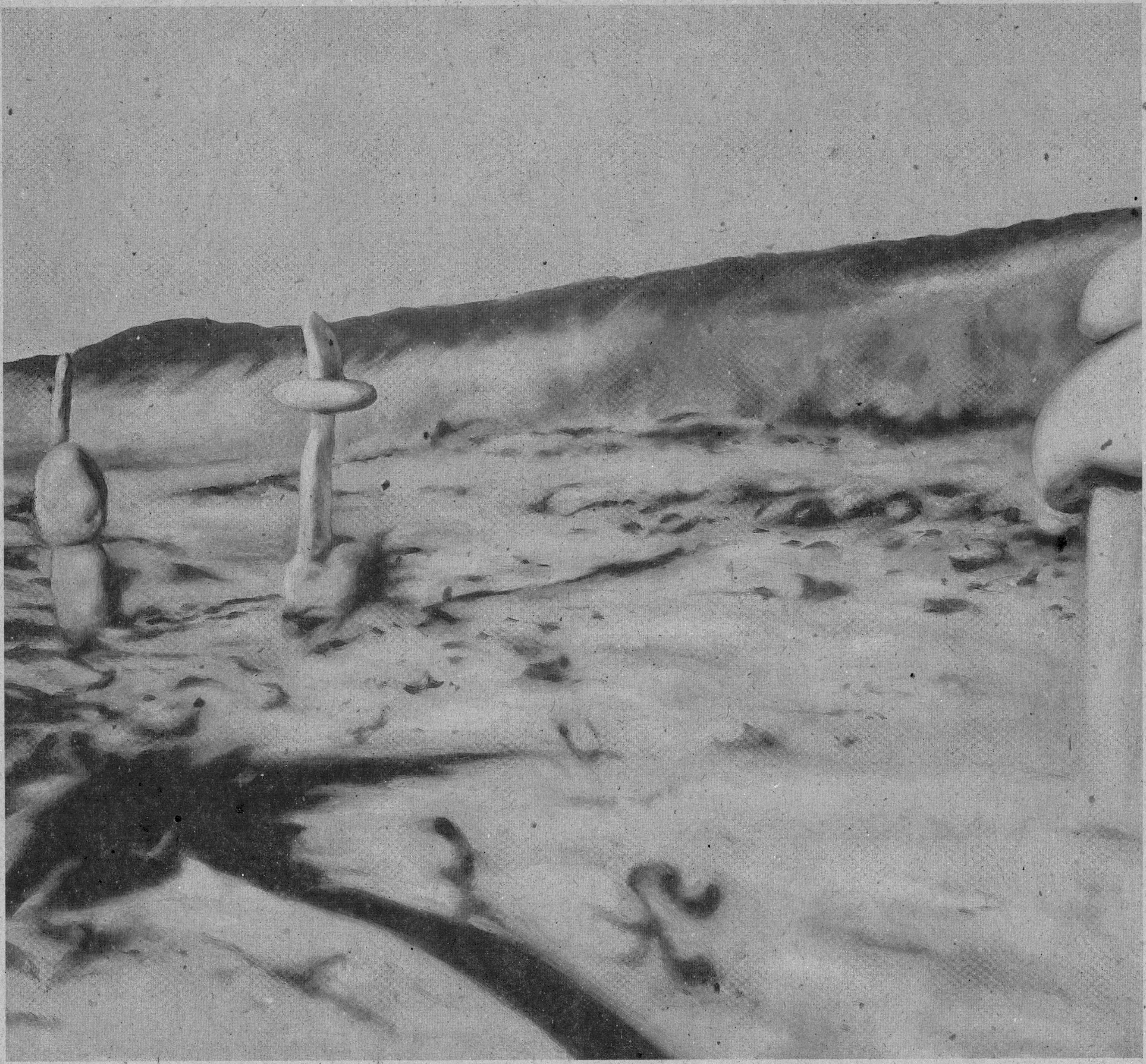

Sculptures de galets réalisées sur la plage de Montauk, Long Island.

25-27 septembre 1947

La toile « Abstraction » du collectionneur Arthur Jeffress est prêtée à Winchester (Angleterre). C'est la première fois qu'une toile est présentée à l'étranger.

6 novembre 1947

Pour la 58e exposition annuelle de peinture et sculpture américaine de l'Art Institute à Chicago, JP présente « The Key ».

6 décembre 1947

« Galaxy » est exposée dans l'Annual Exhibition of Contemporary American Painting au Whitney Museum.
En fin d'année est publié le premier numéro de *Possibilities* édité par l'artiste Robert Motherwell, le critique Harold Rosenberg, l'architecte Pierre Chareau et le musicien John Cage.
Une déclaration de JP concerne sa pratique.

Décembre 1947

JP signe un contrat avec Betty Parsons qui dure jusqu'en avril 1949.

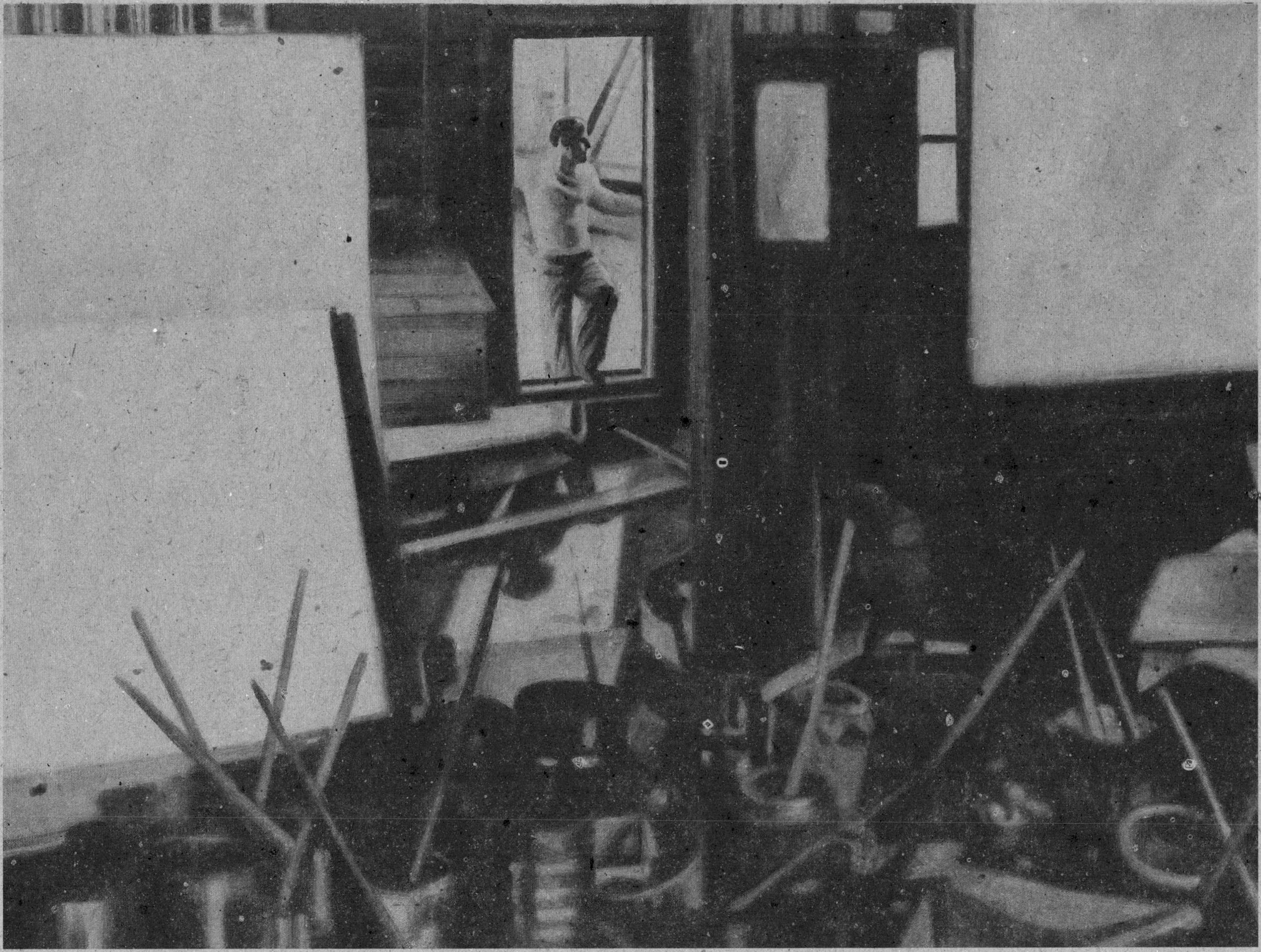

JP dans son atelier.

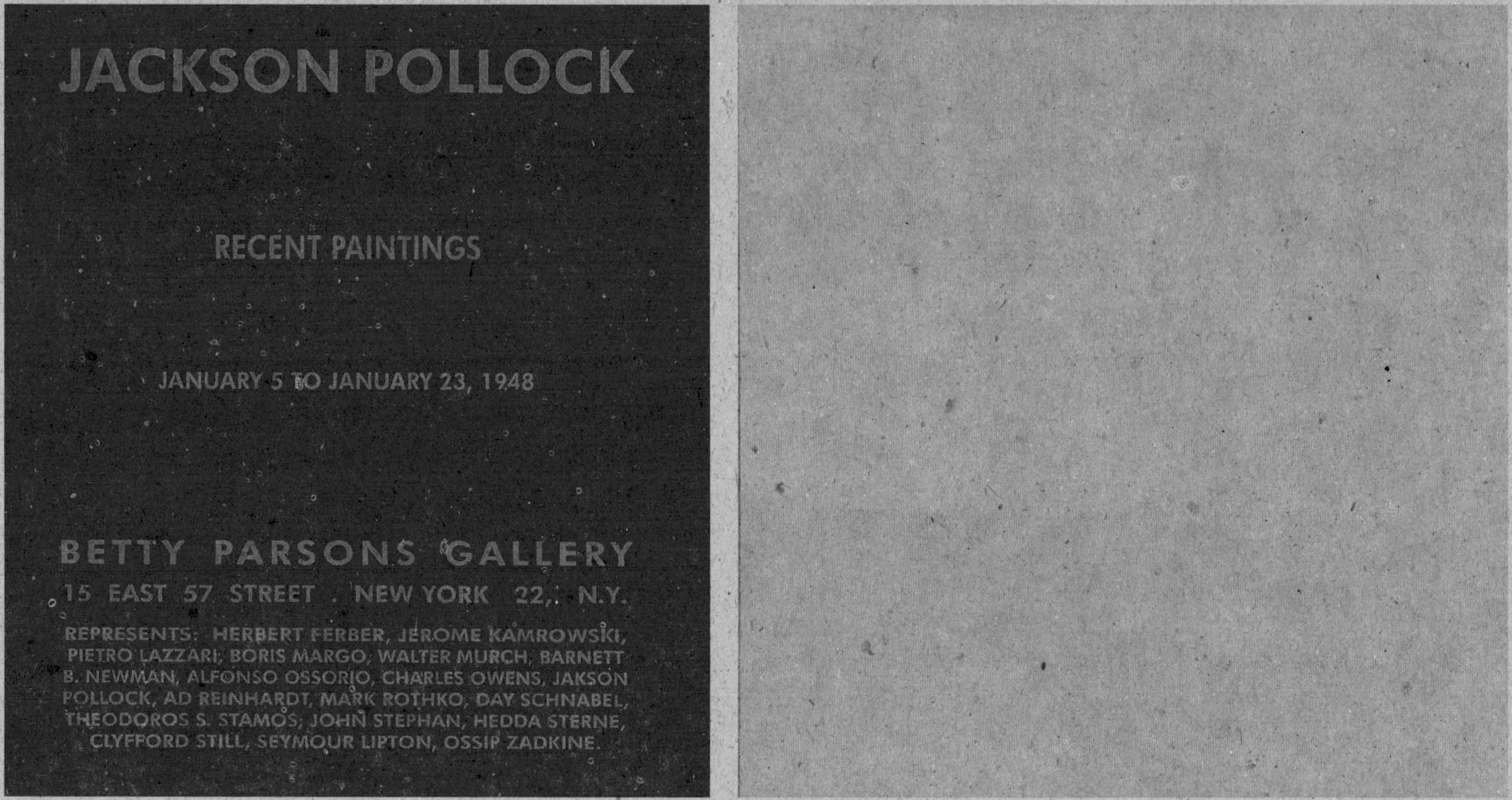

Carton d'invitation pour l'exposition chez Betty Parsons en 1948.

Barnett Newman, JP et Tony Smith lors de l'exposition Newman chez Betty Parsons en 1951.

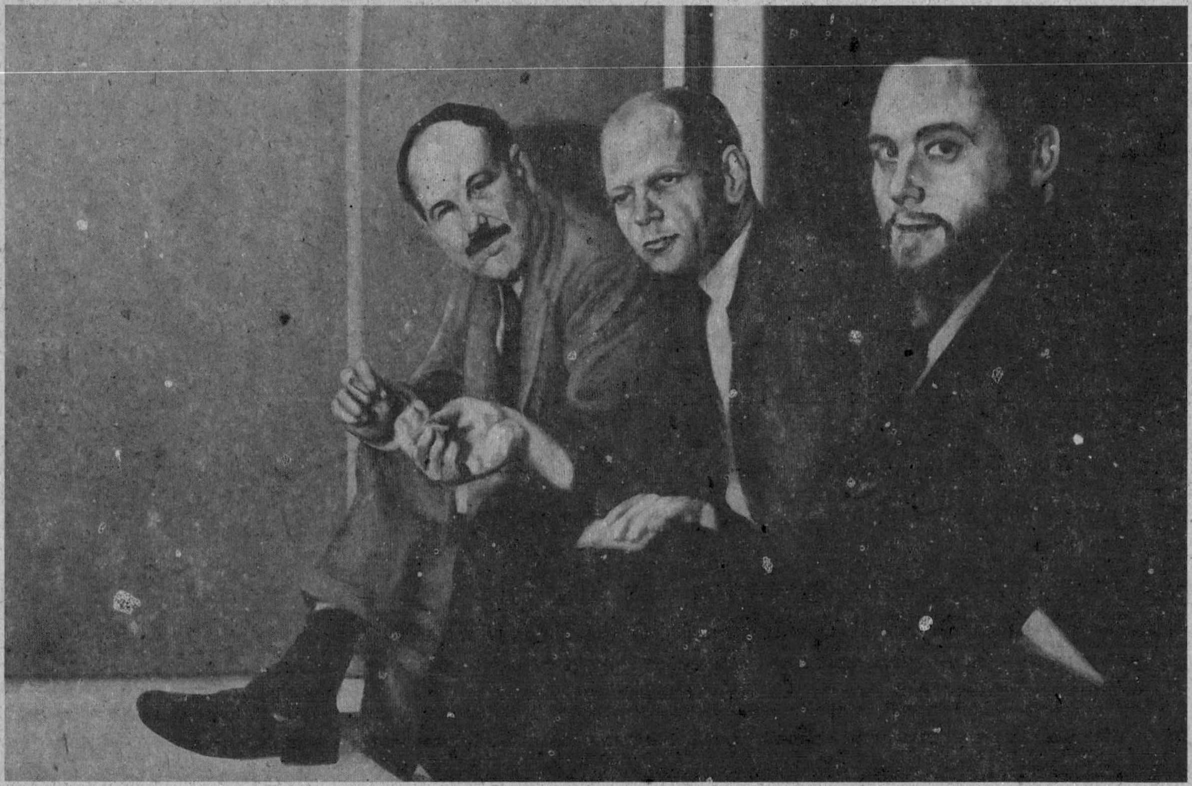

5 janvier-23 janvier 1948

Aidé pour la préparation par Herbert Matter, Barnett Newman, Tony Smith et Clyfford Still, JP expose 17 toiles à la Galerie Betty Parsons, dont : « Enchanted Forest », « Cathedral », « Lucifer », « Vortex », « Phosphorescence », « Unfounded », « Gothic », « Shooting Star », « Sea Change », « Full Fathom Five », « Comet », « Magic Lantern », « Watery Paths », « Prism », « The Nest », « Alchemy », « Reflection of the Big Dipper ».

Février 1948

Il continue à expérimenter le dripping et utilise une pâte épaisse constituée de sable, de verre cassé et d'autres matériaux étrangers.

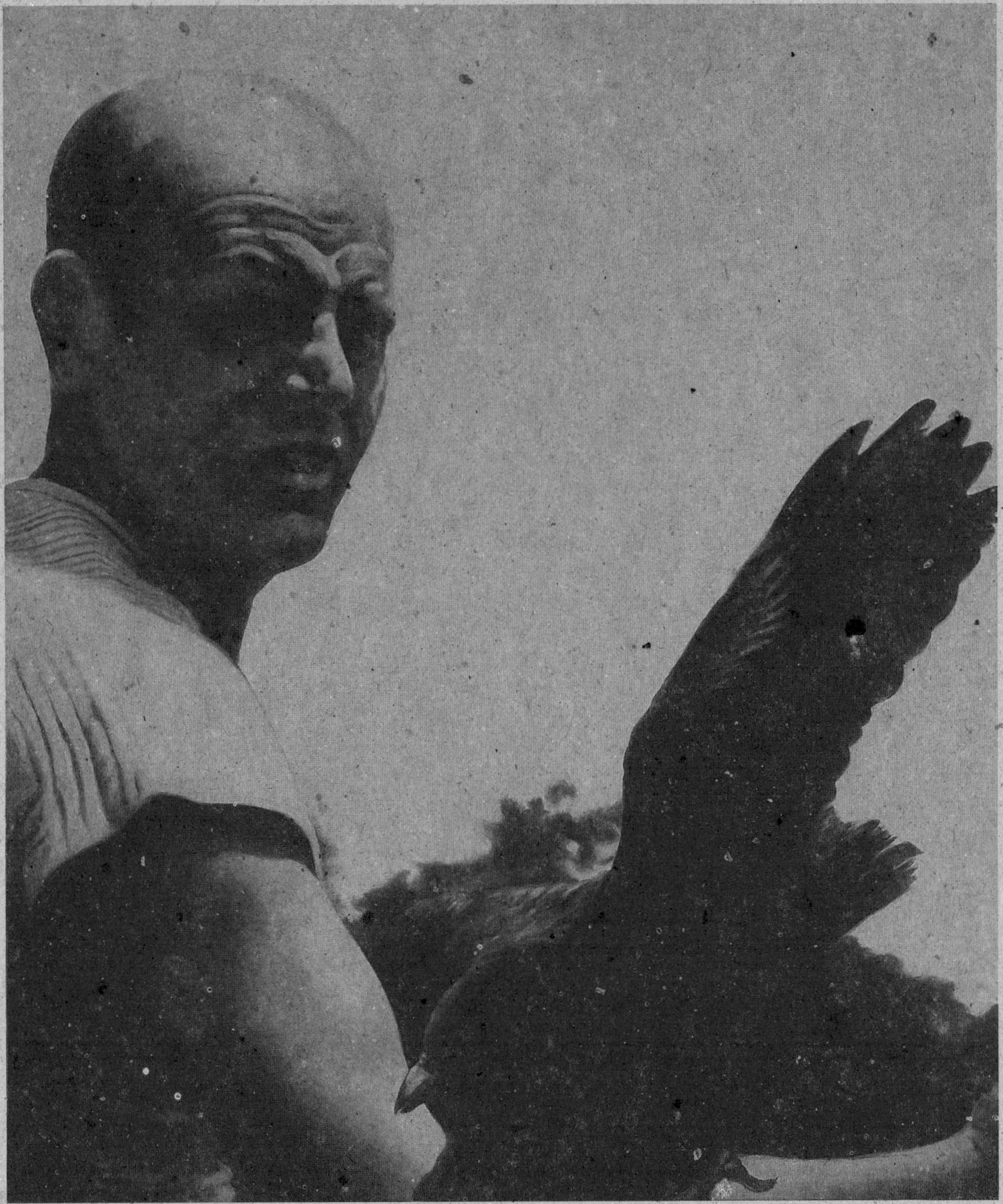

JP photographié par Herbert Matter.

Avril 1948

Betty Parsons se plaint à Peggy Guggenheim des terribles conditions financières des Pollock.

Mai 1948

JP prend part au Museum of Modern Art à une manifestation de protestation contre certains critiques d'art et notamment contre un manifeste issu du Boston Institute of Contemporary Art qui accuse l'art d'obscurantisme et qui met en doute l'honnêteté des plasticiens.

29 mai 1948

Pour la Biennale de Venise, Peggy Guggenheim sélectionne de sa collection, six peintures de JP : « Eyes in the Heat », « The Moon-Woman », « Two », « Circumcision », « Drawing », « Don Quixotte ».

Juin 1948

Grâce au soutien de James Johnson Sweeney, JP reçoit une aide de 1 500 dollars du Eben Desmarest Trust Fund créé pour le développement de l'art et de l'archéologie.

Été 1948

JP est photographié par son ami Herbert Matter qui passe un second été à Springs. Celui-ci avait en fait initialement l'idée d'un film qu'il ne put réaliser.

Il voit également le peintre John Little et sa femme qui achètent une maison à East Hampton.

11 octobre 1948

Clement Greenberg, Georges Duthuit, James Johnson Sweeney Sir Leigh Ashton, Kenneth Sawyers, Francis Henry Taylor... participent à une table ronde sur l'art moderne. Le compte rendu est publié dans *Life* du 11 octobre et le tableau « Cathedral » de Pollock provoque une controverse.

Novembre 1948

Plusieurs lettres à Betty Parsons témoignent des difficultés financières de JP.

Hiver 1948

A la fin de l'année, JP consulte le Docteur Heller, généraliste à East Hampton, pour suivre un traitement contre l'alcoolisme.

Noël 1948

Il passe les fêtes avec Lee Krasner à Deep River chez son frère Sandy Mc Coy.

Life, 11 octobre 1948.

M. Greenberg fait l'éloge de **Cathedral**, y voyant un excellent exemple de l'œuvre de Pollock et l'un des meilleurs tableaux exécutés aux États-Unis à une date récente. « *Je le trouve très joli* », dit M. Duthuit, « il représente pour moi quelque chose de tout nouveau. Je n'aurais jamais imaginé Beethoven, ou plutôt un compositeur contemporain, jouer sur les sentiments ». « La coloration et la qualité sont exquises », affirme Sir Leigh Ashton, « ce serait une merveilleuse sérigraphie. Mais je ne comprends pas pourquoi l'œuvre s'intitule « **Cathedral** » : la technique en est parfaite, la couleur ravissante, mais je ne pense pas qu'il y ait une conception structurelle ».
M. Taylor le trouve « *très beau* ». *Par contre*, M. Huxley est moins impressionné : « *Le tableau agit sur le spectateur de sorte qu'il se demande pourquoi l'artiste a choisi de s'arrêter là. Il aurait pu ne l'achever jamais. (éclats de rire). Je ne sais pas. Ce me semble un papier-peint dont le motif se répète à l'infini, tout autour de la pièce* ».
M. Frankfurter avoue qu'il n'admire pas l'œuvre de Pollock, mais trouve tout de même que ce tableau-ci est remarquablement bon quand on le compare avec la plupart de ce qui se fait de nos jours en matière d'art abstrait. M. Sweeney pense que cette œuvre est « spontanéité », « liberté », « expression », qu'elle donne le sentiment d'un enchevêtrement de surfaces et d'une organisation linéaire.
« *Je me méfie de tout tableau que j'estime avoir pu faire moi-même* », note M. Mayor. M. Green affirme que le tableau ne l'a point ému et « qu'il ferait un joli motif pour une cravate »....

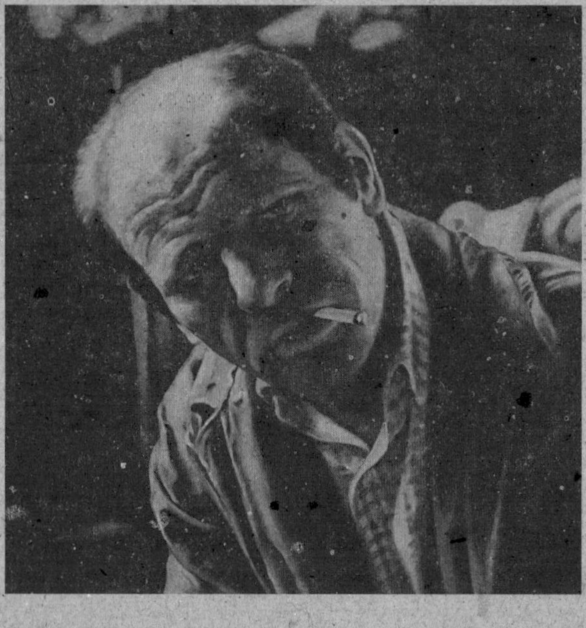

JP en 1949 photographié par le sculpteur Wilfred Zogbaum.

Extrait d'une lettre à Betty Parsons, novembre 1948.

Chère Betty,
Nous sommes vraiment dans la panique financièrement. Alors si tu pouvais m'avancer les 100 dollars — ce serait très bienvenu.
John Little s'est cassé le bras et doit rester à l'hôpital encore cinq semaines. C'est une très mauvaise fracture, près de l'épaule. Les artistes ne devraient pas se promouvoir bâtisseurs.
Amicalement — Jackson.

Lettre à Betty Parsons, non datée.

Chère Betty,
Je pense qu'on devrait mettre Lucifer à 1 600 dollars. J'aime beaucoup ce tableau et ce prix est plus proche de celui de mes travaux récents. Je voulais aussi te dire que je vais essayer de décrocher des commandes de peintures murales par un agent à qui je donnerai une commission. Je pense qu'il ne serait pas juste que je paye deux commissions. Je pense qu'il est important pour moi d'élargir le champ de mes possibilités dans cette voie. Mais bien sûr, pour tout tableau montré à la galerie et toute commande de peinture murale que tu obtiens, tu recevras ta commission. J'espère que tu trouveras cet arrangement satisfaisant. C'est mon seul espoir de sortir de mes problèmes financiers et aussi de me développer dans cette direction.
Amitiés — Jackson.

Lettre de Stella Pollock à son fils Charles, janvier 1949.

Jack et Lee étaient là et nous avons passé un très bon Noël... Et il n'y a pas eu de problèmes de boisson. Nous étions tous si heureux. Jack est suivi par un docteur à Hampton et, à Noël, il n'avait pas bu une goutte d'alcool depuis plus de trois semaines — j'espère qu'il s'y tiendra. Il dit qu'il veut arrêter et il est allé voir le docteur tout seul. Le docteur lui a dit qu'il devrait tout arrêter, de la bière au vin, parce que ça l'empoisonne. Il a un coupé Ford maintenant et il ne devrait pas conduire s'il n'arrête pas de boire. Le docteur dit que ça dépend de lui. Son exposition va être un test pour Jack, et un test difficile. S'il peut passer cette épreuve sans boire, ça sera un succès et j'espère qu'il peut et qu'il voudra le faire. Je serai heureuse quand l'exposition sera finie et qu'il sera de retour à la maison...

JACKSON POLLOCK

RECENT PAINTINGS

OPENING JANUARY 24
THROUGH FEBBRUARY 12
1949

BETTY PARSONS GALLERY
15 EAST 57 STREET, NEW YORK 22, N.Y.

Carton d'invitation pour l'exposition chez Betty Parsons.

24 janvier-12 février 1949

La seconde exposition personnelle à la galerie Betty Parsons présente 26 toiles de 1948 dont « Number 1 », « Number 2 », « Number 3 », « Number 4 », « Number 5 », « Number 7 », « Number 8 », « Summertime », « The Wooden Horse », « Number 11 », « Arabesque », « Number 16 », « Number 18 », « White Cockatoo », « Number 25 », « Number 26 ».
A cette occasion, JP fait la connaissance d'Ossorio qui y expose régulièrement depuis 1941.

Lettre de Stella Pollock à son fils Charles, mi-avril 1949.

travailler au jardin, ils ont de la bonne terre, Lee adore bêcher la terre et elle a les doigts tout verts, il peut servir de l'alcool aux autres. Il se sent beaucoup mieux — il le dit — et ils se préparaient à J'ai été... chez Jack et Lee et c'était si bien d'être là et de les voir si heureux sans problème de boisson, et Jack va couvrir son atelier, les prix sont tellement montés qu'il pense qu'il va le faire lui-même.

Avril 1949

Stella Pollock séjourne à East Hampton.

La famille Pollock à Springs, été 1949.

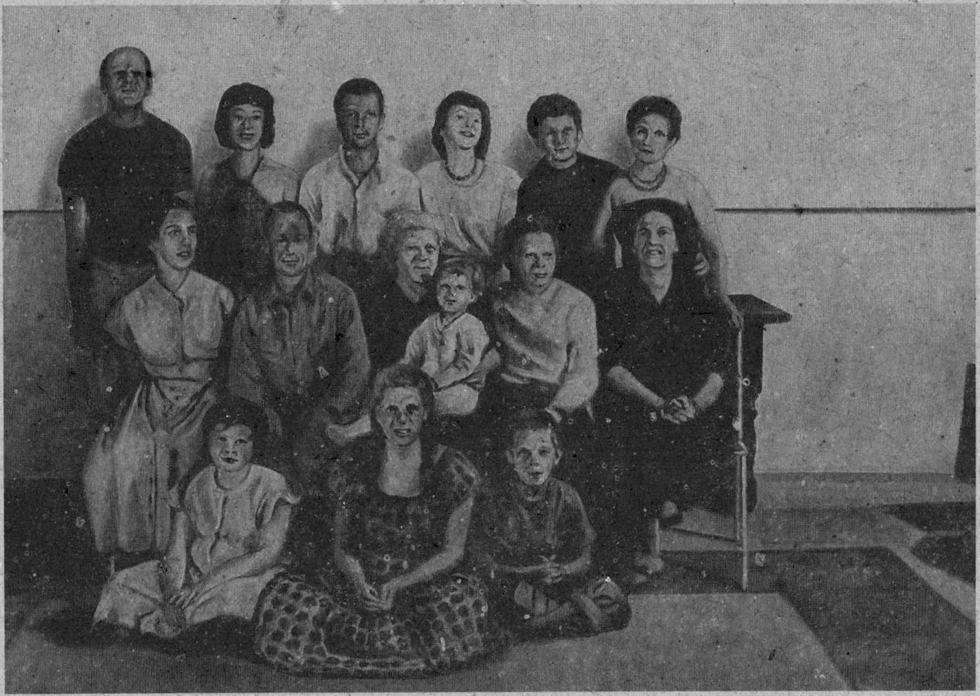

Fin juin 1949

JP renouvelle son contrat avec Betty Parsons jusqu'au 1er janvier 1952.

Photographies du reportage de Life Magazine.

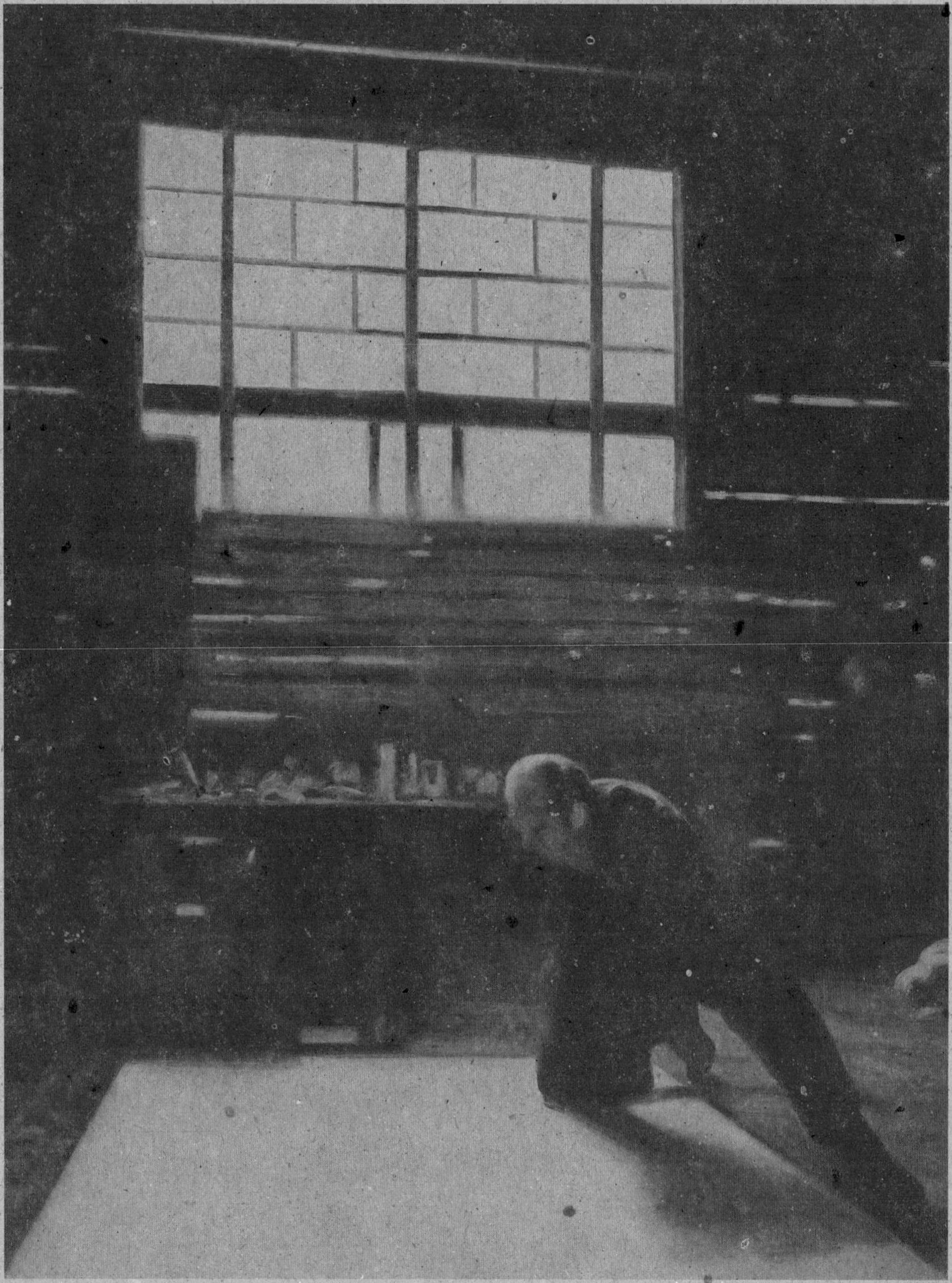

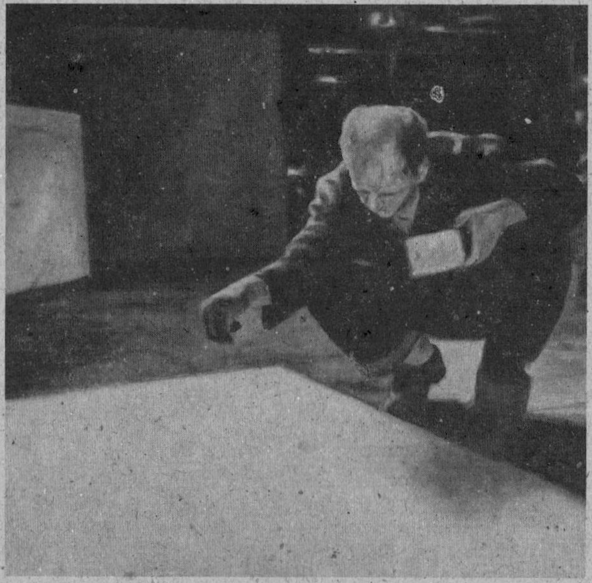

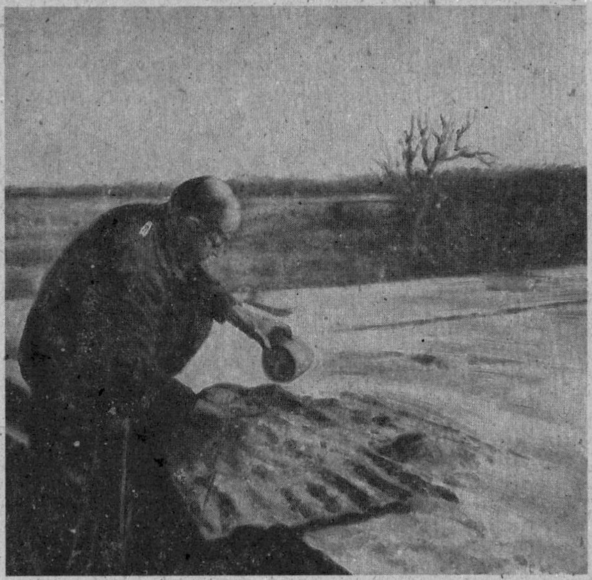

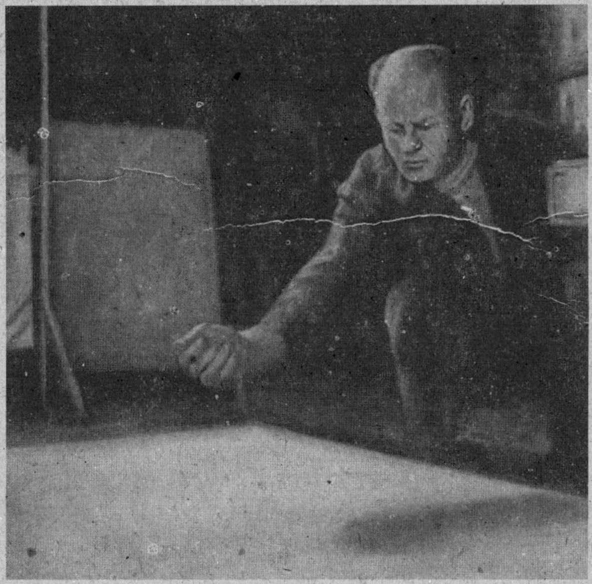

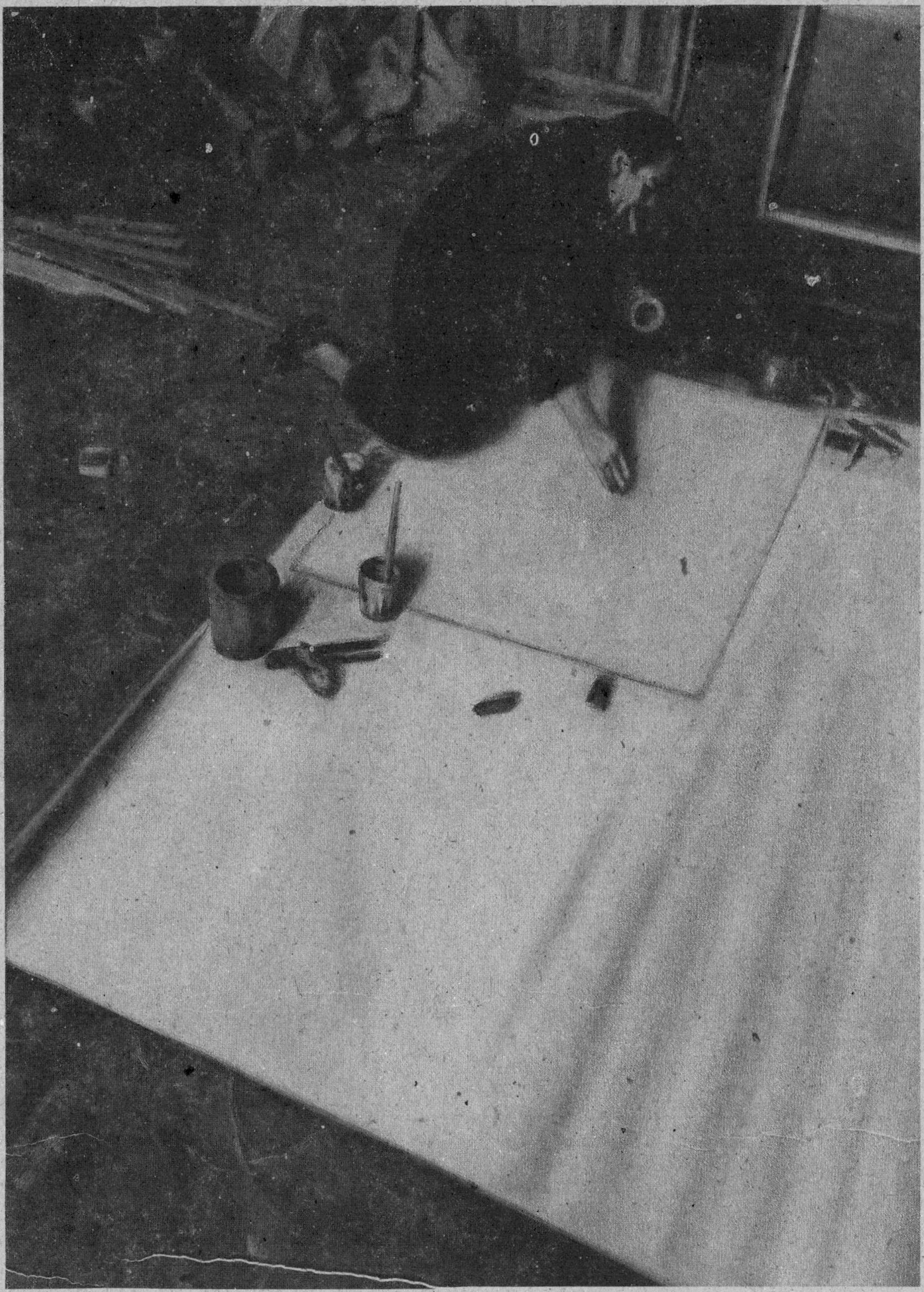

JP au travail, © Arnold Newman.

14 septembre-3 octobre 1949

A la Samuel Kootz Gallery de New York, sous l'appellation « The Intra-subjectives », une toile de JP « Untitled » voisine avec d'autres toiles de Baziotes, Gorky, Gottlieb, Graves, Hofmann, de Kooning, Motherwell, Reinhardt, Rothko, Tobey et Tomlin. Les textes du catalogue sont de Samuel Kootz et de Harold Rosenberg.

JP chez Daniel I. Miller, l'épicier de Long Island, alors possesseur de « Silver over Black, White, Yellow and Red ». 1948.

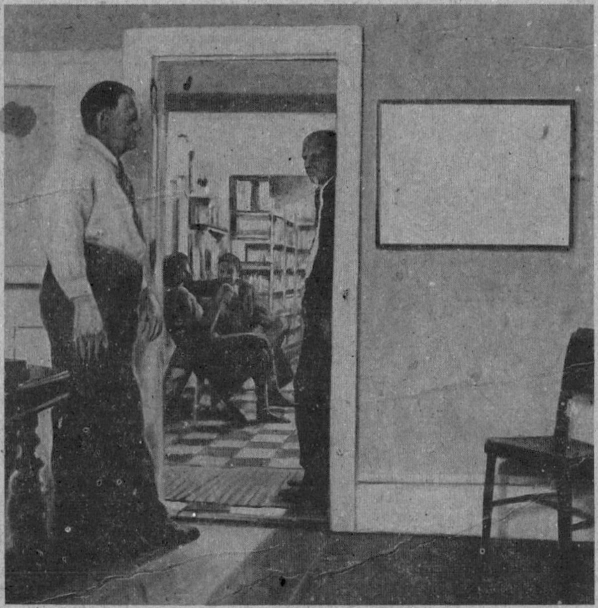

Lettre 7 Betty Parsons, 1à octobre.

Chère Betty,
Désolé que tu n'aies pas pu venir le week-end dernier. Je t'envoie mon idée pour le catalogue. Le (27) est arbitraire, je te dirai nombre de tableaux en temps voulu combien il y en aura. J'aimerais bien qu'il soit imprimé sur papier couché, d'un côté (le côté des photos) et papier mat de l'autre. J'espère que le projet te convient parce que je trouve la forme et la taille très agréables.
Peux-tu m'envoyer un chèque cette semaine? J'espère que tu pourras venir un week-end.
Amitiés — Jackson.

Lettre de JP à Betty Parsons.

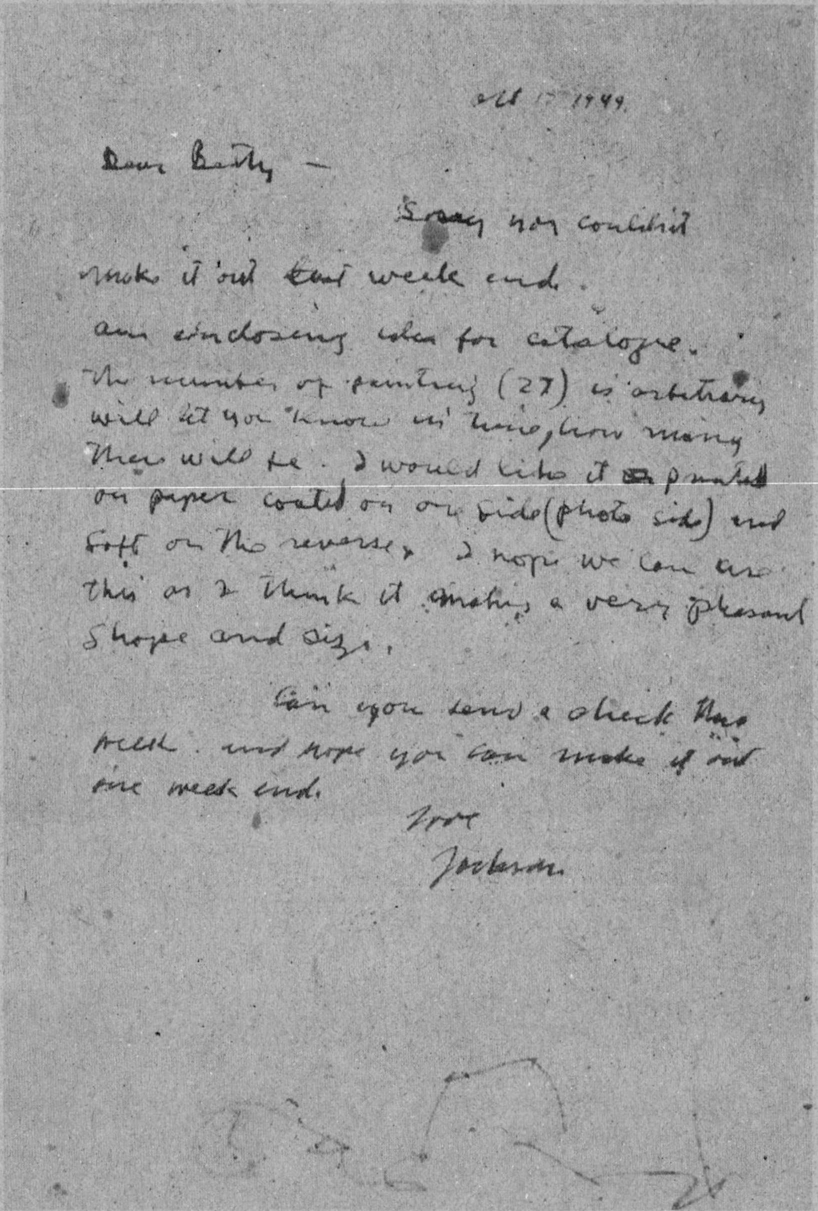

Oct 17 1949.

Dear Betty —

Sorry you couldn't make it out last week end. am enclosing idea for catalogue. The number of paintings (27) is arbitrary will let you know in time, how many there will be. I would like it printed on paper coated on one side (photo side) and soft on the reverse. I hope we can use this as I think it makes a very pleasant shape and size.

Can you send a check this week. and hope you can make it out one week end.

Love
Jackson.

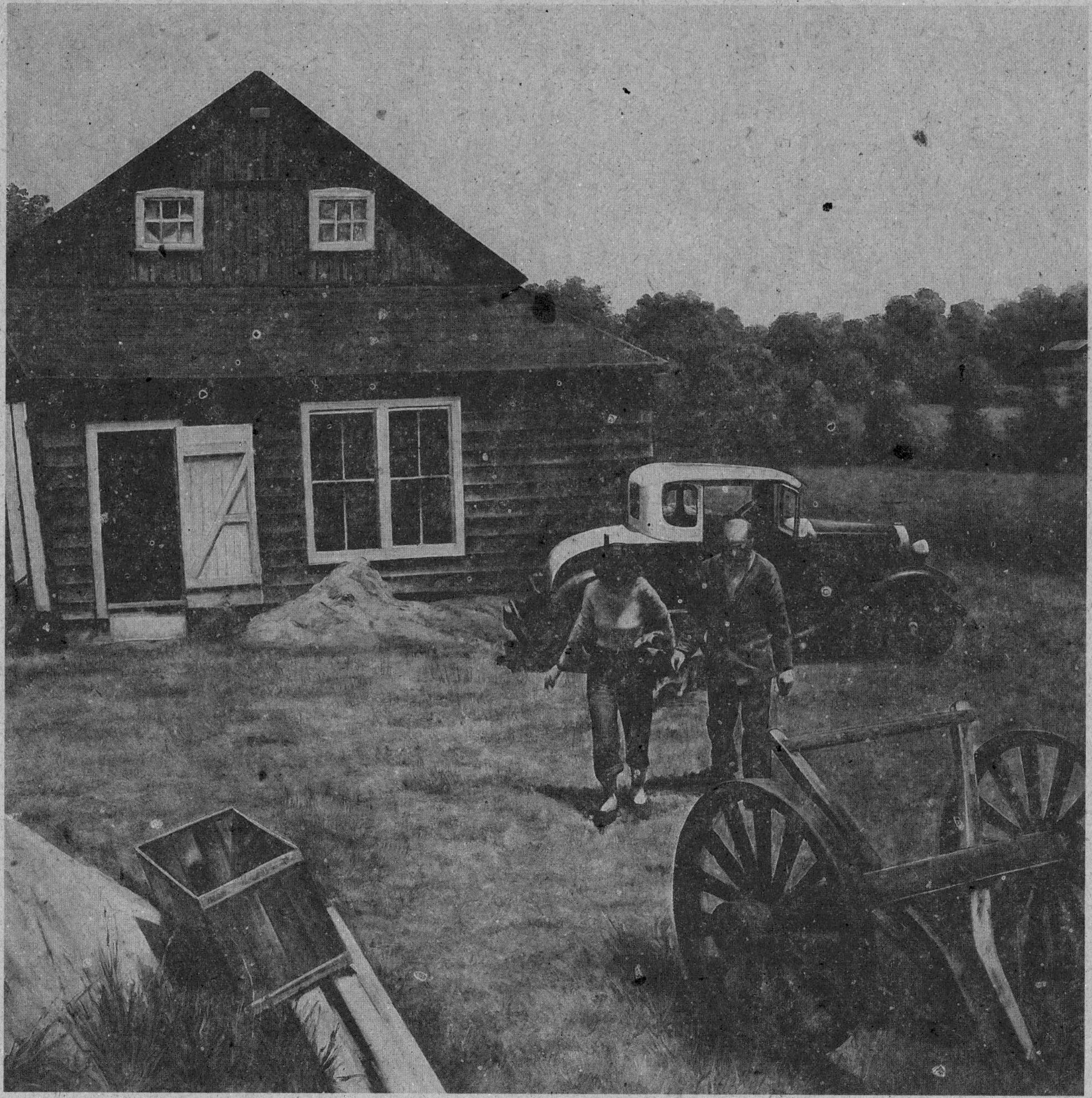

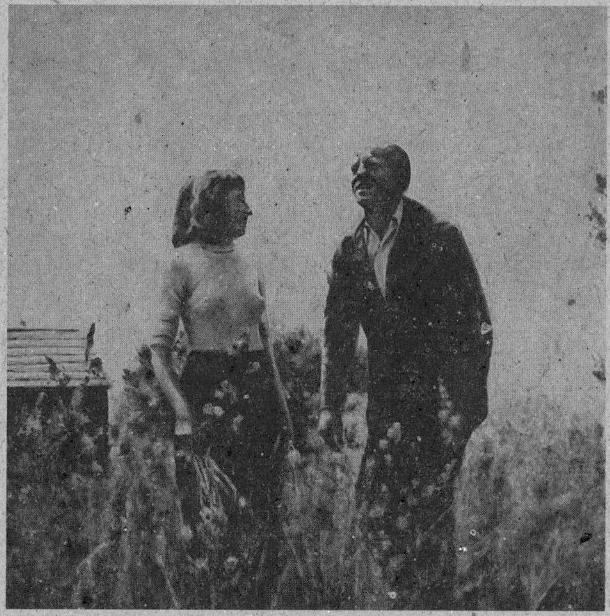

Les Pollock à Springs,
photographiés par le sculpteur Wilfred Zogbaum.

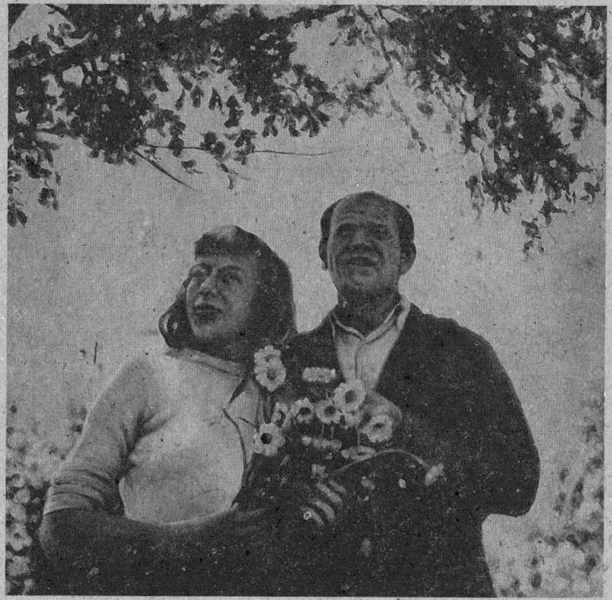

21 novembre-
10 décembre 1949

Présentées à la Galerie Betty Parsons, 34 peintures de 1949 sont annoncées sous le titre « **Murals in Modern Architecture**. A theatrical exercise and using Jackson Pollock's painting and sculpture by Peter Blake ». La maquette réalisée par Peter Blake comprend de petites sculptures de verre et de plâtre créées par JP. Elle préfigure un musée pour les peintures de l'artiste qui n'a jamais été construit. Parmi les toiles présentées de 1949 : « Number One », « Number 2 », « Number 3 », « Number 4 », « Number 5 », « Out of the Web », « Number 8 », « Number 9 », « Number 10 »...

Cette exposition consacre JP comme l'un des leaders de l'avant-garde, les journaux *Time* et *Life* en témoignent.

L'espace non encadré; un musée pour les peintures de Jackson Pollock

effet, l'impression que ces peintures pourraient très bien s'étendre à l'infini, et c'est précisément cet aspect-là que la partie centrale de son projet met en valeur. On y voit une œuvre qui mesure 17 pieds de long (soit environ 5,5 mètres) et qui constitue tout un pan de mur. Elle est flanquée de dre fin parce qu'il ne restait plus de toile pour les poursuivre; M. Blake estime que ce sont l'espace libre et l'absence de cadres qui font le mieux aucun doute sur cet aspect particulier de l'œuvre de Pollock.

La maquette comporte également trois petites sculptures polychromes que l'artiste a exécutées à la demande de M. Blake; l'une d'elles est posée devant une cloison hémisphérique à jour en cuivre. C'est la seule cloison utilisée dans l'ensemble et part et d'autre, ni de colombages, ni de hourbis, mais de miroirs. Ainsi la peinture s'étend-elle dans un infini d'espace réfléchi et ne laisse-t-elle plus Dans ce projet, les peintures tiennent lieu de murs; ce traitement rappelle à l'esprit un art pictural tout autre : celui de la fresque de la Renaissance. Le projet suggère la réintégration de la peinture dans l'architecture : celle-là devient celle-ci, mais cette fois-ci sans message, ni contenu. Son seul but est d'accroître notre acquis de l'espace.

sert exclusivement d'arrière-plan. La sculpture la plus grande est posée sur un socle et les deux autres sont placées à même le sol.

ressortir leurs caractéristiques saillantes. On a, en M. Peter Blake expose au grand jour les peintures de Jackson Pollock, mais pas simplement afin de permettre aux visiteurs de circuler si rapidement qu'ils ne s'arrêtent pas devant les objets exposés. Il s'agit de dessins à très forte pigmentation dont souvent les rythmes ininterrompus semblent pren-

Arthur Interiors, Drexel, New York, janvier 1590.

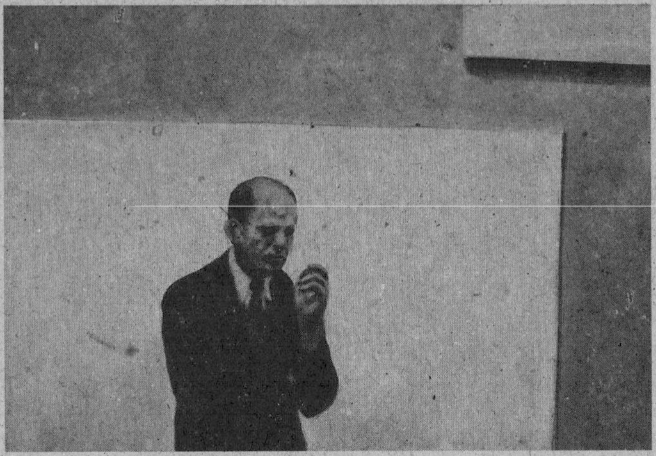

JP dans son exposition chez Betty Parsons.

JP et Peter Blake devant la maquette du musée.

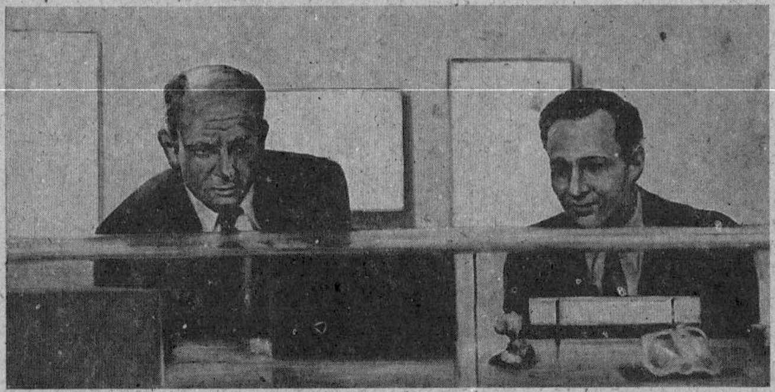

Dépliant pour l'exposition JP chez Betty Parsons.

« Rape of Europa » terre cuite peinte de JP, c. 1949-1950, 15,2 cm de long, collection particulière.

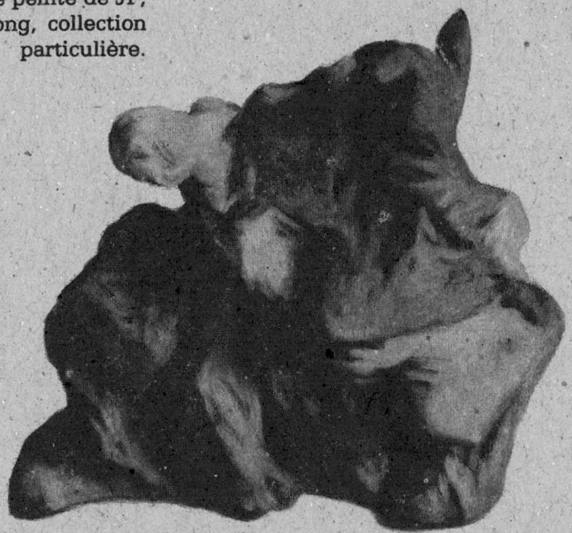

Hiver 1949

JP réalise de petites sculptures abstraites dans l'atelier de poterie de Lawrence Larkin à East Hampton.

JP réalisant des sculptures dans l'atelier de son voisin Lawrence Larkin, à East Hampton.

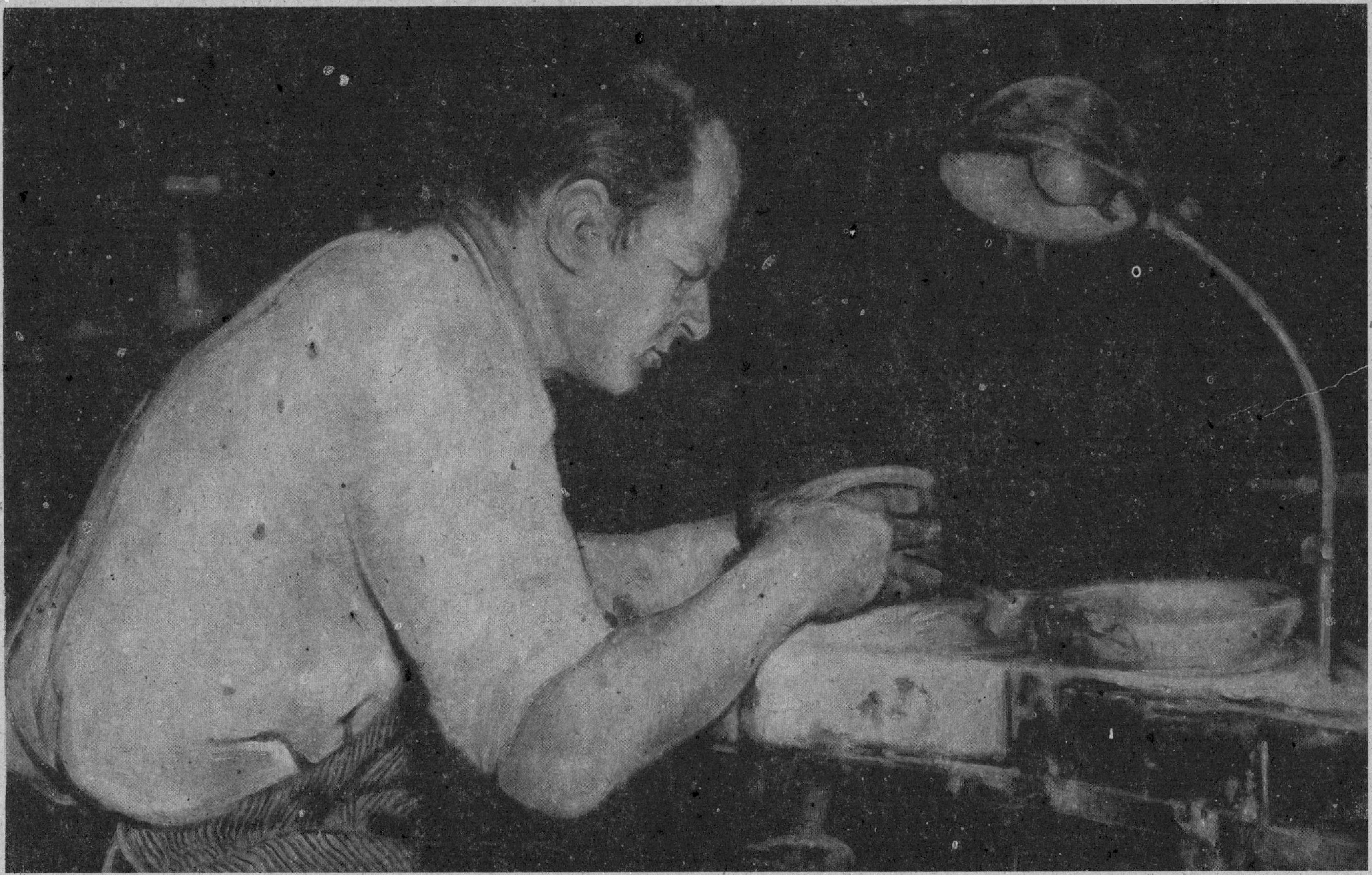

1950

Jackson et Lee Pollock utilisent la maison d'Ossorio sur MacDougal Alley, à New York comme pied à terre.

Mars 1950

Pour la maison des Geller construite par Marcel Breuer à Long Island, il réalise un Mural.
Dans une lettre à Betty Parsons, Peggy Guggenheim rend compte de ses efforts infructueux pour présenter JP à Paris.

Lettre printemps à Ossorio, 1950.

Cher Alfonso,
passionnant et j'espère que tu as Le projet a l'air Magazine of Art (Jackson Pollock : le labyrinthe infini) mais j'ai oublié de spécifier par avion. Tu le recevras probablement une semaine avant de — l'atelier n'a pas été touché — je me remets progressivement à la peinture — je t'ai envoyé l'article de Parker Tyler sur ma peinture dans résolu ton problème de médium — l'été est arrivé chez nous. La peinture murale de Geller est finie mais pas encore installée. La maison n'est pas finie partir. Tes dernières choses à 9 Mac(1) m'ont paru très bonnes.

(1) 9 MacDougal, New Alley York.

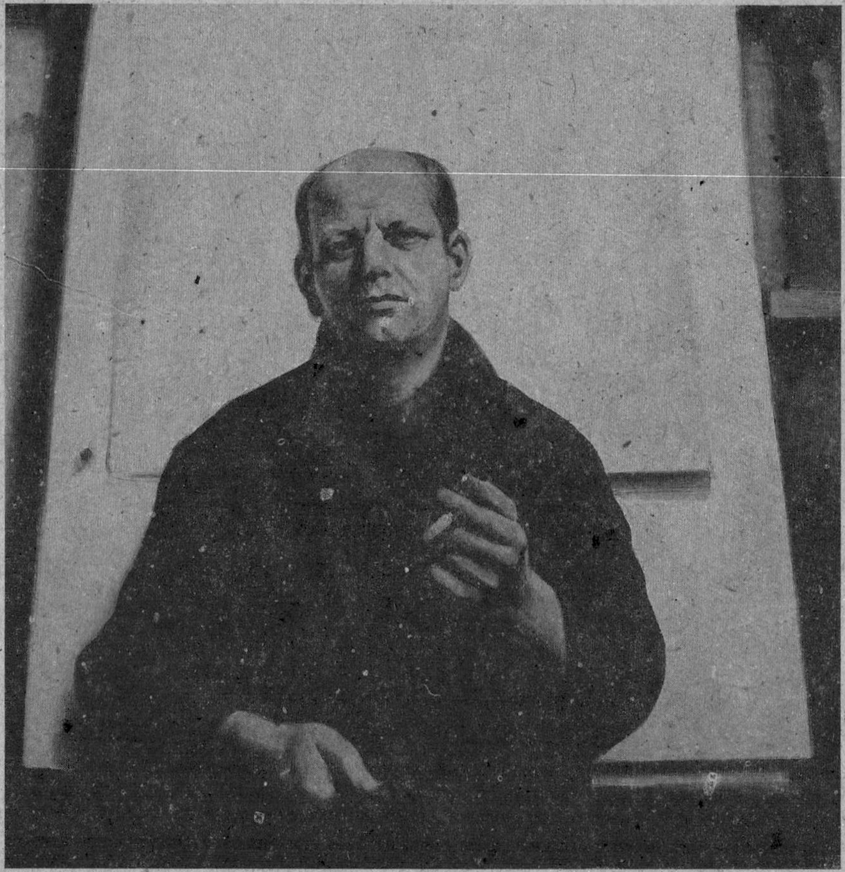

© Arnold Newman.

JP dans son atelier en 1949.

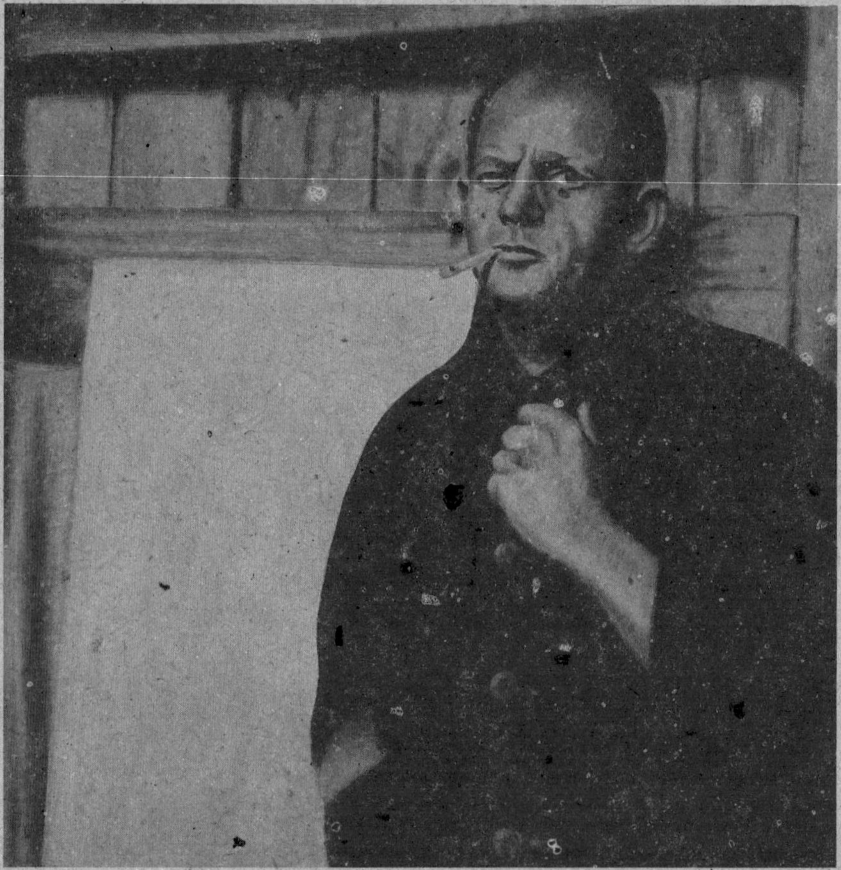

© Arnold Newman.

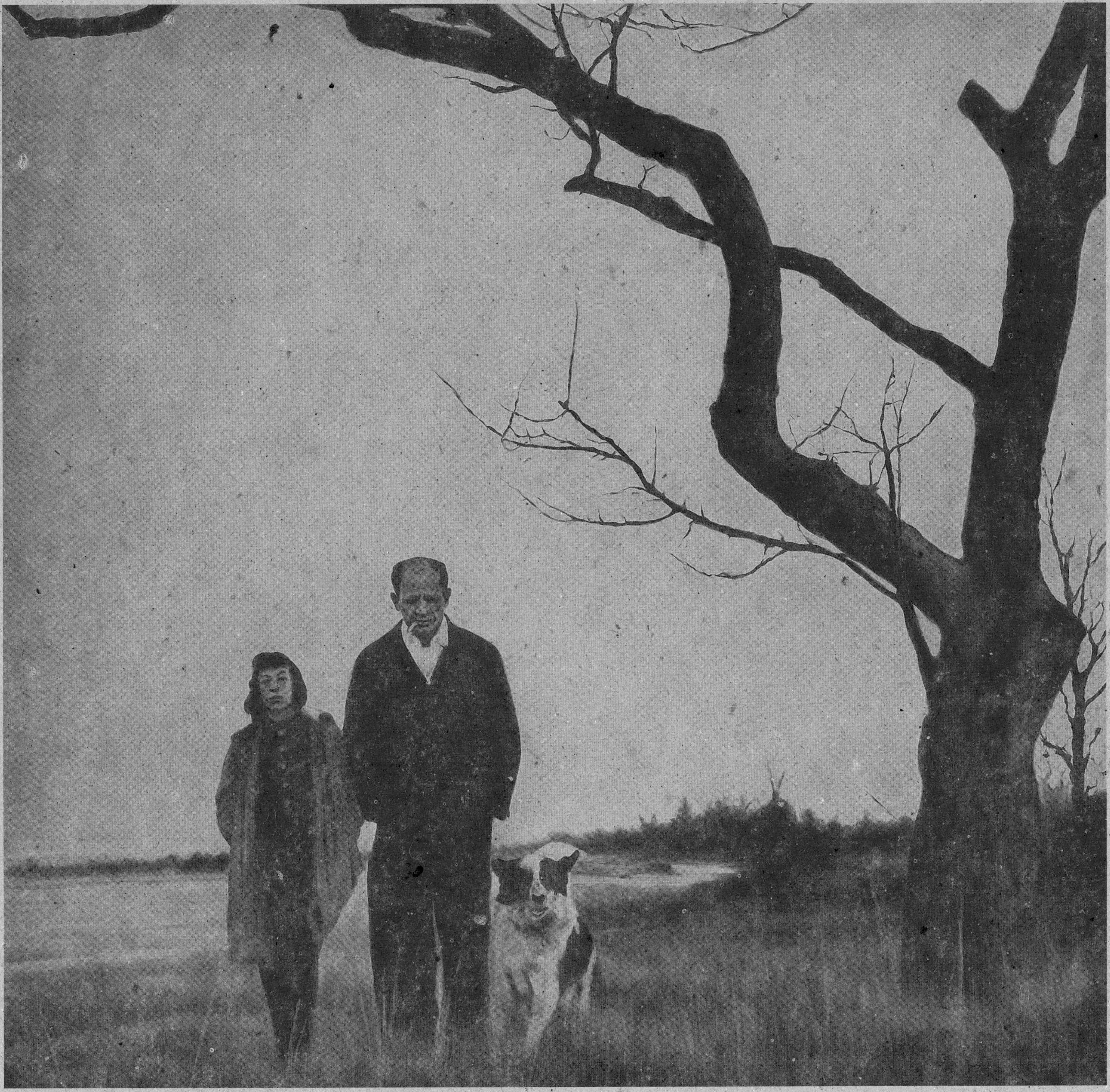

JP, Lee Krasner et leur chien, photographiés pour Life par Martha Holmes en 1949.

Reportage anonyme sur J.P. et Lee Krasner
***New Yorker*, août 1950.**

« J'ai passé deux ans à l'Art Students League... Tom Benton y enseignait alors, et il fit beaucoup pour moi. Il me donna la seule instruction formelle que j'ai jamais eue, m'initia à l'art de la Renaissance, et me trouva un boulot à la cafétéria de la League. Je lui suis sacrément reconnaissant. Il voulait tellement m'inculquer son espèce de réalisme que j'ai rebondi directement dans la peinture non-objective. Je suis reconnaissant aussi au W.P.A. de m'avoir fait vivre pendant les années 1930, et à Peggy Guggenheim. C'est elle qui a monté ma première exposition, en 1943. Elle en a monté deux autres ensuite, puis elle est partie pour l'Europe, et je suis venu ici avec Lee. Nous voulions nous éloigner du tohu-bohu. Par ailleurs, j'avais le secret espoir de pouvoir vivre de ma peinture. J'avais eu de très bonnes critiques. De plus, quelqu'un avait acheté une de mes toiles. Nous avons vécu un an sur ce tableau, et de quelques palourdes que j'attrapais dans la baie avec mes pieds. Depuis, les choses ont été un peu plus faciles.

Je me suis presque tout à fait débarrassé de la vieille habitude de la « Huitième Rue » de dormir toute la journée et travailler toute la nuit. Lee aussi. C'était ou cela ou perdre l'estime de nos voisins. Je dois admettre, cependant, que cela a pris un bout de temps... C'est étonnant la façon dont Lee s'est adaptée... Pour une new yorkaise de naissance, elle est devenue rudement bonne jardinière, et elle est toujours debout avant neuf heures. Je suis loin de m'adapter aussi vite qu'elle. Et le plus drôle, c'est que moi, j'ai grandi à la campagne. La vraie campagne — le Wyoming, l'Arizona, la Californie du nord et du sud. Je suis né dans le Wyoming. Mon père avait une ferme près de Cody. A quatorze ans, je trayais une douzaine de vaches deux fois par jour... »

Lee Pollock : « Jackson a commencé par donner à ses tableaux des titres conventionnels — Eyes in the Heat et The Blue Inconscious, etc. — maintenant, il les numérote simplement. Les chiffres sont neutres. Ils obligent les gens à regarder un tableau pour ce qu'il est — de la peinture pure ». « Je n'ai pas voulu ajouter à la confusion », dit Pollock. « La peinture abstraite est abstraite. Elle vous fait face. Il y a quelques temps, un critique a écrit que mes tableaux n'avaient ni commencement ni fin. Il ne l'entendait pas comme un compliment, or c'en était un. C'était même un beau compliment. Seulement, il ne le savait pas. »

« C'est exactement cela, le travail de Jackson », dit Lee Pollock, « une sorte d'espace sans cadre ».

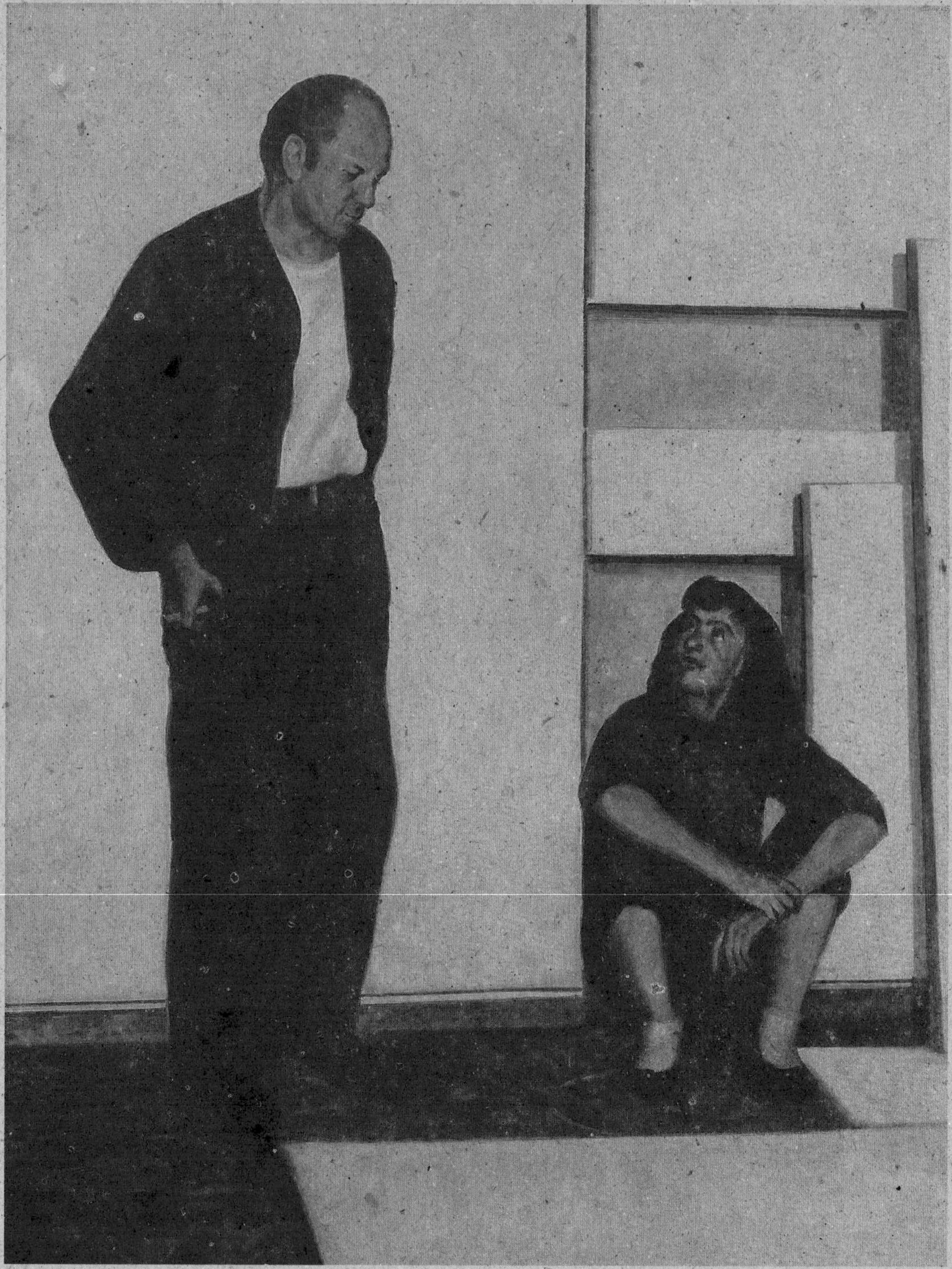

JP et Lee Krasner dans l'atelier de Pollock à Long Island.

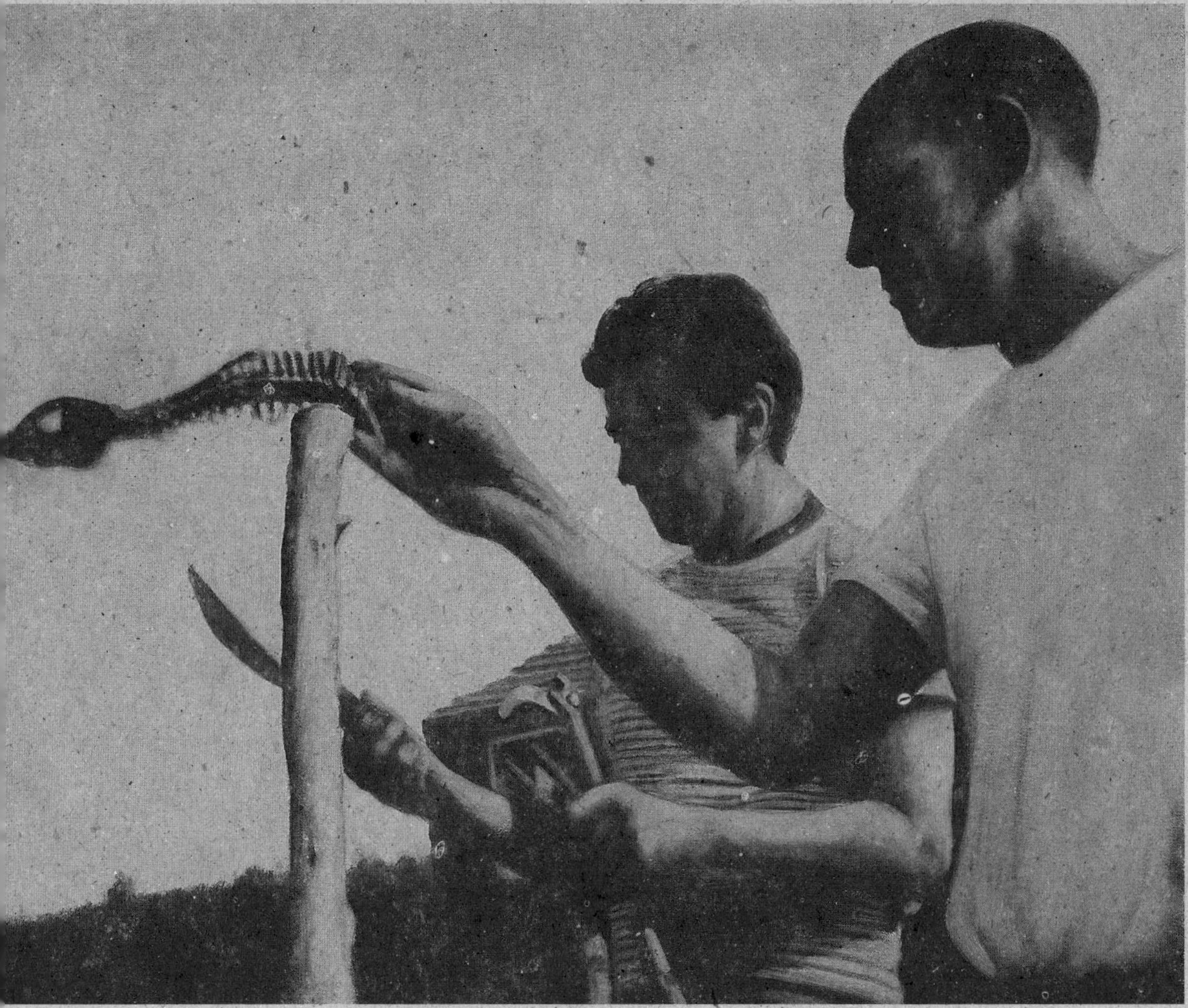

JP et James Brooks à Springs, photographiés par Hans Namuth.

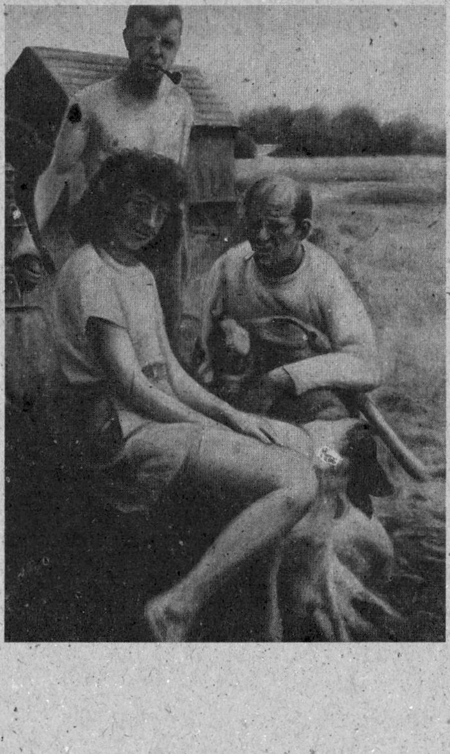

JP avec Lee Krasner et son frère à Springs.

Lettre Pollock à Ossorio, de Lee 1950.

avons dîné après avoir découvert qu'il pensait que Mrs Ferber était la femme du caricaturiste. Nous avons assisté à plusieurs vernissages, à une réception éducative au musée et à une soirée folle donnée par un certain M. Lockwood et madame, que nous ne connaissions pas, et qui n'étaient pas J'imagine que Ted t'a parlé de notre voyage à New York — j'ai fait une liste des gens avec qui nous exposition de Gorky : bonne — Buffie et Poussette 'Dart : pas mal je suppose — Ferber : je n'ai pas aimé — Jim Brooks : pas mal — Mary Callery : pas du tout — l'expo Noir et Blanc chez Koots : la photo romantique en couleur et Picasso était intéressante — les poissons de Brancusi et le tableau de Pollock là. Ils n'étaient pas revenus d'Amérique du Sud. Nous avons écouté un bout de conférence au club puis avons regardé d'innombrables tableaux : une premiers signes du printemps sont là; je ne parle pas de tout ce qui est en train d'éclore, ni des grenouilles et des oiseaux mais des premiers visiteurs : Gina et Alexander Brook sont venus hier, les Brook viennent cette semaine, les Julien Levy, les Peterson et Tony Smith viennent la brillent parmi les acquisitions récentes du musée, le Times et Tribune ne sont pas d'accord avec moi sur le Pollock — Voilà, ça résume à peu près notre séjour à New York. Pour ce qui est d'ici, notre châton est délicieux mais nous n'avons pas pu voir sa sœur parce que Joe était toujours déprimé — les Notre maison est luxueuse mais n'existe pas. Jackson a fini sa peinture murale (très belle) et dès qu'elle sera sèche nous attaquerons à l'installation. Tony Smith a eu l'illumination : le Dubuffet sur le piano — Clem(1) préfère celui au-dessus du sofa — ils sont très beaux, et le Giacometti aussi. semaine prochaine, et puis aussi les Steinberg, etc. Nous avons très peu vu les Larkin mais beaucoup vu les Macy. Les Zogbaum, les Nivolas et John Little vont tous très bien — presque tous les gens que j'ai vus à New York vont en Europe, alors pourquoi ne viendrais-tu pas ici ?

Amitiés.

Lee.

(1) Clemerg Greenbent.

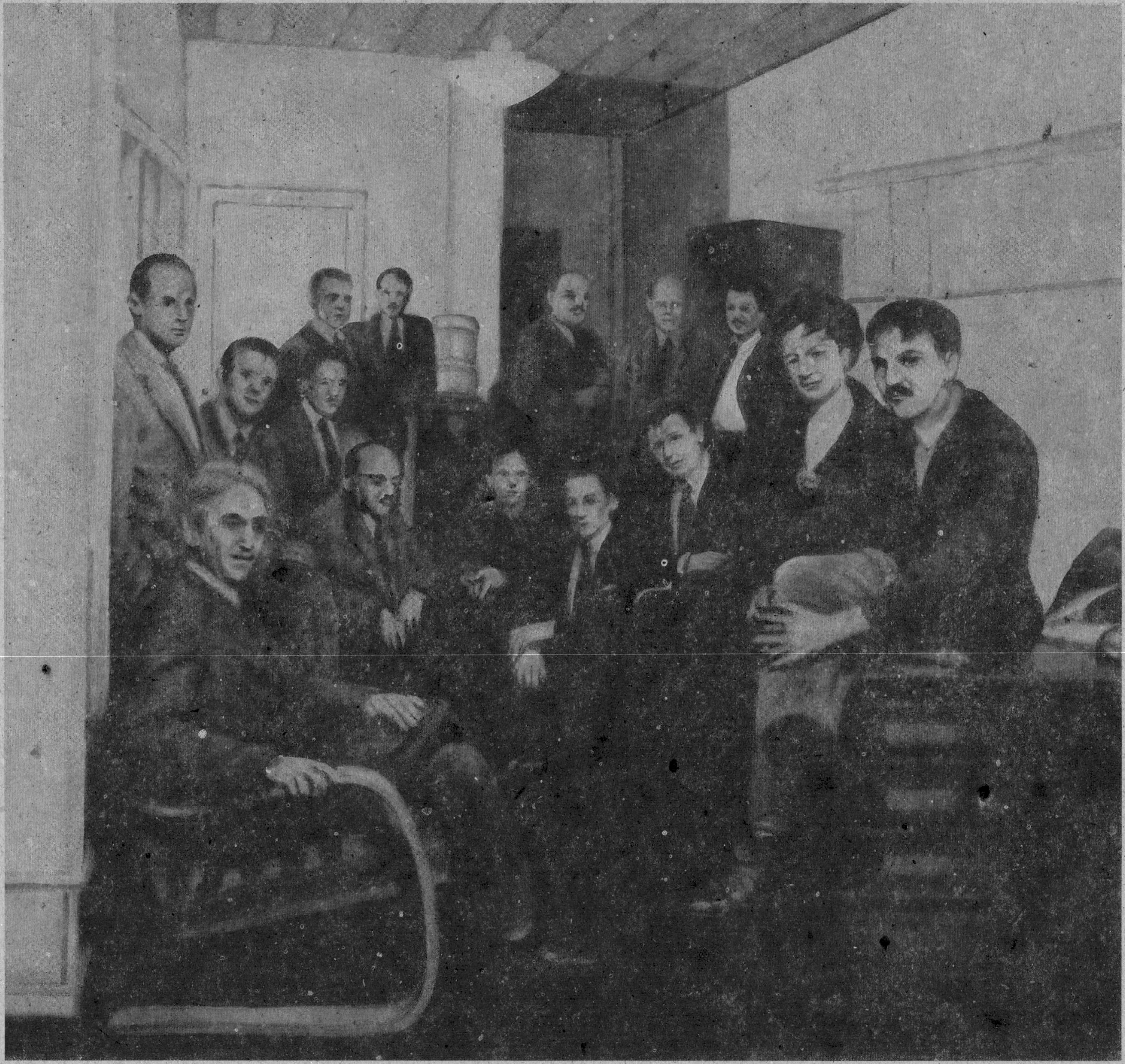

« Les Irascibles » : de gauche à droite à l'arrière-plan : de Kooning, Tomlin, Newman, Pollock, Brooks; au centre à partir de la gauche : Jimmy Ernst, Motherwell, Gottlieb, Sterne, Stamos; au premier plan : Still, Baziotes, Poussette-Dart, Rothko, Reinhardt.

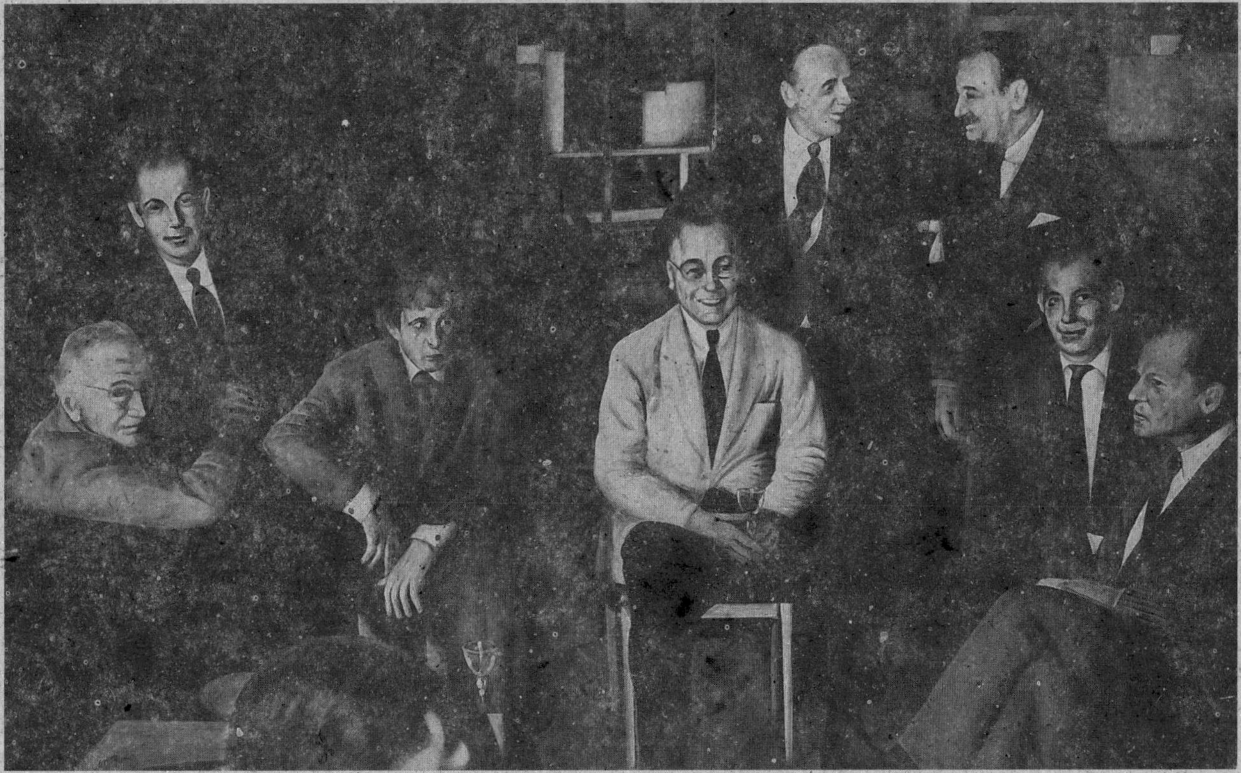

Réunis au Museum of Modern Art de New York, autour de l'équipe du musée, les artistes sélectionnés pour la Biennale de Venise. De gauche à droite : Edward Steichen, René d'Harnoncourt, John Marin, Andrew Carnduff Richtie, Lee Gatch, Alfred M. Frankfurter, Willem de Kooning et Jackson Pollock.

Alfred Barr, « Gorky, de Kooning, Pollock »,
mondiale, la peinture Après la première guerre
aux Neue Sachlichkeit allemands, ainsi qu'à de
nombreuses réactions semblables mais indépen-
dantes aux États-Unis d'Amérique.
futuriste et abstrait) cédèrent le pas, pendant un
certain temps, à la peinture figurative et néo-
traditionnelle de Picasso, Matisse, et Derain en
France, au néo-romantisme du Novecento italien,
ou des paysages romantiques, mais partout aux
États-Unis, ainsi qu'en Europe occidentale, de
nombreux artistes vigoureux et jeunes, et certains
Par opposition, l'esprit de la peinture d'après
guerre semble beaucoup plus audacieux — au
moins dans les pays où la liberté culturelle existe
encore. Il y a, c'est sûr, des réalismes méticuleux
nouvelles. En Amérique, plusieurs qualificatifs
sont utilisés pour décrire cette avant-garde
majeure : « l'Abstraction symbolique », « l'Expres-
hommes de valeur de la génération précédente,
sont lancés dans une exploration et une aventure
occidentale traversa une période de rétrospection.
Les découvertes audacieuses de l'époque précé-
dente (l'Expressionnisme, le Cubisme, les Arts
sionnisme abstrait », « le Subjectivisme », « le Sur-
réalisme abstrait ». Ce mouvement trouve grosso
modo ses origines chez Gauguin, Van Gogh et
Redon, puis les Fauves, Kandinsky et Klee, ensuite

Arp, Miró, Masson et les Américains Dove et
Tobey, jusqu'à la jeune génération d'aujourd'hui.
Benton, le chef de file agressif du réalisme
national; mais c'est durant ces dix dernières
années, avec l'encouragement particulier de Peggy
Beaucoup plus jeune que Gorky et de Kooning,
Jackson Pollock est né dans le « Far-West » dans
une petite ville qui prit le nom de Buffalo Bill[1].
Pendant les années 30, il a étudié sous Thomas
dessus. C'est sa main qui entrelace les rigoles fines
de couleurs et qui les transforme en un labyrinthe
diapré et rythmique. Il en résulte une aventure
Guggenheim, qu'il a développé ce qui est sans
doute l'art le plus original de sa génération. Pollock
ne se sert pas de pinceau; il place ses toiles à même
le sol et y fait couler de la peinture liquide d'au-
Parfois, comme dans son chef-d'œuvre « Number
1 », 1948, le tourbillon de lignes vrillant crée une
profondeur et une rutilance mystérieuse sans
visuelle énergique, un luna park plein de feux
d'artifice, de pièges, de surprises et de délectation.
Aux États-Unis, Gorky, de Kooning et Pollock en
représentent trois des jeunes personnalités diri-
geantes...
détruire pour autant la sensation de surface que
Pollock et tous ses compagnons cherchent à
conserver, puisque essentielle à leur art.

Aws Nert. Juin 1950.

20 mai 1950

JP s'associe à un groupe de peintres d'avant-garde appelé par la presse les « Irascibles », comprenant Baziotes, Brooks, Bultman, Jimmy Ernst, Gottlieb, Hofmann, Kees, de Kooning, Motherwell, Newman, Poussette-Dart, Reinhardt, Rothko, Stamos, Hedda Sterne, Still, Tomlin. Ceux-ci adressent une lettre au président du Metropolitan Museum of Art, Roland Redmond, pour refuser de participer à une exposition prévue pour décembre, le directeur du Metropolitan Museum, Francis Henry Taylor ayant déclaré publiquement son mépris pour l'art contemporain.

3 juin 1950

Pour la Biennale de Venise, le pavillon des États-Unis présente une rétrospective John Marin et une sélection de six jeunes artistes dont trois sont choisis par Alfred Barr : Gorky, de Kooning et JP « Number 1 » (1948), « Number 12 » (1949), « Number 23 » (1949) y sont exposés.

16 juin 1950

« Number 11 » (1948) et « Number 12 » (1948) sont présentés dans l'exposition « Amerika Schildert » au Stedelijk Museum d'Amsterdam.

22 juillet 1950

Une exposition personnelle au Museo Correr de Venise rassemble 20 toiles qui constituent toute la collection de Peggy Guggenheim, à l'exception de deux peintures données au Stedelijk Museum : « The Moon-Woman », « Two », « Don Quixotte », « Circumssision », « Bird Effort », « Direction », « The Water-Bull », « The Dancers », « Croaking Movement », « Eyes in the Heat », « Full Fathom Five », « Enchanted Forest », « Vortex », « Magic Lantern », « Prism », « Alchemy », « Reflection of the Big Dipper », « Earth worms », « Sea-Change », et « Number 16 » de 1949.

Été 1950

Les Pollock retournent à East Hampton et JP, stimulé par New York, peint 32 tableaux jusqu'à la fin de l'année.

23 octobre-11 novembre 1950

A la galerie Sidney Janis, l'organisateur Leo Castelli confronte de jeunes peintres américains et français : Gorky et Matta, Kline et Soulages, de Kooning et Dubuffet, Pollock (avec « Number 8 » de 1950) et Lanskoy, Rothko et de Staël.
Un débat sur les tendances dans l'avant-garde américaine et française, avec la participation de Leo Castelli, Nicolas Calas, Clement Greenberg, Frederick Kiesler, Andrew Carnduff Ritchie, Harold Rosenberg et Theodore Brenson.

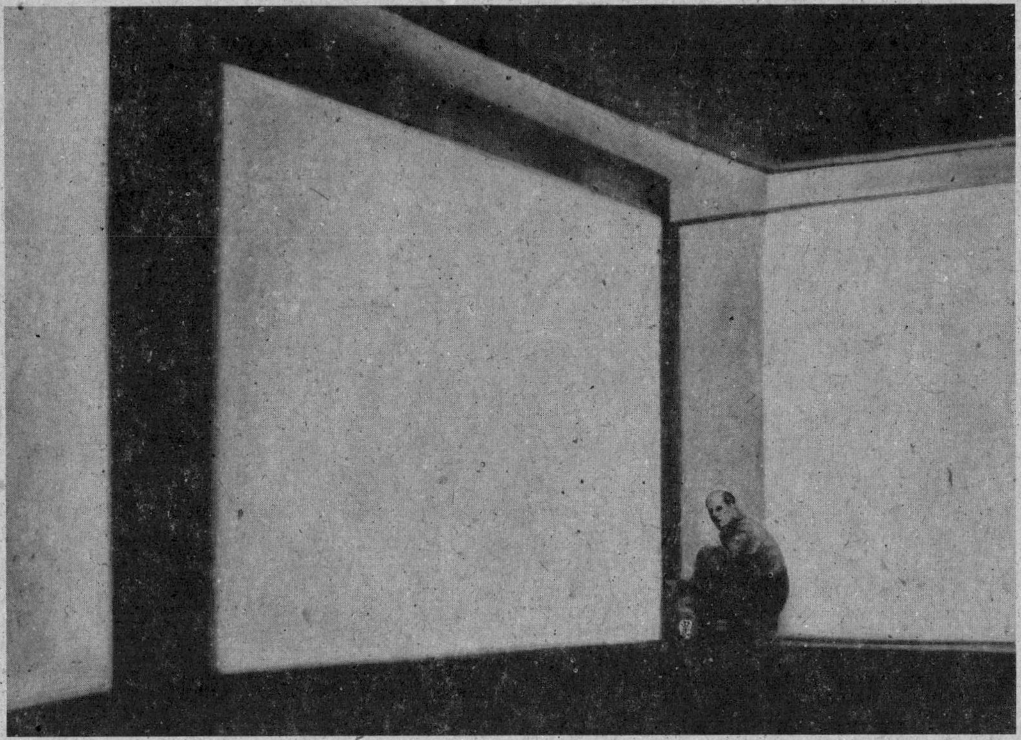

JP à l'exposition chez Betty Parsons en 1951.

28 novembre-
16 décembre 1950

JP expose pour la huitième fois chez Betty Parsons avec 32 peintures dont : « Lavender Mist », « Shadows », « Autumn Rhythm », « One », « Number 3 », « Number 4 », « Number 29 » (sur verre)...
A la fin de l'année, Namuth persuade JP de se laisser filmer en train de peindre deux peintures dont une sur verre (Number 29).

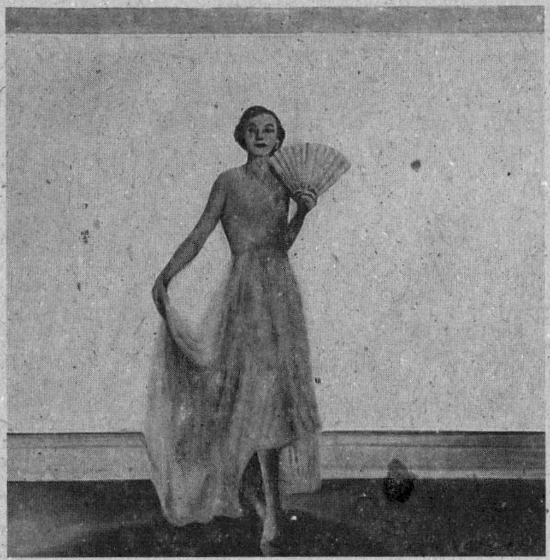

Deux modèles photographiés par Cecil Beaton chez Betty Parsons pour le magazine Vogue.

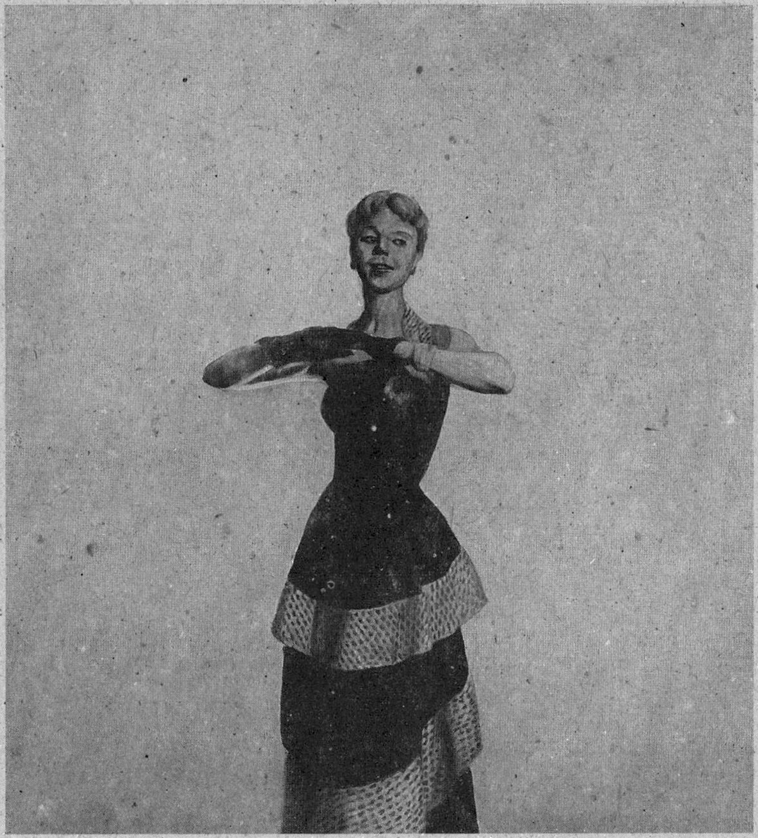

Pollock à son frère Franck, Lettre de Marvin 9 décembre 1950.

et remplissait bien le rôle de l'artiste célèbre. Cela doit être fantastique d'avoir des articles dans les journaux et les revues et d'être reconnu comme beaucoup de personnalités du monde de l'art. Lee semblait très heureuse et accueillait tout le monde avec un grand sourire. Jack paraissait très à l'aise Le grand événement en ce moment, c'est l'exposition de Jack. Alma et moi y sommes allés; c'était plus important que jamais cette année et il y avait l'un des grands peintres de l'art non-objectif.

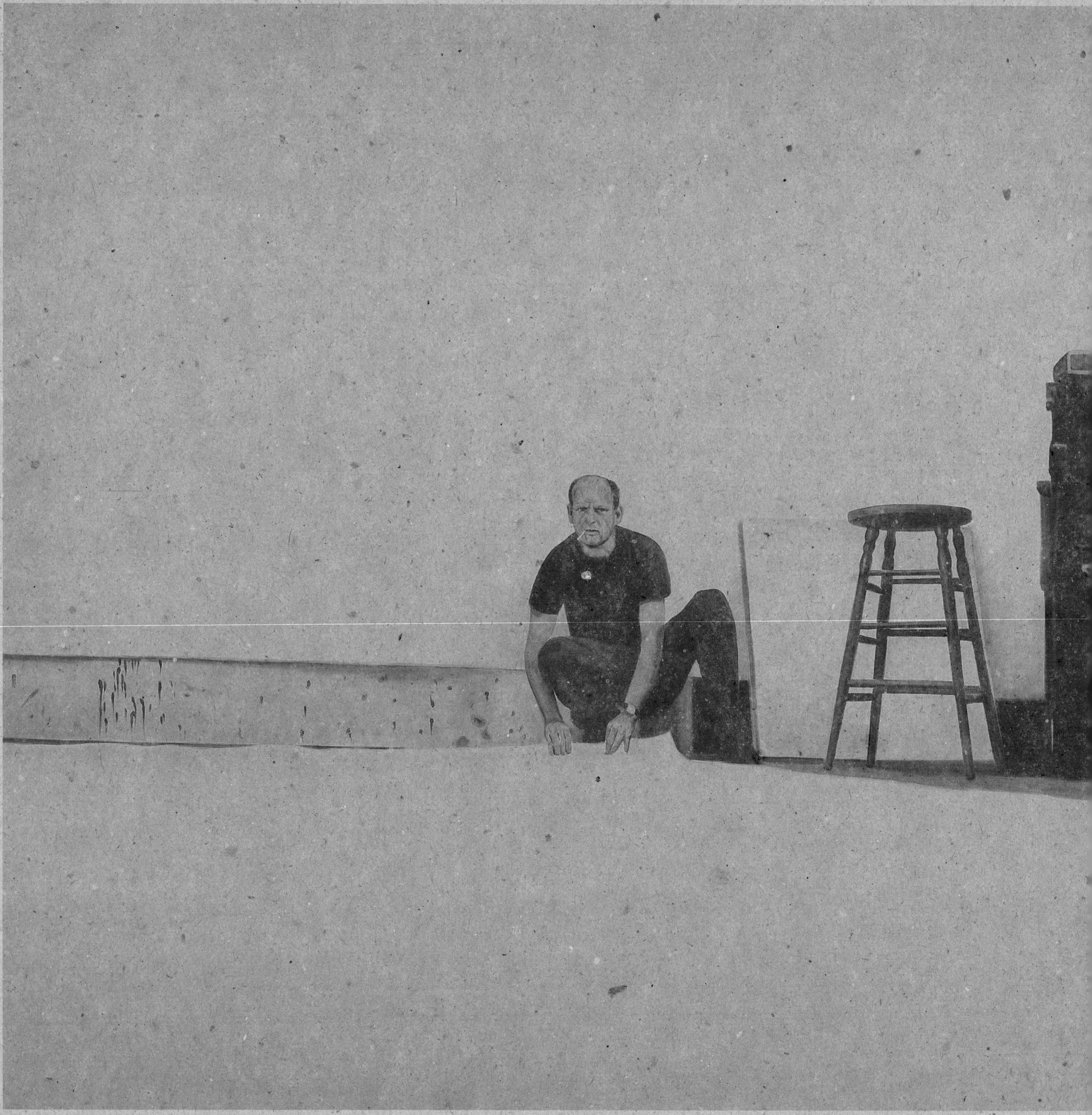

Hiver

A la fin de l'année, Namuth persuade JP de se laisser filmer en train de peindre deux peintures dont une sur verre (Number 29).

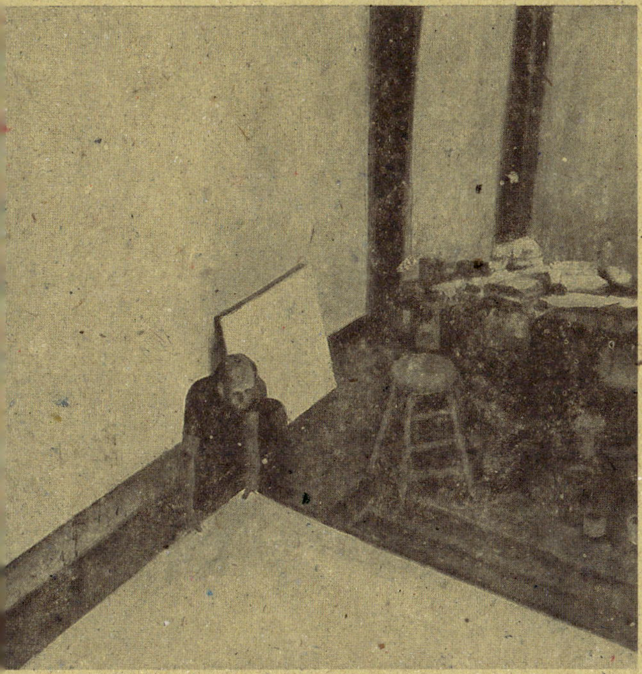
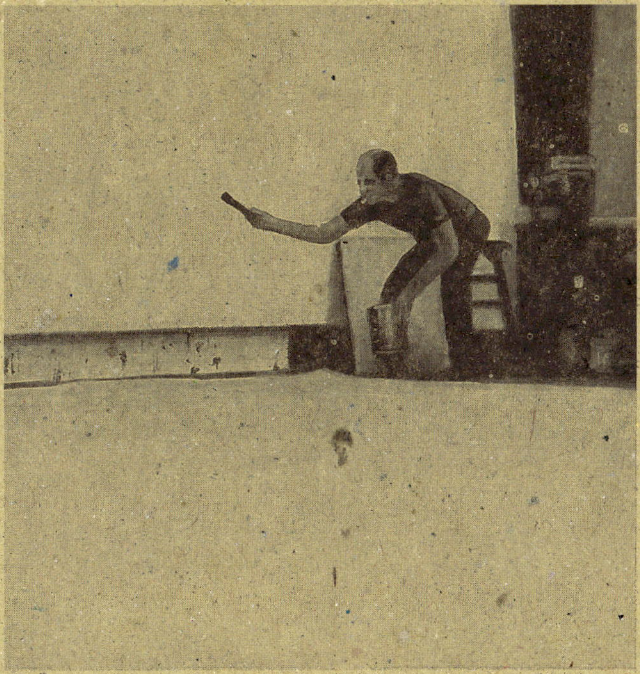
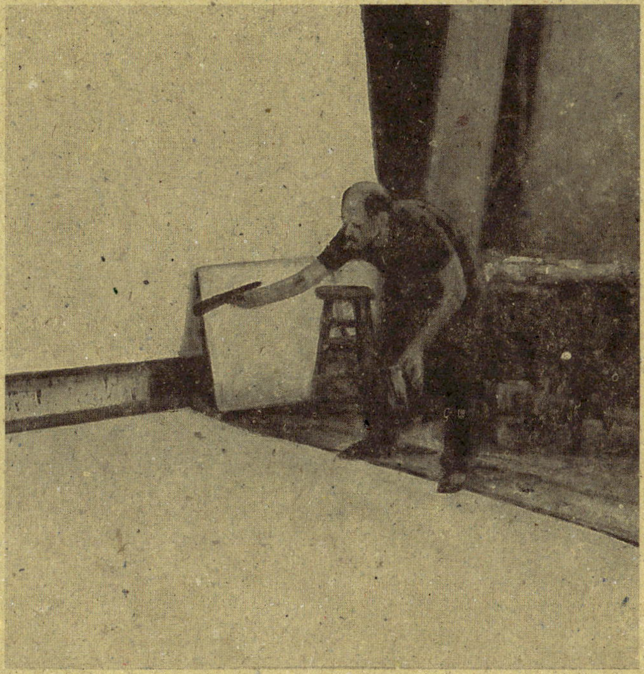

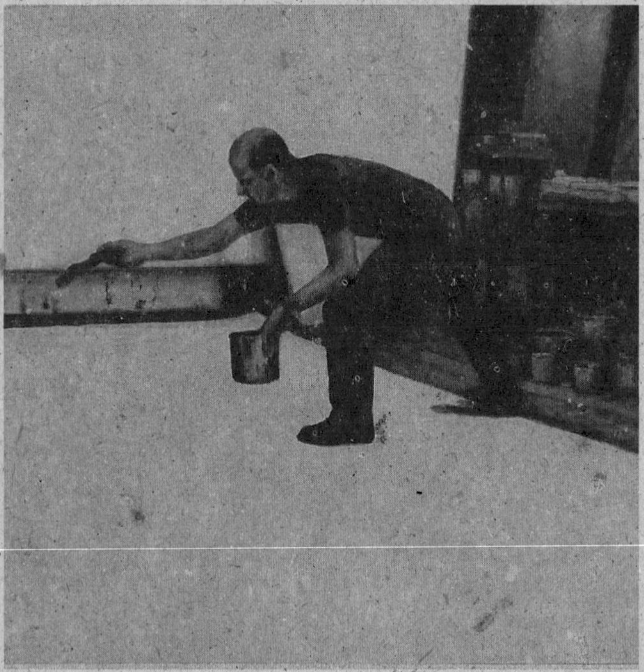

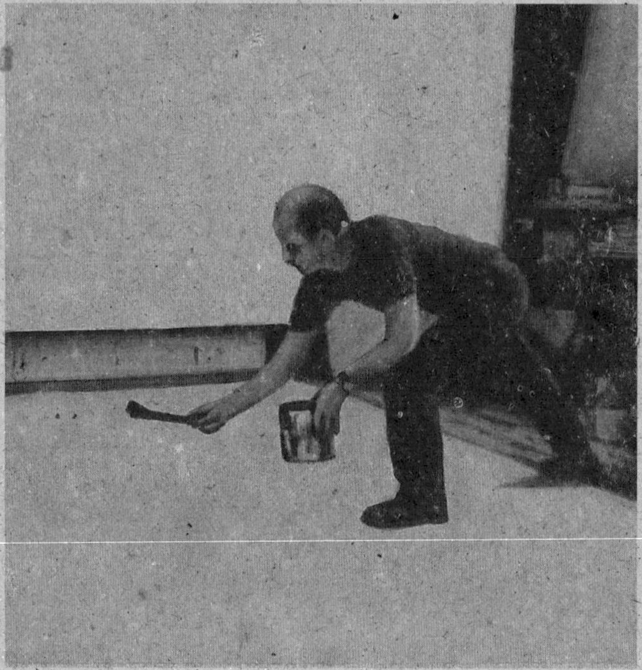

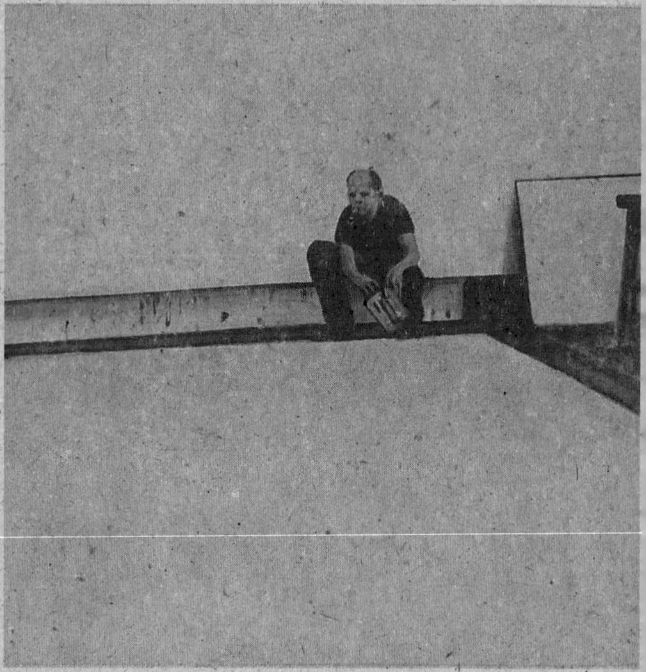

Commentaire du film réalisé
par Hans Namuth et Paul Falkenberg, 1950-1951.

forte personnalité contre qui réagir. C'était en 1929.

Je ne travaille pas à partir de dessins ou d'esquisses en couleur. Je peins directement. Je peins C'est ici que j'habite; à East Hampton, Long Island. Je suis né à Cody, dans le Wyoming, il y a trente neuf ans. J'ai passé deux ans à New York, à l'« Art Students League » avec Tom Benton. C'était une d'habitude sur le sol. J'aime travailler sur une grande toile. Je me sens mieux, plus à l'aise dans tableau, comme les Indiens de l'Ouest qui travaillaient sur le sable. Parfois j'utilise un pinceau, mais très souvent je préfère utiliser un bâton. Parfois, je verse la peinture directement de la boîte. J'aime un grand espace. Avec la toile sur le sol, je me sens plus proche d'un tableau, j'en fais davantage partie. De cette façon, je peux marcher tout autour, travailler à partir des quatre côtés, et être dans le employer une peinture fluide, que je fais égoutter. J'utilise aussi du sable, du verre brisé, des galets, de la ficelle, des clous et bien d'autres éléments étrangers à la peinture. La méthode picturale s'élabore naturellement, à partir d'un besoin. Je veux exprimer mes sentiments plutôt que les peinture, il n'y a pas d'accident, pas plus qu'il n'y a de commencement ni de fin. Parfois, je perds mon tableau. Mais je n'ai pas peur des changements, de détruire l'image, parce qu'un tableau a sa vie illustrer. La technique est simplement un moyen d'y arriver.

Quand je peins, c'est avec une idée d'ensemble de ce que je veux faire. Je peux contrôler la coulée de propre.

C'est la première fois que j'emploie le verre comme support.

J'ai perdu le contact avec ma première peinture sur verre, alors j'en ai commencé une autre.

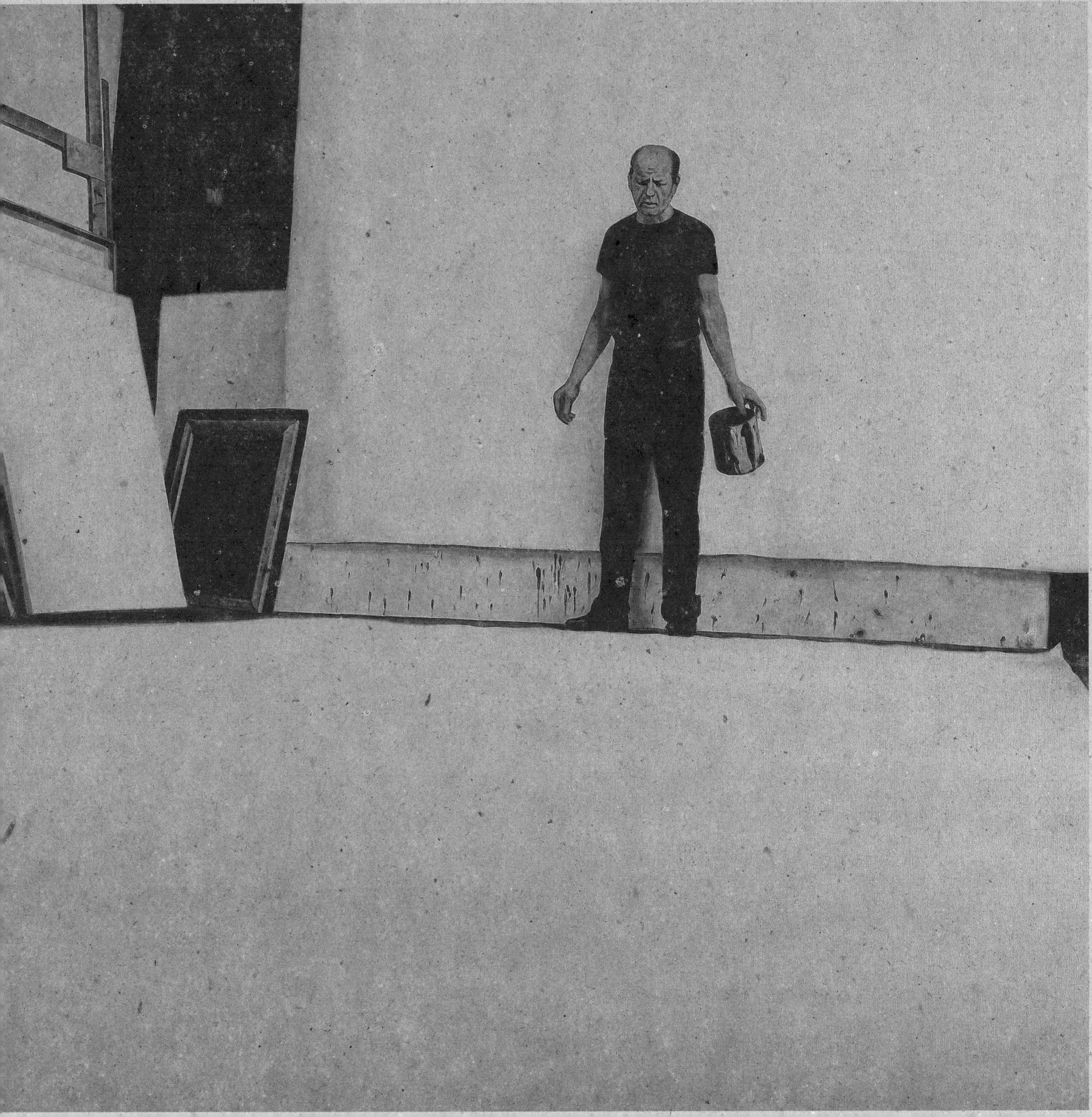

M. Pollock, à votre avis, quel est le sens de l'art station de radio de Sag Harbor, jamais utilisée.

Est-ce que les artistes classiques avaient les moderne ?
Pour moi, l'art moderne n'est rien de plus que l'expression des aspirations de l'époque où nous vivons.

Pensez-vous que l'artiste moderne ait plus ou moyens d'exprimer leur époque ?
Oui, et ils le faisaient très bien. Toutes les cultures ont eu des moyens et techniques pour exprimer leurs aspirations immédiates — les Chinois, la Renaissance, toutes les cultures. Ce qui m'intéresse, c'est que les peintres aujourd'hui ne sont plus obligés de chercher un sujet [subject matter] hors d'eux-mêmes. La plupart des peintres modernes travaillent à partir d'une source différente. Ils travaillent de l'intérieur.

M. Pollock, il y a eu beaucoup de polémiques et un moins réussi à dégager la qualité qui donnait leur valeur aux œuvres d'art classiques, qu'il l'ait dégagée et qu'il l'emploie dans une forme plus essentielle ?
Oui, les bons artistes l'ont fait.

Ce qui veut aussi dire que le profane et le critique grand nombre de commentaires sur votre méthode picturale. Voulez-vous nous dire quelque chose à ce sujet ?
Mon opinion est que de nouveaux besoins appellent de nouvelles techniques. Et les artistes modernes ont trouvé de nouvelles façons et de nouveaux moyens d'affirmer leur pratique [making their statements]. Il me semble que le peintre moderne ne peut pas exprimer notre époque, l'avion, la bombe atomique, la radio, dans les formes de la Renaissance ou de quelqu'autre culture passée. Chaque époque trouve sa propre technique.

Je suppose que chaque fois qu'un profane vous doivent développer leur capacité d'interprétation des nouvelles techniques.
Oui — cela suit toujours tant bien que mal. Je veux dire, l'impression d'étrangeté finira par se dissiper et, à mon avis, on découvrira alors les significations profondes de l'art moderne.

Entretien avec William Wright, été 1951, pour la aborde, il vous demande comment regarder une peinture de Pollock, ou toute autre peinture moderne — que chercher, comment apprendre à apprécier l'art moderne ?
Je pense qu'on ne doit pas chercher, mais regarder passivement — essayer de recevoir ce que le tableau a à offrir et ne pas apporter un sujet [subject matter] ou une idée préconçue de ce qu'on va chercher.
Est-il exact de dire que l'artiste peint à partir de son inconscient; et que la toile doit agir tel l'inconscient de la personne qui la regarde ?
la musique — après un moment, on aime ou on n'aime pas. Après tout est-ce si important ? J'aime cient jouent un grand rôle dans l'approche des peintures.

Donc, chercher délibérément un sens ou un objet connu dans une peinture abstraite empêcherait immédiatement de l'apprécier comme elle devrait l'être.
Je pense qu'on devrait en jouir comme on jouit de grande liberté de mouvement autour de la toile, d'avoir plus d'aise.
certaines fleurs, et d'autres non. Je pense qu'au moins la peinture donne... au moins donnez-lui une chance.

Oui mais je pense que tout mérite cette sorte de chance. On n'est pas, de naissance, porté vers la bonne musique, on doit d'abord l'écouter pour commencer graduellement à la comprendre puis à l'aimer. S'il en est de même pour la peinture moderne — on devra d'abord s'y soumettre pendant un certain temps afin de pouvoir finalement l'apprécier.

Je pense que ça aiderait certainement.

M. Pollock, les artistes classiques avaient un monde à exprimer, et ils le faisaient en représentant les objets de ce monde. Pourquoi l'artiste moderne ne fait-il pas la même chose ?
Hum — l'artiste moderne vit dans un âge mécanique et nous avons des moyens mécaniques pour représenter les objets de la nature : le film et la photo. L'artiste moderne, me semble-t-il, travaille et exprime un monde intérieur; en d'autres termes : il exprime l'énergie, le mouvement et d'autres forces intérieures.

Peut-on dire que l'artiste classique exprimait son monde en représentant les objets, tandis que l'artiste moderne exprime son monde en représentant les effets que les objets font sur lui ?
Oui. L'artiste moderne travaille avec l'espace et le temps, il exprime ses sentiments plutôt qu'il ne les illustre.

M. Pollock, pouvez-vous nous dire comment est né l'art moderne ?
Il n'est pas tombé de la lune; il fait partie d'une longue tradition qui remonte à Cézanne et passe L'inconscient est un élément important de l'art moderne et je pense que les pulsions de l'incons-

Alors c'est vraiment le produit d'une évolution ?
Oui.

Revenons à cette question de la méthode que tant de gens aujourd'hui trouvent importante. Pouvez-vous nous dire comment vous avez développé votre méthode, et pourquoi vous peignez comme vous le faites ?
A mon avis, la méthode s'élabore naturellement à partir d'un besoin, et de ce besoin l'artiste a tiré de La peinture que j'emploie presque toujours est liquide et très fluide. J'utilise les pinceaux davantage; cela peut paraître étrange maintenant, mais je ne pense pas que ce soit véritablement très différent. Je peins sur le sol, et ce n'est pas inhabituel — les orientaux le faisaient.

Comment appliquez-vous la peinture sur la toile ? Je crois comprendre que vous n'employez ni pinceaux ni rien de cette sorte ?
grande liberté de mouvement autour de la toile, d'avoir plus d'aise.
tage comme des bâtons — le pinceau ne touche pas la surface de la toile, il est juste au-dessus.

Pourriez-vous expliquer l'avantage que représente l'emploi d'un bâton et de la peinture liquide plutôt que celui du pinceau sur la toile ?
Ça me permet d'être plus libre, d'avoir une plus Non, je ne pense pas. Je ne... enfin... avec l'expérience... il me semble possible de contrôler la

Bien. Mais n'est-ce pas plus difficile à contrôler qu'un pinceau ? Je veux dire, ne risquez-vous pas davantage de mettre trop de peinture, ou d'en éclabousser, que sais-je encore ? Avec le pinceau, vous appliquez la peinture exactement où vous voulez et vous savez très bien de quoi le résultat aura l'air.

Non, je ne pense pas. Je ne... enfin... avec l'expérience... il me semble possible de contrôler la coulée de peinture, dans une large mesure, et je n'utilise pas... je n'utilise pas l'accident... parce que je nie l'accident.

Ceci suppose la suppression complète de toute C'est ce que vous pensez ?
Je crois que c'est en gros ce que je pense.

Alors, vous n'avez vraiment pas d'image préconçue de votre toile dans la tête ?
Pas exactement — non — parce qu'elle n'a pas été créée, voyez-vous. C'est quelque chose de nouveau — c'est très différent du travail, disons, pour une nature morte où l'on dispose les objets et où l'on travaille directement à partir de cela. Mais j'ai une idée générale de ce que je veux faire et de ce que sera le résultat.

C'est Freud qui a dit que l'accident n'existait pas. esquisse préliminaire ?
Oui, j'aborde la peinture comme on aborde le dessin; c'est-à-dire directement. Je ne travaille pas à partir de dessins, je n'utilise pas d'esquisses en couleur ni de dessins en vue d'une peinture définitive. je pense qu'aujourd'hui... plus la peinture est immédiate et directe... plus nombreuses nouvelles façons d'exprimer des méthodes différentes des techniques traditionnelles de la pein-

Maintenant, Pollock, pourriez-vous nous parler de est un original.

Oui. Ils sont tous peints directement. Chacun est unique.

Certaines de vos toiles ont un format très inhabi- la peinture moderne en général ? De vos contempo- rains ?

Aujourd'hui, la peinture semble certainement très vibrante, très vivante, très excitante. Il y a cinq ou six de mes contemporains à New York qui font un travail très important, et la tendance ici semble être de s'éloigner du chevalet pour arriver à une sorte, un genre de peinture murale.

Donc, chacun de vos tableaux, chaque toile finie, tuel.

Non, pas vraiment. Je suis simplement plus à l'aise dans un grand espace que lorsque le format ne dépasse pas 0,60 × 0,60; je suis davantage dans ce soit pratique ou non.

Pouvez-vous nous expliquer pourquoi vous préfé- rez travailler sur une grande toile ?

Très peu. J'y mets un pied à l'occasion — mais en réalité, en travaillant à partir des quatre côtés je n'ai pas trop à aller dans la toile. mon élément.

Vous dites « dans un grand espace ». Etes-vous réellement sur la toile quand vous peignez ?

Oui, elles sont d'une taille très peu pratique, environ 5 m, sur 2 m. Mais j'aime travailler sur de grands formats et... je le fais dès que je peux, que

avez là dans le coin quelque Je remarque que vous chose sur verre. Pouvez-vous nous en parler ?

Non, c'est à peu près la même. Pour cette pièce-ci, j'ai utilisé des feuilles de verre de couleur, du plâtre, des galets et toutes sortes de choses de ce qu'offre l'emploi de la peinture sur du verre dans l'architecture moderne — dans la construction moderne — sont fantastiques.

Est-ce que votre pièce sur verre diffère de quelqu'autre façon de votre technique habituelle ?

C'est quelque chose de nouveau pour moi. C'est la première chose que j'ai faite sur verre et je trouve cela très excitant. Je pense que les possibilités genre. Mais en termes généraux, c'est la même technique que pour toutes mes peintures.

pièces comme celle-ci, pour Si vous faites plus de des bâtiments modernes, continuerez-vous à utili- ser différents objets ?

Je pense, oui. Les possibilités du verre me semblent infinies. C'est un support très adapté à la peinture contemporaine.

que par ce qu'elle vous permet d'accomplir ? votre technique n'est intéressante et importante M. Pollock, n'est-il pas vrai que votre méthode,

Je l'espère. Naturellement, c'est le résultat qui

peu importe la manière dont la compte... et... peinture est appliquée du moment que quelque chose a été dit. La technique est seulement un moyen d'affirmer. sa pratique [of arriving at a statement].

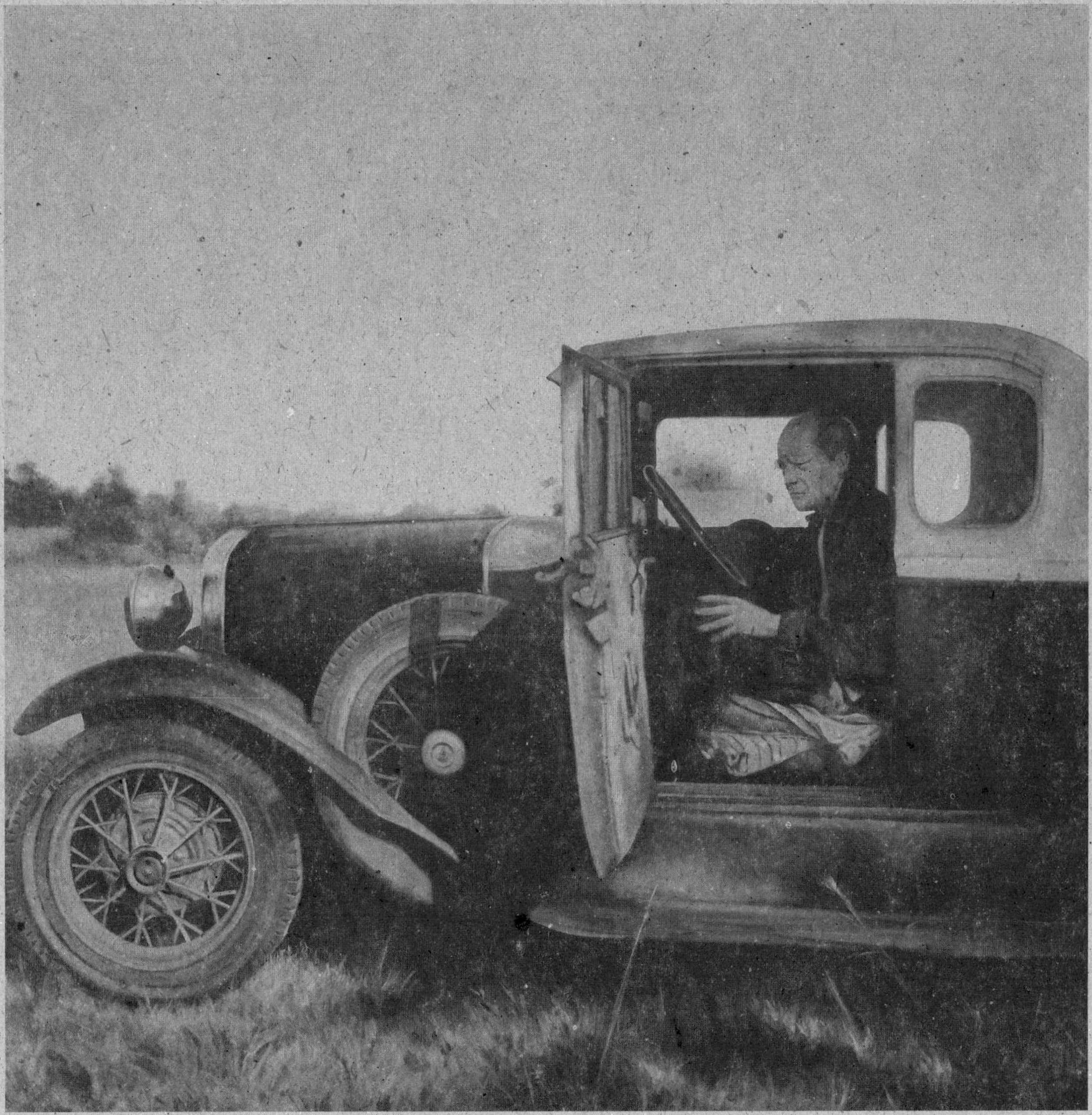

JP à Springs, photographié par Hans Namuth.

Catalogue de *Véhémences confrontées* : diagramme établi par Georges Mathieu. ▶

9-10 février 1951

Avec James Lechay et Max Weber, JP fait partie d'un jury pour l'exposition « Momentum » à Chicago.

Après l'hiver passé à New York, les Pollock rentrent à East Hampton. JP se soigne à nouveau contre l'alcoolisme et prend part à des thérapies de groupe.

8 mars 1951

Pour la première fois en France, une toile de JP est présentée à la galerie Nina Dausset dans l'exposition « Véhémences confrontées » organisée par Michel Tapié.

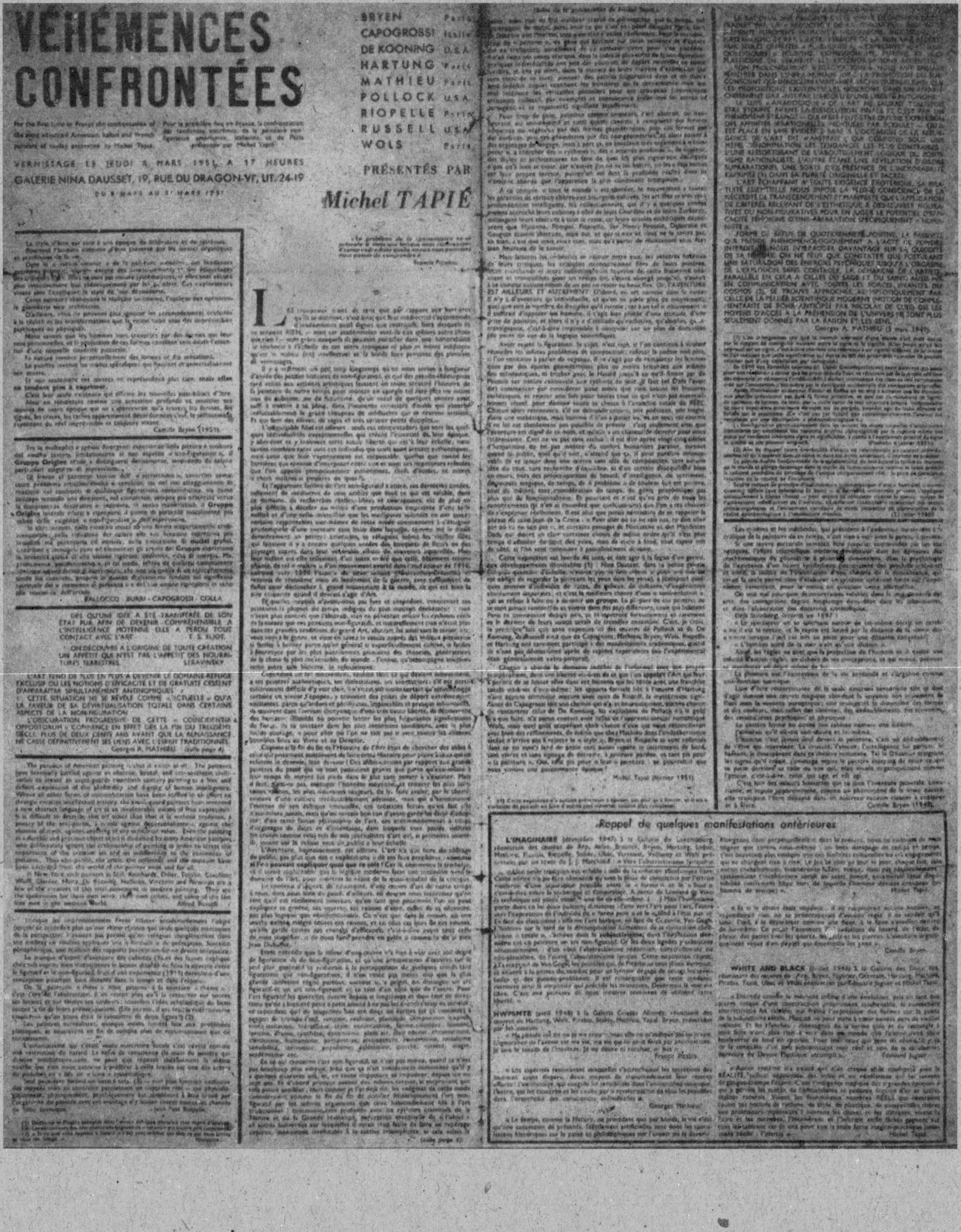

VÉHÉMENCES CONFRONTÉES

BRYEN Paris
CAPOGROSSI Italie
DE KOONING U.S.A.
HARTUNG Paris
MATHIEU Paris
POLLOCK U.S.A.
RIOPELLE Paris
RUSSELL U.S.A.
WOLS Paris

PRÉSENTÉS PAR

Michel TAPIÉ

VERNISSAGE LE JEUDI 8 MARS 1951 A 17 HEURES

GALERIE NINA DAUSSET, 19, RUE DU DRAGON-VI, LIT. 24-19

Rappel de quelques manifestations antérieures

Catalogue de **Véhémences confrontées.**

Juin 1951

La revue *Art d'Aujourd'hui* publie un numéro spécial sur la peinture américaine dont la couverture reproduit une œuvre de Glasner et une œuvre de JP.

14 juin 1951

Sortie du film réalisé par Hans Namuth, produit par Paul Falkenberg, musique de Morton Feldman, au Museum of Modern Art.

Été 1951

JP prépare des expositions à New York et Chicago.

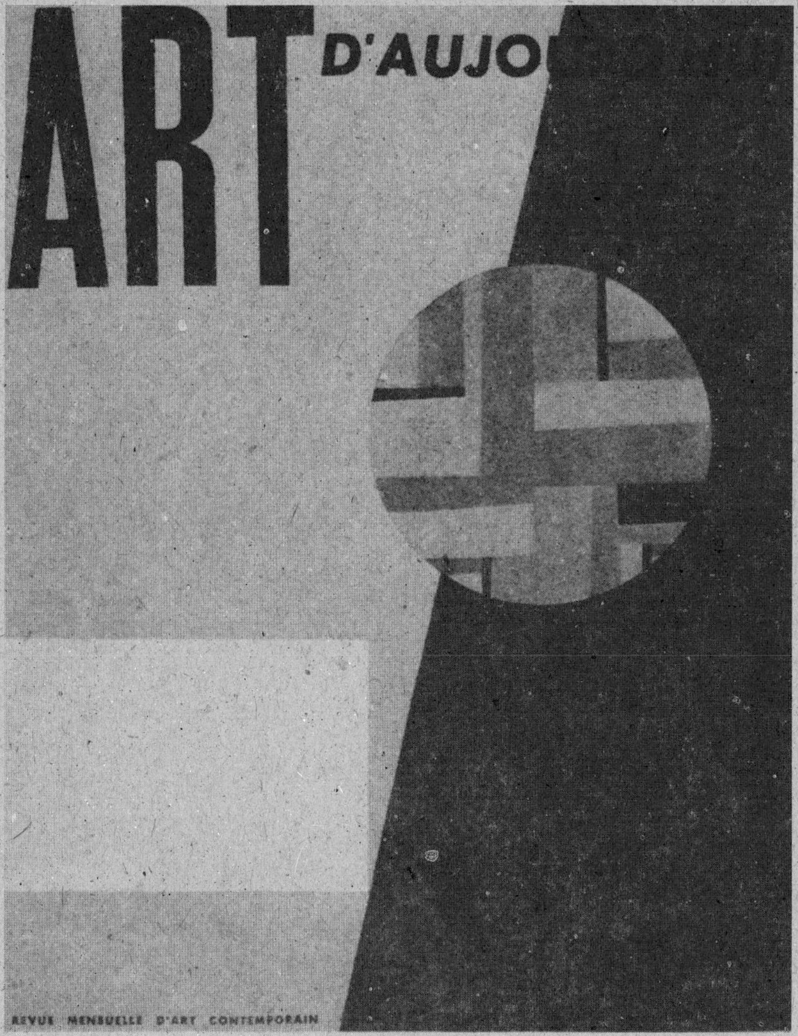

Couverture de la revue
Art d'Aujourd'hui.

vaches, que Jackson Pollock vit et peint. Avec l'aide de son épouse, Lee Krasner — laquelle, à cause est en union étroite avec de grands champs parsemés d'arbres où pâturent tranquillement des pendant dix ans dans un atelier dans Greenwich Village (à New York). De temps à autre, il Hofmann et un peintre à part entière — il a refait la maison qu'ils y ont achetée pour l'adapter à leur façon de vivre; non loin de là se trouve une grange transformée en atelier. Pollock y est absorbé par le travail intense qu'est la création de son monde de peinture unique.

Avant de s'installer sur l'île, Pollock avait travaillé conscience aiguë des étendues de paysage et des ciels ouverts. « On a une vue formidable du pays traversait le continent américain soit à bord d'un train de marchandises, soit en voiture, (il possède une Ford Model A), développant ainsi une dans le Wyoming (en 1912) et élevé dans l'Arizona et en Californie septentrionale. Il a étudié avec depuis le haut d'un wagon-marchandise », explique-t-il. Pollock aime les grands espaces et porte en lui et transpose dans sa peinture un sens de la liberté qu'on ressent devant des montagnes et des plaines s'étendant à l'infini, ce qui n'est peut-être pas étonnant de la part d'un artiste né à Cody, jeunes abstractionnistes les plus connus et controversés. Il est aussi de ceux qui ont le mieux réussi. Thomas Benton, dont à une époque, il gardait les enfants à domicile sur Hudson Street, — mais il est surtout un artiste de son propre cru; il a su contempler le silence solitaire des grands espaces, et ces dernières années il est devenu l'un des pénètre jusqu'aux tréfonds de la nature sans jamais pour autant s'efforcer de monter son Entrer dans l'atelier de Pollock, c'est pénétrer dans un autre monde, un monde où l'intensité de l'esprit et celle des sentiments de l'artiste ont libre cours. C'est cette qualité d'esprit peu commune qui C'est au bout de Long-Island, dans le petit village de Springs, où l'océan sert d'arrière-plan et où l'on visage, qui est projetée dans les peintures dont les moyens d'expression étranges et souvent violents captivent certains et agitent d'autres. Au fond de la grange, le sol est littéralement recouvert de gros pots de peinture-émail et à l'aluminium et de tubes de couleurs — les lattes qu'on entrevoit sont recouvertes de taches de peinture. Près de là, un crâne repose sur une commode. Dépassent de trois ou quatre de ces pots, des pinceaux raides de tailles diverses. Ailleurs, sur les murs et le plancher de l'atelier, se trouvent des tableaux en cours d'élaboration; nombreux parmi ceux-ci ont des proportions énormes. C'est ici que Pollock s'assied, souvent pendant des heures, et contemple fixement les œuvres qu'il est en train de réaliser; son visage se renfrogne et se contracte et il a le regard sévère. Un tableau signé Pollock, n'a pas la naissance facile; elle surgit au bout de semaines, voire des mois de travail et de réflexion. Parfois il chevalet, Pollock a développé une méthode unique, ancienne élève e de son caractère insolite, choque Après des années de préparation et de tâtonnements durant lesquelles il réalisait ses œuvres sur balai-brosse ou un bâtonnet ou une truelle et puis, par des mouvements rapides du poignet, de de nombreuses personnes. Il trouve que la meilleure façon d'exprimer ce qu'il a à dire s'accomplit en posant la toile à même le sol, en se déplaçant autour de celle-ci et en y appliquant de la peinture de tous les côtés. Il s'agit généralement de peinture-émail, qu'il trouve plus maniable. Il l'applique en trempant dans le pot de peinture un plutôt un moyen qui permet aux couleurs de gicler ou de couler, produisant des formes sveltes qui l'avant-bras et du corps tout entier, il la fait couler vivement sur la surface en des rythmes entrelacés. Il est rare que le pinceau touche la toile; celui-là est mais — comme c'est le cas chez de nombreux abstractionnistes contemporains — il les trouve tiennent compte de la complexité du dessin dont l'artiste ne peut se passer.

Faisait partie d'une exposition récente à la galerie Parsons une très grande œuvre intitulée **Number 4,** 1950 (auparavant, Pollock donnait des titres conventionnellement symboliques à ses œuvres le sol de l'atelier, et Pollock, debout, une cigarette à la bouche, la regardait fixement pendant un certain trompeurs; désormais, il ne fait que numéroter et dater chacun de ses tableaux à mesure qu'il les achève). Il l'a commencé une journée ensoleillée au mois de juin dernier. La toile, environ 3 par 5,5 mètres a été mise à plat; elle occupait presque tout bras, laissant ainsi s'écouler sur le support la peinture dans une variété de mouvements. Parfois temps. Puis il a pris un pot de peinture-émail noire (il commence généralement avec la couleur qu'il a sous la main) et un pinceau raide qu'il a trempé dans le pot. Ensuite il déplaçait rythmiquement son peint avec une activité fébrile, parfois avec une lente délibération.

il s'accroupissait, tenant le pinceau près de la toile pour ensuite se remettre debout et tourner autour, ou bien il marchait dessus pour en atteindre le centre. En l'espace d'une demi-heure, la surface toute entière était animée par les rythmes entrelacés. Les taches de noir, les petites rigoles et les formes allongées semblaient se transformer et commençaient petit à petit à se métamorphoser en image. Au fur et à mesure qu'il continuait — travaillant toujours au noir — il revenait sur des parties déjà peintes, des mouvements opposés intensifiant les rythmes existants. Après un certain temps, il a décidé de s'arrêter afin d'examiner le travail réalisé. On pourrait qualifier ce processus de première étape bien que Pollock insistât pour dire qu'il ne travaille pas par étapes. A ce moment-là, il ne savait ni quand il serait suffisamment touché par ce tableau pour pouvoir le travailler à nouveau avec l'intensité voulue, ni quand il se soit senti suffisamment proche de l'œuvre pour la poursuivre. Il s'agissait d'une période pendant pour qu'il puisse l'étudier et la contempler.

Il a fallu environ quinze jours avant que Pollock ne remette à l'œuvre. Entre-temps, il avait commencé d'autres tableaux. Quand il s'est senti laquelle il se « familiarisait » avec le tableau; il y pensait et s'y habituait afin de se mettre à même de juger ce qu'il fallait faire pour en augmenter la force. Il ne pouvait, en effet, maintenir indéfiniment l'intensité fébrile de l'acte de peindre lui-même, mais de longues périodes de contemplation et de réflexion lui étaient nécessaires avant de se le marron et s'est remis à travailler sur les rythmes et giclures, les faisant pleuvoir sur des parties non-capable de revenir au grand en question avec l'énergie requise et renouvelée, Pollock l'a étendu à nouveau par terre, choisit un rouge clair qui tire sur afin d'ajouter à l'œuvre un sens de mystère et d'ornement et d'empêcher le spectateur de le peintes de la toile et aussi les juxtaposant sur le noir. Il ajoutait parfois de la peinture à l'aluminium, ce qui tend à garder les couleurs sur le même plan que la toile. (A beaucoup d'égards, Pollock se sert de la peinture métallique comme les artistes d'antan se servaient de la feuille d'or, c'est-à-dire s'accorder quelques jours de réflexion.

Les dernières touches apportées à l'œuvre ont été concevoir comme faisant partie du statu quo des choses. Il trouve que la peinture à l'aluminium l'aide davantage à ce faire que le gris dont il se servait initialement). A nouveau, il a laissé la peinture sécher et a accroché la toile au mur pour est devenue le témoin d'une expérience à laquelle Pollock a donné libre cours. Quelques mouvements lentes et délibérées. Le dessin était devenu extrêmement complexe, et il fallait le conduire à un stade d'organisation complète. Lorsqu'elle a été terminée et que l'artiste s'en est libéré, la peinture l'achèverait. Il a laissé sécher la peinture et le lendemain il a cloué la toile sur un mur de l'atelier faits à la peinture blanche ont constitué l'acte final; la toile a été ensuite accrochée au mur; c'est à ce moment-là que l'artiste a décidé qu'il ne pouvait plus rien y ajouter.

Pour Pollock, cette œuvre est devenue « concrète » — il affirme en effet travailler « de l'abstrait vers le concret » plutôt que l'inverse : la peinture ne dépend ni d'une référence à un objet quelconque, ni d'une surface tangible, mais elle existe « en soi ». Pollock estime que la critique d'une œuvre comme la sienne devrait être orientée en fonction de ce qu'il fait et non par rapport aux idées reçues sur ce que la peinture devrait être. Il sait qu'un nouveau mode d'expression en matière d'art est souvent difficile à saisir; il n'apprécie pas néanmoins qu'on présente son œuvre d'un point de vue purement technique.

succès. Puis son œuvre s'affirmait. Il y avait une période où Pollock peignait des symboles, généra-effet, sa technique s'est développée après des années d'effort intense, au fil de longues périodes où rien ne le satisfaisait. Il affirme avoir passé quatre ans pendant lesquels il exécutait des « peintures noires », peintures qui n'ont pas eu de tantôt sur chevalet. L'évolution qui l'a mené à son style actuel a été lente; elle va de pair avec ses lement des figures ou des monstres, violemment exprimés et dont *She-Wolf*, qui appartient aujourd'hui aux collections du Museum of Modern Art, est une œuvre-clé. Dans cette dernière se trouvent des plaques peintes au pinceau et d'autres faites de coulures; il peignait tantôt par terre. Un tel résumé de la façon de travailler de Pollock ne constitue, bien sûr, qu'une partie de l'ensemble. En différents besoins d'expression; bien qu'on sente une sauvagerie certaine dans ce qu'il fait, elle semble céder doucement le pas à un plus grand calme.

Les bouleversements cataclysmiques que la peinture a subis ces dernières années ont donné lieu à des mesures assez draconiennes concernant l'objet. Ce dernier a été déformé, et à la fin, beaucoup d'artistes l'ont éliminé en tant que point de repère. La question se pose de savoir ce à quoi l'artiste a affaire, d'où il puise ses idées, quels sont ses thèmes, etc... La réponse se trouve en partie dans la considération selon laquelle ces artistes ne s'intéressent pas à la représentation d'une idée peinture à un degré de finition qui varie selon leur force et leur pureté. Il ne sait pas *a priori* comment s'achèvera une œuvre donnée. C'est le désir de créer qui le pousse à travailler et ce désir et son résultat nous seront à jamais insaisissables. Nous voyons de la peinture sur une toile, mais la beauté à laquelle nous répondons est d'un ordre intangible. Nous pouvons ressentir ce que nous ne saisirons jamais, mais ne pourrons jamais l'intellectualiser. Pollock compte sur l'intensité du non. Il trouve que ses méthodes pourraient être qualifiées d'automatiques au départ, mais qu'elles dépassent rapidement ce stade-là pour toucher aux émotions plus profondes et fermées qui mènent la qu'il fait est à l'épicentre de sa vie toute entière. Il trouve que ses tableaux les plus réussis portent la même intensité jusqu'au bout de la toile. « Mes peintures n'ont pas de centre », dit-il, « le degré de leur intérêt est partout pareil ». Puisque son œuvre ne contient pas de références aux objets existants, ni à leur idéalisation, tels des cercles ou des carrés, il faut le considérer d'un point de vue expressif tenant compte de l'intégration du rythme, de la couleur et du dessin, lesquels, selon l'artiste, font moment où il commence une peinture pour déterminer la libération de ses émotions et la direction que prendra son tableau. Il ne fait pas d'esquisse. Les décisions concernant l'œuvre se font lors de son développement et Pollock estime qu'elle est

à un degré élevé la façon d'appliquer la peinture; sous-jacent à cela est l'esprit compliqué de Pollock. entre l'artiste et le spectateur. Un Pollock révèle la façon personnelle dont l'artiste engendre cette image. En commençant de manière automatique, presque à la façon d'une danse rituelle, les rythmes gracieux de ses mouvements semblent déterminer aux autres. Il œuvre vers quelque chose d'objectif qui pourrait finir par exister indépendamment de Tout d'abord, il est seul avec sa peinture; il oublie qu'il y a un monde extérieur où se passent des choses et où vivent des gens. Petit à petit, il prend de nouveau conscience du monde extérieur, et de ce fait il conçoit l'image qu'il est en train de projeter comme ayant trait à la fois à soi-même et terminée quand il ne sent plus d'affinité avec elle. On peut appeler l'œuvre d'art une image placée lui, et qui pourrait s'offrir directement aux autres. On pourrait concevoir son œuvre comme étant issue du paysage et même du mouvement des astres — dont il semble parfois être très proche — mais il n'est pas tributaire de la représentation de ceux-ci; il dépend plutôt de la création d'une image résultant de la contemplation d'un univers complexe et en mouvement, comme si l'artiste créait sa réalité et son ordre propres. Pollock est pris dans le monde de l'art, la discipline à travers laquelle l'homme tente d'exprimer ses sentiments les plus nobles; c'est avec l'amour, semble-t-il, qu'on y arrive le mieux. Pollock, un homme taciturne, réservé et direct, est amoureux de son œuvre, et ce préconçue, mais plutôt à leur préoccupation pour une expérience au niveau de la peinture et de la toile, directement, sans qu'aient à intervenir les formes et les couleurs que suggèrent des objets existants. La nature de cette expérience est importante. Il ne s'agit pas de perdre tout contact avec la réalité; on pourrait la qualifier de synthèse des contacts innombrables qui ont été émotionnellement affinés pendant l'acte de peindre. S'agit-il simplement d'un acte automatique ? Pollock dit que la beauté. On ne tient pas compte de l'espace physique en tant que composant de la peinture — les dimensions mêmes de la toile ne représentent pas des limites à l'intérieur desquelles on établit des rapports; elles déterminent plutôt et tout simplement la fin de l'image.

Number 4, 1950 de Pollock essaie de créer une image fidèle à cette définition. En cela il est proche du reste de son œuvre, mais on le compte aussi parmi ses peintures les mieux réussies; les multiples tensions et rythmes s'équilibrent et se contrebalancent pour aboutir au repos. Dans ses œuvres moins réussies, on sent justement un manque de repos : les mouvements n'y ont pas été résolus. Les couleurs de *Number 4, 1950* ont été appliquées de sorte qu'on ne les conçoive pas en tant que taches distinctes : le marron, le noir, l'argent et le blanc agissent ensemble pour former un tout intégré à l'intérieur duquel on est conscient non

été éliminé. C'est ainsi qu'à propos de cette qualité intangible, on utilise parfois le qualificatif « spiri-l'espace. On n'a pas le sentiment de pouvoir pénétrer corps et âme dans le rectangle et de s'y mouvoir. Ce n'est pas de cela qu'il s'agit, le plaisir est d'un ordre différent. Il a trait plutôt à une expérience émotionnelle dont l'aspect physique a tique. On est pris dans un élan ascendant lorsqu'on regarde *Number 4, 1950*; des œuvres moindres ne tuel ».

De cette œuvre, Pollock a éliminé presque tout ce qui est susceptible de nous empêcher d'en jouir sur ce plan. C'est vrai que c'est grâce à nos sens qu'on voit une peinture, mais ceux-ci ne sont qu'un intermédiaire qui transmet l'image à l'esprit esthé-des couleurs prises séparément, mais de la couleur. Il n'y a pas non plus de préoccupation pour donnent pas ce sentiment de libération des réactions physiques. C'est l'expérience que Pollock a eue lui-même avec ce haut degré de sentiment qui qualifie son œuvre. Bien entendu, tout le monde peut verser de la peinture sur une toile, comme tout le monde peut tapoter au piano, mais pour créer, il faut purifier les émotions : peu en ont la force, la volonté ou même le désir.

« Pollock paints a picture », R. Goodnough, *Art News*, New York, mai 1951.

Septembre 1951

JP commence un traitement chimiothérapique contre l'alcoolisme, traitement qui se prolonge jusqu'à la fin de 1953 et l'oblige à consulter régulièrement son médecin à New York.

2-27 octobre 1951

Exposition à l'Arts Club de Chicago de Ben Shahn, de Kooning, JP avec 7 peintures « Number 2 » de 1949, et « Number 1 », « Number 11 », « Number 19 », « Number 23 », « Number 27 », « Number 28 » de 1950.

Lettre à l'Arts Club de Chicago, 29 août 1951.

Cher Monsieur Schweitzer,
Madame Parsons sera de retour la semaine prochaine. Je n'ai reçu votre télégramme qu'aujourd'hui et j'espère qu'il est encore possible de travailler sur l'exposition. Voici la liste que nous avions établie et qui, je pense, vous est parvenue.
Attends donc de vos nouvelles bientôt.
Sincèrement votre
JP

PS. Les deux peintures 9' × 3' et 9' × 17' arriveront roulées et peuvent être tendues sur châssis.
Elles devront être agrafées directement dessus (cela ne doit pas être replié derrière le cadre). Je suppose que vous n'aurez pas le temps de les répertorier pour le catalogue ?

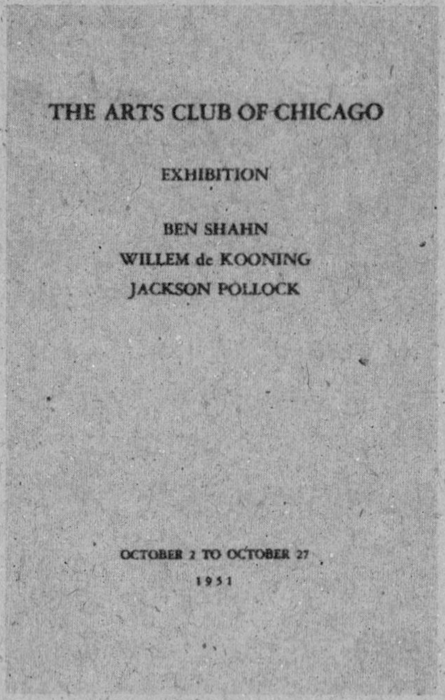
THE ARTS CLUB OF CHICAGO

EXHIBITION

BEN SHAHN
WILLEM de KOONING
JACKSON POLLOCK

OCTOBER 2 TO OCTOBER 27
1951

Catalogue de l'exposition à l'Arts Club de Chicago.

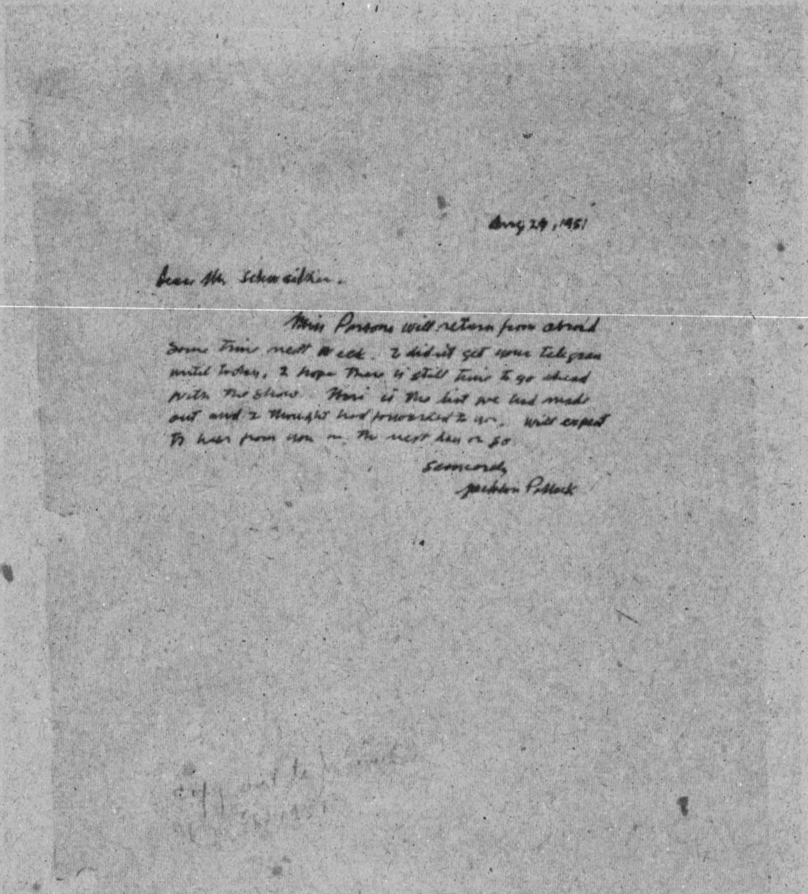
Aug 29, 1951

Dear Mr. Schweitzer.

Miss Parsons will return from abroad some time next week. I didn't get your telegram until today, I hope there is still time to go ahead with the show. Here is the list we had made out and I thought had forwarded to you. Will expect to hear from you in the next day or so

Sincerely
Jackson Pollock

Lettre de JP concernant son exposition à l'Arts Club de Chicago.

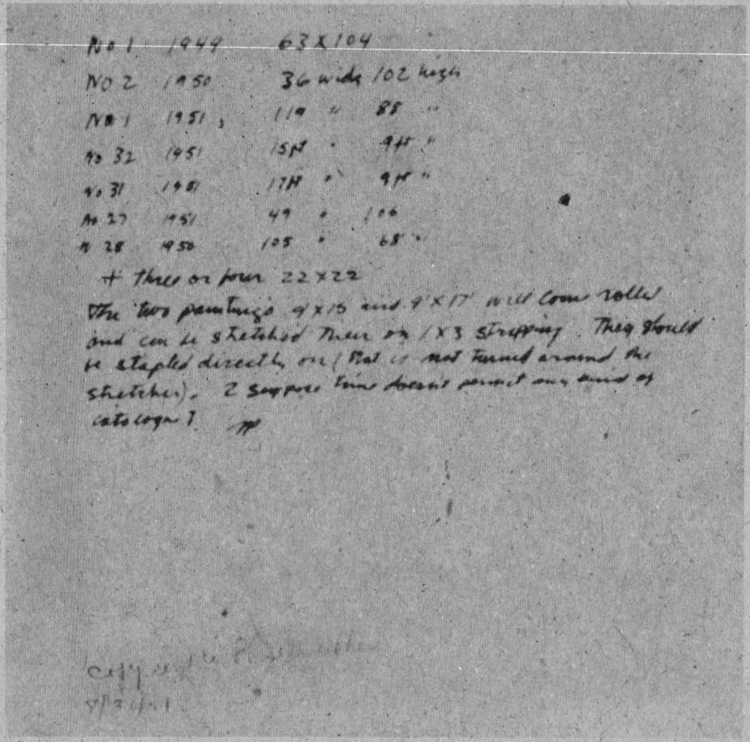
No 1 1949 63 x 104
No 2 1950 36 wide 102 high
No 1 1951 119 " 88 "
No 32 1951 158 " 94 "
No 31 1951 178 " 94 "
No 27 1951 49 " 106
No 28 1950 105 " 68 "
+ three or four 22 x 22
The two paintings 9 x 15 and 9' x 17' will come rolled and can be stretched there on 1 x 3 stripping. They should be stapled directly on (that is not turned around the stretcher). I suppose time doesn't permit any kind of catalogue ? jp

Première page du catalogue de l'exposition chez Betty Parsons en 1951.

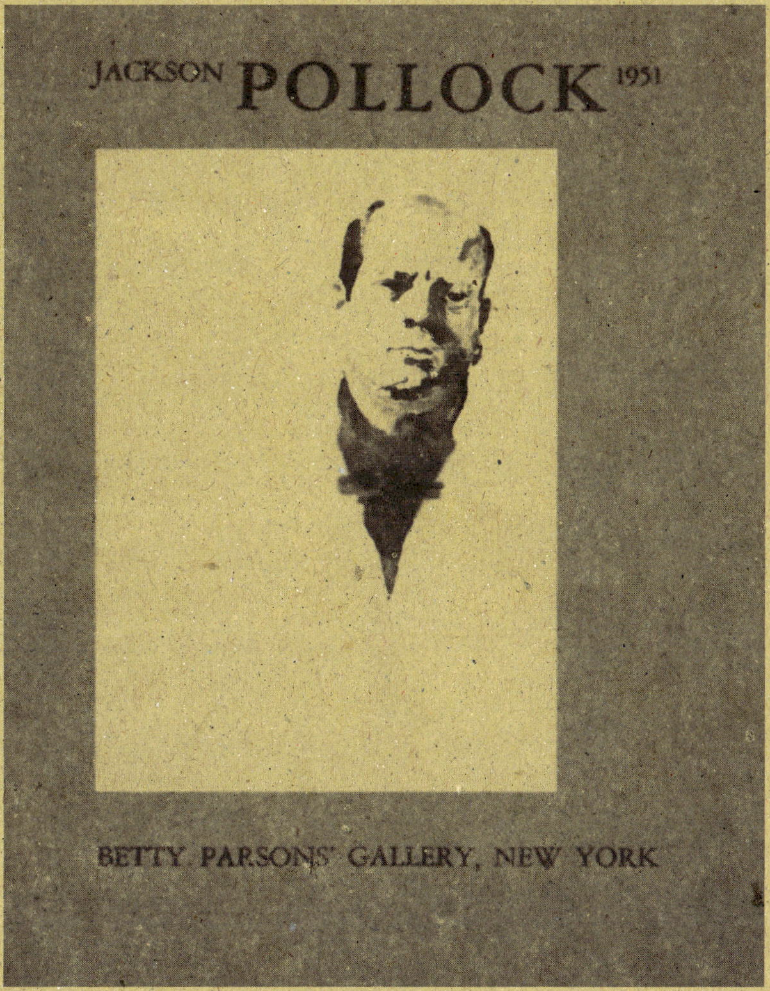

Dépliant édité par la galerie Betty Parsons à l'occasion de l'exposition de 1951.

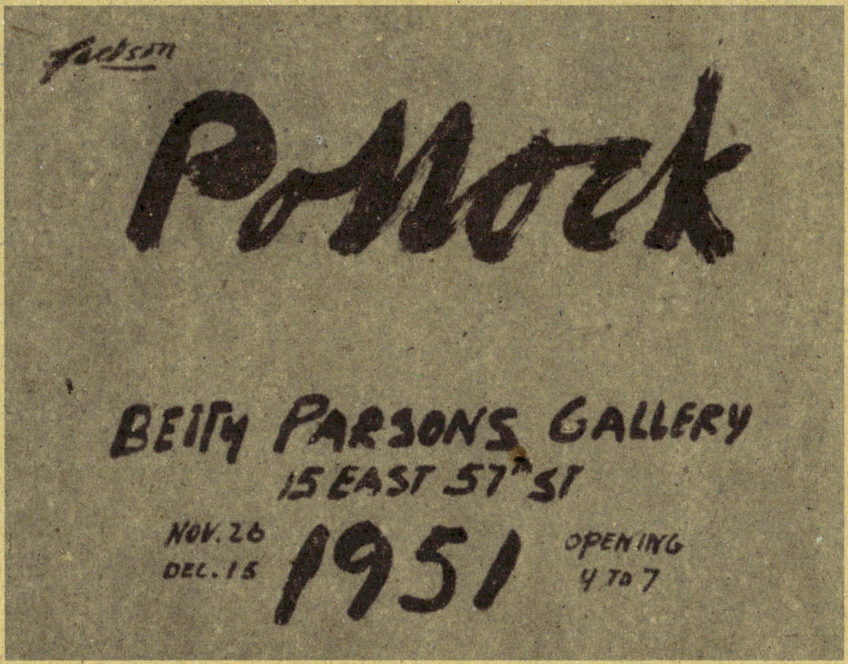

26 novembre-
15 décembre 1951

Exposition personnelle à la galerie Betty Parsons. Une préface d'Ossorio dans le catalogue introduit les 21 peintures dont « Echo », « Number 3 », « Number 7 », « Number 9 », « Number 10 ».

26 décembre 1951

Conçue par Léo Castelli, la Galerie Sidney Janis présente l'exposition « American Vanguard Art for Paris Exhibition ».
Insatisfait de ses relations avec son marchand, JP quitte Betty Parsons, à l'expiration de son contrat. Sur sa demande, il laissa cependant ses peintures en dépôt jusqu'en mai.

26 février-25 mars 1952

« Number 9 » (1949) et « Number 9 » (1951) sont exposés à la Galerie de France dans « Regards sur la peinture américaine ». Cette exposition avait été précédemment présentée à la Galerie Sidney Janis (déc. janvier).

7-31 mars 1952

A Paris, la première exposition personnelle de JP a lieu au studio Paul Facchetti. Sont présentées : « Painting » (1948), « Number 17 » (1949), « Number 3 » (1950), « Number 5 » (1950), « Number 14 » (1950), « Number 16 » (1950), « Number 8 » (1951), « Number 19 » (1951), « Frogman » (1951). Le catalogue comprend un essai de Michel Tapié et reprend avec quelques modifications la préface d'Ossorio publiée pour l'exposition de 1951 chez Betty Parsons.

9 avril 1952

Sous la direction de Dorothy C. Miller, le Museum of Modern Art de New York, regroupe 15 artistes américains. Dans cette manifestation, JP expose 8 peintures.

Jackson Pollock avec nous

Voici pour la première fois à Paris un ensemble d'œuvres de Jackson Pollock, l'un des plus prestigieux représentants de l'aventure picturale américaine de maintenant. Il me plaît de lancer une telle bombe dans le monde artistique parisien trop souvent sûr, quant à lui, d'une garantie de tout repos : les jeux ne sont jamais définitivement faits, et les meilleures organisations publicitaires ont tort de s'endormir sur leurs propres œillères, quel que soit le nombre de clans à qui elles aient pu, momentanément, imposer ces mêmes opportunes œillères.

Je pense que, pour des expériences sincères et profondes de la non-figuration, l'Amérique aura bénéficié d'un climat spécialement propice, dû à un départ à zéro réel, hors de toute proposition facile à des poncifs et autres démarcages bien en cours que nous ne connaissons que trop dans nos paniers de crabes traditionnalo-historiques, à un comportement très libre vis-à-vis de cette non-figuration, hors de tout sectarisme insupportable et de tout purisme hors de propos; enfin — à un moment où le devenir artistique, comme bien d'autres, se situe sur un plan mondial — l'Amérique est devenue le carrefour géographique réel de la confrontation des problèmes les plus profonds des grands courants artistiques d'Orient et d'Occident, dans des interférences où le jaillissement de la signifiance calligraphique et l'intensité colorale du drame plastico-pictural se compénètrent dans une véhémence de choc d'où l'on ne peut dissocier le plus complexe Amour d'avec la plus inexorablement implacable Pureté (voire Cruauté, car ici la pédale douce de l'humanisme est absolument hors de question).

De « La Louve » du Museum of Modern Art de New York de 1943 aux dernières œuvres en blanc et noir, Jackson Pollock a conquis une place de tout premier ordre dans la grande aventure picturale actuelle, qui demande des personnalités à l'échelle de notre fantastique et passionnante époque pour en témoigner avec l'envergure suffisante, tout en faisant aussi que l'artiste soit de taille à transmettre son message personnel qui ne vaut que s'il domine et dépasse les nécessaires limites des collectivités auxquelles il s'adresse. Les œuvres de Pollock de cette première période précédant son passage à la non-figuration semblaient portées par un souffle expressionniste exceptionnel, suffisant

Le livre d'or de l'exposition JP au studio Paul Facchetti. Parmi les visiteurs on note les noms de :

Tristan Tzara, Estelle Rewald, Suzanne de Coninck, Edward Dragon, Bona et André Pieyre de Mandiargues, Enrico Donati, Sam Francis, Philippe Jullian, Roger Van Gindertael, Zao Wou Ki, Michel Ragon, R.E. Gillet, Michel Tapié de Céleyran, Henry Galy-Carles, Nejad, Camille Bryen, Madeleine Rousseau, Roberta Gonzales, Eduardo Jonquières, Pierre Soulages, René Bertelé, Edouard Jaguer, Guy Weelen, Jacques Doucet, Gianni Bertini, Darthea Speyer, Simone Collinet, Bernard Quentin, Igor Troubetskoy, Aline Gagnaire, Noël Arnaud, Albert Pilécy, Pierre Bruguière, Annette Michelson, Tal-Coat, Vladimir Lopuszniak, Lutka-Pink, Hosiasson, Guy Marester, Arpad Szenes, Gabrielle Buffet Picabia, François Stahly, Serge Charchoune, John Franklin Koenig, Marcel Jean, Jean-José Marchand, Jean Bertholle, Jean Cathelain, Roger Augustinci, Jean Degottex, René Drouin, Michel Seuphor, Miró, Henri Goetz, Karel Appel, Zadkine, François Le Lyonnais, Marie Cuttoli, Arnal, Claire Falkenstein, Jean Grenier, Arden Quin, Jacques Damase, Gérard Vulliamy, Philipp Martin, James Pichette, Herta Wescher.

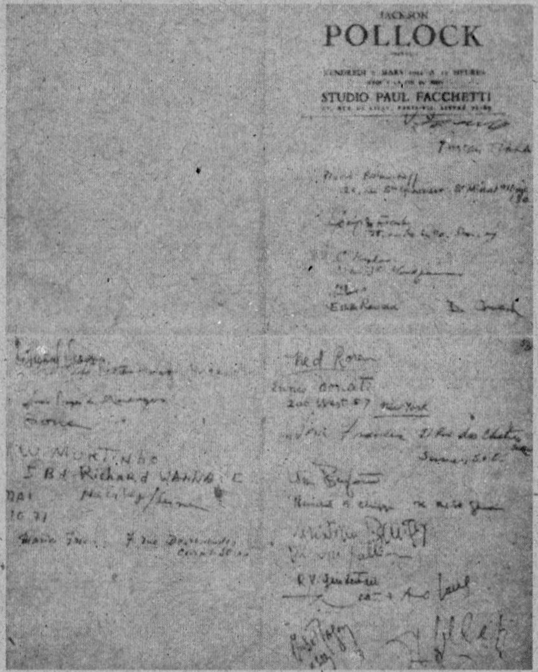

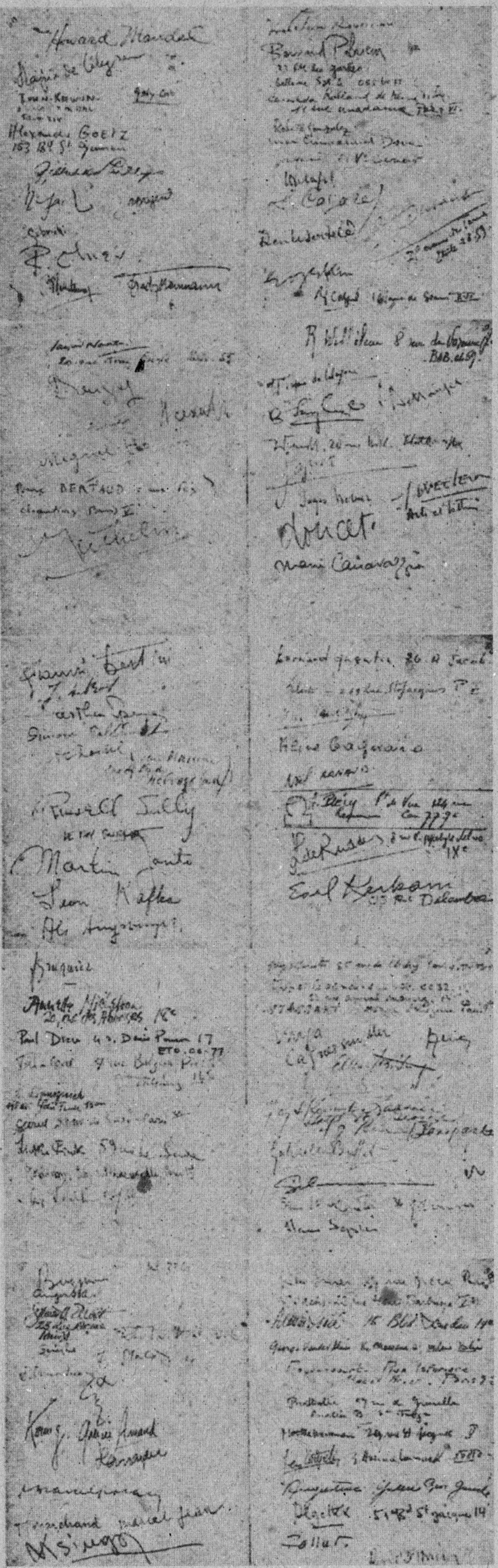

pour en faire un authentique peintre. Nous pouvons maintenant y voir déjà, en profondeur, toute la puissance et l'exceptionnelle signifiance de son graphisme coloré qui, livré à l'état pur lorsqu'il quitta la figuration, représentèrent une nouvelle limite du possible pictural, une nouvelle conquête sur l'inconnu visuel à l'échelle de ce psychisme humain dont le limites, longtemps contenues, ordonnancées mais très limitées par les civilisations occidentales, semblent devoir pouvoir être indéfiniment reculées quand des individus, dignes de ce nom dans notre siècle qui les prend trop souvent en défiance, veulent bien s'en mêler : il me plaît de saluer en Pollock l'un de ces individus. Avec lui, dans cette « She-Wolf » de 1943 qui est, grâce aux reproductions, son œuvre la plus connue en Europe, la Violence devient Peinture : cette transmutation est justement le fait du véritable peintre, ce fait que l'on classe sous les vocables de magie, thaumaturgie, transcendance et qui, au fond, est bien tout cela, car sans lui Violence autant que Peinture ne seraient pour nous d'aucun intérêt. En ces années 1945-1946 qui ont vu l'éclosion d'une nouvelle génération d'œuvres non-figuratives dans tous les coins du monde, Pollock passe de peintures à motifs titrées à des œuvres où le sujet n'est plus, ou tout au moins où le sujet transcende lui-même est d'un illisible indéfini sans que sa peinture souffre de la moindre discontinuité, en profondeur comme en surface : le fait est rare, alors, car les peintres jusque-là figuratifs, passent à « l'abstrait » comme en se reniant, ou comme ayant pris une maladie (ou surtout pour de bien mauvaises raisons qu'il n'est plus besoin de remettre sur le tapis, le complexe de culpabilité des jeunes abstraits étant devenu si flagrant que l'on pourrait croire à des maladies honteuses, alors qu'au fond ce n'est vraiment pas grave, n'est-ce pas ?). Sa graphie colorée ne devant, une fois le saut non-figuratif accompli, se référer qu'à son lyrisme propre, ne pouvant s'étayer que sur elle-même, n'exprimant qu'elle-même sans aucune nécessité plastico-esthétique extérieure, donne à son tempérament toutes les audaces que peut lui permettre son exceptionnelle envergure. Tous les matériaux, tous les formats, toutes les gageures artisanales et visuelles à sa portée sont expérimentées, d'abord dans un monde d'espace coloré extrêmement complexe où il trouve son compte, hors de tout humanisme et rationalisme : tout prétexte à complexité le met à l'aise, et jamais il ne perd pied avec l'infinitésimale évidence du plus grand raffinement.

Puis l'expérience se tend, s'impose d'apparentes limites permettant à l'élément dramatique de son message de s'intensifier : ce grand coloriste de la complexité rompit, il y a à peu près deux ans, avec les couleurs, pour s'imposer l'illimité des seuls noir et blanc. Cette contrainte, pour un tel tempérament, ne peut que faire office de tremplin, et lui

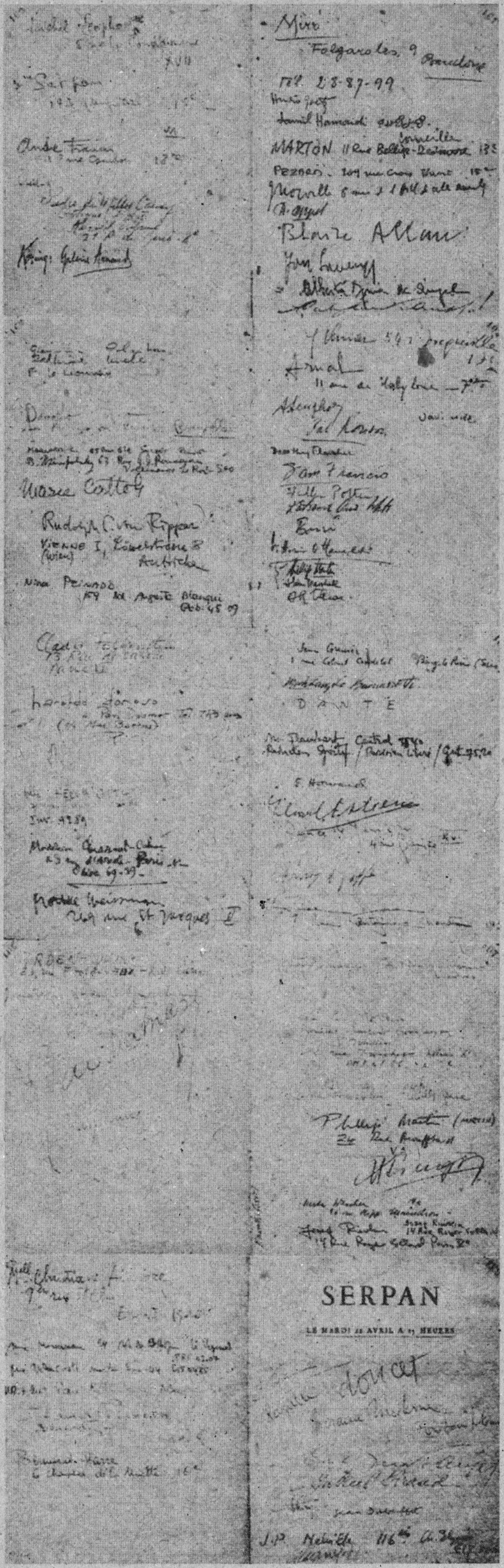

demandent du spectateur une attente éveillée et un entraînement sans résistance avant de laisser échapper une réponse aux questions posées. Sans intrication de la couleur et de la surface, marque caractéristique de son œuvre moins immédiatement figurative, ils sont pleins de la même combinaison de force, de sensibilité et de consentement exultant. Loin de l'anecdote ou de propagande, dépouillé de tout appel matériel immédiat, ils réveillent tous deux en nous le sentiment de luttes individuelles et de racines collectives et nous rappelle ce fait trop facilement oublié : « Ce qui est extérieur est intérieur ».

Alphonso Ossorio.

Lettre à Ossorio, 30 mars 1952.

Cher Alfonso,

Tout d'abord, nous aimons beaucoup le catalogue, comme tous les gens qui l'ont vu — je n'ai pas pu avoir de traduction valable de la préface de Tapié; même Dubuffet ne s'en est pas très bien sorti. Aussi, j'ai reçu une lettre vraiment charmante de Tapié avant l'ouverture de l'exposition — peux-tu le remercier de ma part (je lui écrirai cette semaine). Et bien sûr, les ventes, c'est fantastique — je ne m'y attendais certainement pas, et tout ce qui a trait aux ventes est évidemment très gratifiant — s'il y a d'autres décisions, je te laisse juge de l'attitude à avoir. J'ai reçu des offres de deux bonnes galeries ici — mais je ne prends aucune décision définitive jusqu'à son retour. L'exposition du Museum of Modern Art ouvre cette semaine (je t'enverrai les catalogues dès qu'ils seront prêts). Il n'y a rien de nouveau avec Betty — je ne l'ai pas vue depuis ton départ. S'intégrer dans une nouvelle galerie n'est pas facile. J'ai l'impression d'avoir été écorché vif — avec cette expérience du docteur Mark qui devenait plus prenante chaque semaine, jusqu'à la crise de la semaine dernière — je suis encore un peu hébété par toute cette histoire. Nous pourrons discuter de tout cela — y compris l'offre de Tapié — à ton retour. S'il reste des catalogues de là-bas, j'en voudrais bien quelques-uns et s'il y a des articles dans les journaux, je serais ravi de les voir...

Amitiés à tous les deux.

Jackson.

Mon ami Pollock.

Cette exposition de Jackson Pollock manifestera l'unité de conception qui sous-tend son œuvre. A travers les tableaux exposés ici coule le même esprit unificateur qui fait un tout des œuvres de chaque grand peintre. L'orientation en profondeur de Pollock enlève toute importance aux termes antithétiques d'usage comme par exemple « figuratif » et « abstrait ». L'attention si souvent concentrée sur ses qualités de surface, ses matériaux et sa méthode de travail qui échappent aux conventions, la hauteur et la splendeur immédiate d'une grande part de son œuvre ont laissé intactes les forces qui l'obligent à travailler de la manière qu'il fait. Pourquoi la tension et la complexité de ligne, les mouvements violemment imbriqués, si étroitement tissés ensemble comme pour faire sentir la qualité statique du perpétuel mouvement, la soigneuse préservation de la surface plane du tableau entrelacée dans l'entrejeu à richesse complexe de la toile, la rupture avec la composition selon les traditionnels mécanismes, qui donne instantanément l'impression que le tableau pourrait être indéfiniment prolongé dans toute la direction.

Sa peinture nous met en face d'une conception visuelle qui se développe organiquement en partant de la croyance dans l'unité sous-jacente aux phénomènes parmi lesquels nous vivons. Vide et plein, action de l'homme et inertie se métamorphosent et se fondent dans l'énergie qui les soutient et qui est leur dénominateur commun. Les marées de l'océan et le cauchemar d'un individu, l'éclatement d'une bulle et la clameur de tous pour une victime se mêlent aussi inextricablement dans l'éclat coruscant et l'obscurité de son œuvre qu'elles le sont dans la réalité. Ses formes et ses textures germent, croissent et déclinent, se fondent et se dissolvent à travers la toile. La surface du tableau, sans profondeur dans l'espace visible et sans succession dans le temps que nous connaissons, nous place dans un présent illimité. Il nous offre la visualisation de cette consolation impitoyable : dans la fin se trouve le commencement.

De nouvelles visions demandent de nouvelles techniques. L'emploi que fait Pollock de matériaux et d'échelles imprévues dérive directement de ses conceptions et de l'intensité organique avec laquelle il travaille, intensité qui enveloppe dans cette complète identification de l'artiste et de son œuvre un refus de l'accidentel. Les plus récents de ses tableaux sont peints avec une austérité de moyens qui souligne leur caractère protéen : peinture sans épaisseur et toile brute, ce sont là les véhicules pour ces images pleines de l'obligation impérative des rêves et de l'ordre des mythes. Noir et blanc sont le sommeil et le réveil. Formes et images se dissolvent et se reforment en nouveaux organismes. Il faut les capturer, comme Protée, lorsqu'elles sont inattentives ou endormies. Elles permet de pousser l'expérience de son exploration d'un informel graphique jusqu'à ses limites extrêmes qui, une fois atteintes — et il les a vite atteintes, dans quelques immenses peintures qui resteront parmi les plus bouleversants témoignages de notre temps — l'obligeront à se dépasser, et pour cela à changer de plan, ou de registre, ou, à l'échelle de sa courageuse envergure, de démarche.

Et voici sa période actuelle, où un retour au figuratif n'a pas fini de mettre le public en défiance et de remuer la mauvaise conscience d'artistes pour qui sectarisme intransigeant est trop synonyme de garantie qualitative. Mais plus que toute justification dialectique, ce sont les œuvres d'abord qui donnent raison à de telles contraintes extérieures qui, en regard de quelques apparences perdues, donnent, en même temps qu'une courageuse leçon de liberté de grande allure, d'infinies possibilités nouvelles d'explorations en profondeur, de réel devenir. D'autant qu'ici, une fois de plus, toutes ces querelles de figuration ou non-figuration n'ont que faire. Ce nouveau sort au Figuré n'interrompt pas plus la continuité de son aventure que son renoncement au Figuré de 1945. Il ne peut qu'enrichir le message d'un artiste qui, ayant pris conscience de certaines limites de son monde totalement développé dans l'ivresse anarchique, ne peut pas se contraindre à ignorer une expérience acquise, ce qui serait une attitude de tricheur absolument incompatible avec son tempérament d'individu en Devenir. Pollock sait qu'il n'a maintenant rien à perdre à rejeter, si elle se présente dans le geste de ses créations graphiques, l'apparition d'une signifiance psychique particulièrement évocatrice de tel signe ou telle forme à l'échelle de notre psychisme et de la part de romantisme qu'il comporte nécessairement. Ce « fantômisme », pour reprendre une passionnante proposition d'Henri Michaux, abordé avec tout l'acquis graphique d'une expérience en profondeur dégagée de tout piège humaniste, après de longues années d'ascèse vis-à-vis des si tentantes propositions de notre illimité psychisme, nous permet de considérer le comportement de Jackson Pollock et son œuvre élaborée avant ce jour non comme une œuvre complète qu'il ne reste plus qu'à exposer, à admirer ou à piller, mais comme étant actuellement au cœur d'un extraordinaire devenir : ce n'est pas le compte rendu d'une aventure que l'on nous demande d'enregistrer, c'est en pleine aventure que l'on nous propose non la sécurité d'une œuvre faite, mais l'excitant vertige, voire l'angoisse vertigineuse, d'un geste dont il n'est pas question de voir la limite.

Michel Tapié, février 1952.

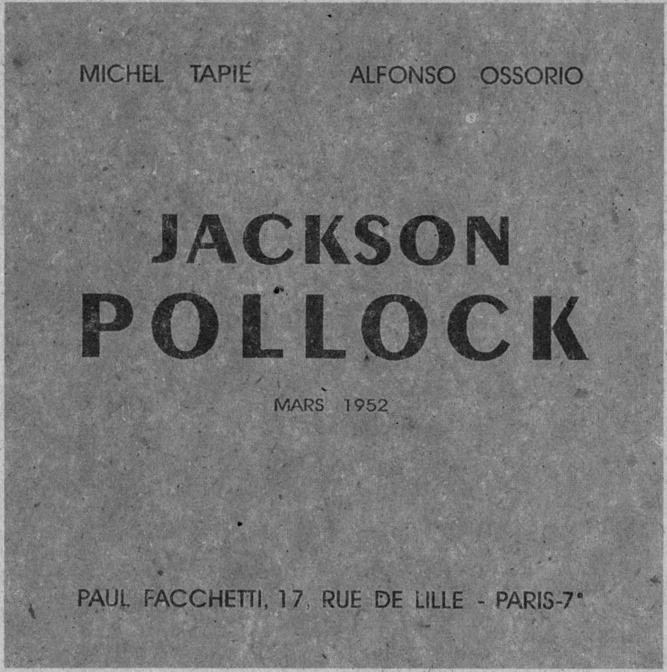
MICHEL TAPIÉ ALFONSO OSSORIO

JACKSON POLLOCK

MARS 1952

PAUL FACCHETTI, 17, RUE DE LILLE - PARIS-7ᵉ

Couverture du catalogue de l'exposition au Studio Paul Facchetti en 1952.

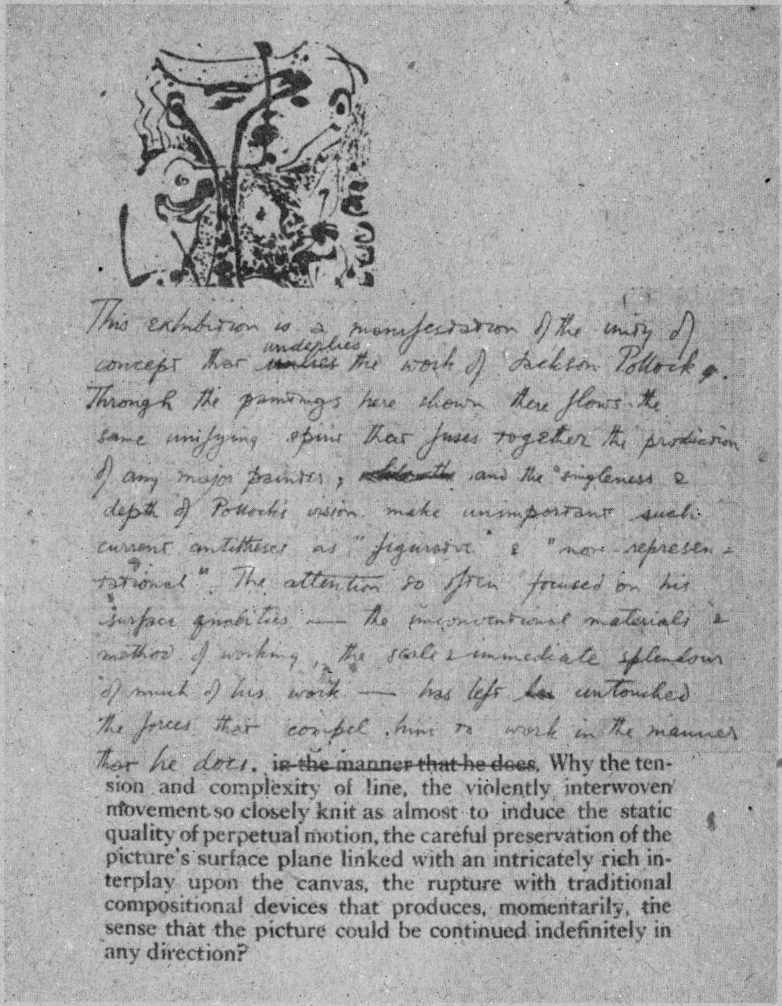
This exhibition is a manifestation of the unity of concept that ~~unifies~~ underlies the work of Jackson Pollock. Through the paintings here shown there flows the same unifying spirit that fuses together the production of any major painter; ~~[illegible]~~ and the singleness & depth of Pollock's vision make unimportant such current antitheses as "figurative" & "non-representational". The attention so often focused on his surface qualities — the unconventional materials & method of working, the scale & immediate splendour of much of his work — has left ~~[illegible]~~ untouched the forces that compel him to work in the manner that he does. ~~in the manner that he does~~. Why the tension and complexity of line, the violently interwoven movement so closely knit as almost to induce the static quality of perpetual motion, the careful preservation of the picture's surface plane linked with an intricately rich interplay upon the canvas, the rupture with traditional compositional devices that produces, momentarily, the sense that the picture could be continued indefinitely in any direction?

Première page du catalogue de l'exposition à la galerie Betty Parsons, corrigée par Alfonso Ossorio pour servir d'introduction au catalogue du Studio Paul Facchetti.

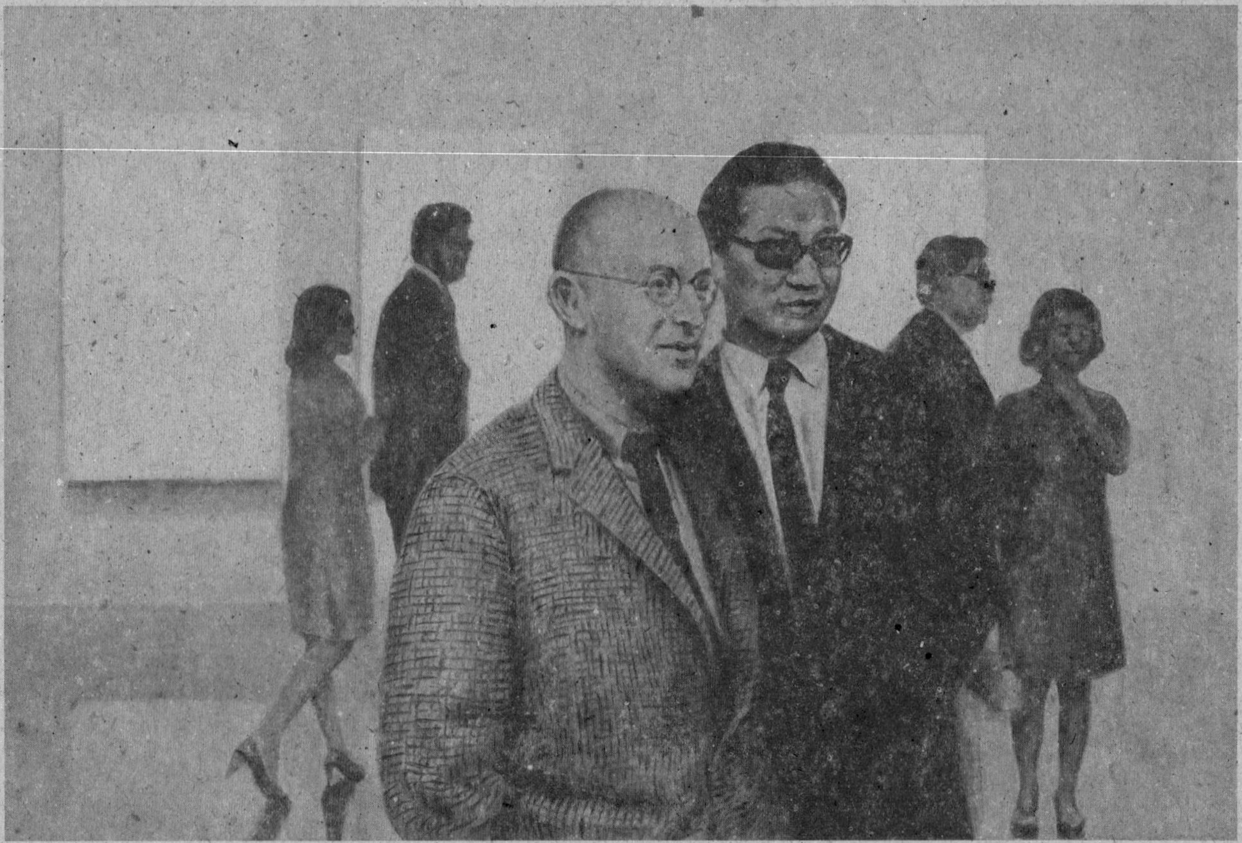

Alechinsky et Wallasse Ting au vernissage de l'exposition JP du Museum of Modern Art, New York 1967.

mes premières découvertes c'est curieusement à l'Ambassade des États-Unis le fameux film sur Jackson Pollock ! Moi-même j'étais en plein cinéma, tournant un film sur la calligraphie York pendant la guerre, avait vu passer chez lui tout ce qu'il y avait d'exilés européens expérimentés et tout ce qu'il y avait de jeunes artistes américains avides d'exilés européens expérimentés. De 1952 à 1955, cette revue feuilletée, je n'ai travaillé qu'à aller au Japon. Arrivé à Tokyo, une de Américain qui me dit dans la conversation : « j'ai fait des photos de Pollock ». Avec un haut-le-cœur et presqu'en lui tournant le dos, je lui oppose : « Il n'y a qu'une seule personne qui ait photographié japonaise — d'un temple, d'un bonze, d'un maître à l'autre —, et ç'avait été vraiment astucieux de faire travailler l'artiste sur du verre, me disais-je, de le prendre caméra par-dessous, sur fond de ciel surplombant; suivre ainsi son travail. J'étais sous le charme. Vingt ans plus tard, à une exposition au Musée des Arts Décoratifs, on me présente un Lorsque je l'ai visionné, ce film, Pollock m'apparut comme un danseur, un sorcier, un maître calligraphe utilisant le temps, d'où ces vitesses différentes à jamais lisibles : tel tracé ample allant d'un point à Pollock en action, c'est celui qui a fait ce film où on le voit, penché à l'orientale, trouver ses itinéraires à travers des obstacles ». « Eh bien, c'est moi », fut la réponse de Hans Namuth.

certains pensaient que cela pouvait être le fait de n'importe qui. Et de sourire, Hayter.

Il y a chez Pollock une retrouvaille avec la connaissance du dessin libéré de sa phase besotel autre dans son temps donné, confronté au labeur fixe des semailles et pizzicati. Rythmes inimitables dont Hayter me confiait qu'au début

Parmi les événements décisifs quant à la peinture américaine de l'époque, il faut bien sûr mentionner l'arrivée des artistes réfugiés, mais surtout celle d'un immense tableau lui aussi en exil qui, de la gneuse, un dessin nature, où l'image vient d'elle-même, comme dans les majestueuses **Têtes** de 1951. Quoiqu'il fasse, il y a une crypto-figuration. On croit qu'il y échappe, mais pas du tout. C'est la qualité de sa peinture : une proportion humaine, ce geste de danseur tracé.

donner le goût du monumental à une jeune peinture américaine.

Aussitôt celle-ci sera déterminée par l'unique, le plus grand tableau... d'un prestigieux quinquagétribune de l'accueillant Museum of Modern Art, va travailler en profondeur, rayonner, et, à lui seul, calligraphes de Kyoto qui éditaient la revue **Bokubi** (c'est-à-dire, **Le plaisir de l'encre**). Cette revue traînait sur une table de l'Atelier 17 de Hayter, chez qui je travaillais, ce même Hayter qui, à New naire. Après cela ils peindront grand, comme si c'était chose normale.

Pollock, lui, n'a jamais oublié l'art de Picasso, il l'a assimilé. Bram van Velde, qu'il le veuille ou non, a

chose est sans doute savoureuse — une raison qui a peu à voir avec l'indignation : le plaisir de peindre. Au hasard d'une promenade, la découverte d'un alibi formel — une petite racine de ment parlant; a posteriori, nos thésiers et thésières tenteront de les rassembler, imaginant entre eux à leur passif quelque concertation ou influence directe, — tic universitaire classique.

L'une des raisons de **Guernica**, au delà de son réel contenu de révolte et d'indignation, c'est — la ses formes typiques pour exprimer la souffrance, les femmes qui pleurent. Redécouverte que j'ai faite par hasard en dessinant, en effet, une racine de bambou grise, ramassée, etc. C'est cela, la bambou ramassée sur une plage parmi d'autres bois flottés et résidus — a produit cette suite de jeux d'images comme on dit de mots : **Songes et Mensonges de Franco**. Sait-on seulement que l'ubuesque Franco vu par Picasso n'est autre qu'une petite racine de bambou étudiée avec beaucoup de plaisir ? A la suite de quoi viendront Hollandais et d'un Danois, trois énormes artistes qui ne se connaissaient pas.

Je vois maintenant la peinture de Pollock comme une peinture assurément composée, mais mou-logique du peintre. Reste qu'à leur insu une innocente racine de bambou annexée, déguisée, animée par Picasso, soit devenue l'incipit stylistique (indécodé, que je sache), d'un Américain, d'un tout à coup face à une œuvre en état de vie; on y progresse, avançant par strates où nous ne savons pas, où, de forêt en forêt, de logique en logique, nous ne voyons plus l'arbre. Par superpositions et vante. Il y a deux mois à peine, devant **Autumn Rhythm** au Metropolitan Museum de New York, je retrouvais cette sensation rarissime d'être porté peintre.

Étrange, le parallèle avec Jorn : l'un et l'autre dans les années 40 auront cherché, débusqué, traqué la difficulté : leur lutte contre le talent, — le talent échappées, Pollock rappelle aussi l'infini des manières d'être coloriste, il possède cette tessiture très étendue entre le peu et le beaucoup de la couleur; du noir — dont on sait depuis Matisse qu'il est une couleur — jusqu'à l'accumulation des couleurs qui forment la couleur. Tour de force du par endroits volontairement éclatées, mais franches, farouches, fantasques, montrent-elles de similaires taches aveugles et de lumière : plaisirs et menaces au bord du gouffre.

selon l'idée reçue : savoir dessiner, etc. Ainsi leurs encres de Chine, déjà tôt bousculées, basculées, subi à Montrouge le même choc; sa peinture change d'une manière synchrone avec Guernica. Au Julland, Asger Jorn aussi, d'ailleurs.

Or, tous trois sont des isolés, même géographique-

Daniel Alechinsky
entretien avec Pierre Abadie, 6 août 1981.

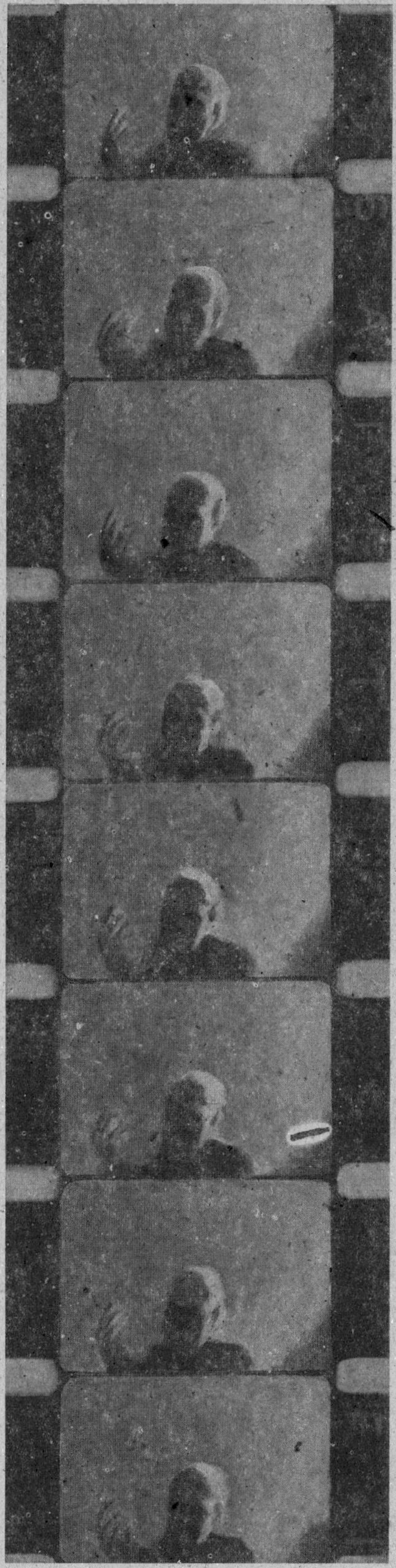

Photos extraites
du film de Hans Namuth.

Catalogue de l'exposition chez Sidney Janis en novembre 1952.

Mai 1952

Ayant pris en considération l'offre de plusieurs marchands, JP choisit la Galerie Sidney Janis.

10-29 novembre 1952

La première exposition personnelle à la Galerie Sidney Janis comprend 12 toiles de 1952 : « Convergence », « Blue Poles », « Number 1 », « Number 2 », « Number 3 », « Number 4 », « Number 5 », « Number 6 », « Number 7 », « Number 8 », « Number 9 », « Number 12 ».

Janis, à Sidney Lettre fin 1952.
tableaux d'Europe pour la rentrée. Je suis ravi que
vous alliez à Paris; en tant que mon agent officiel,
première année de travail ensemble. Il est dom-
mage que nous n'ayons pas pu récupérer les
vous pourrez aller voir M. Michel Tapié ou Gabriel-
Géraud Fils — 1, rue des Italiens. Je joins une liste
Cher Sidney,
Je pense que nous devrions être fiers de notre

des tableaux envoyés (15) et comme je n'ai été
Harriet, un bon été, je vous envoie mes amitiés.
Jackson.
Pouvez-vous remercier Michel Tapié pour son aide
et pour le livre. En vous souhaitant, ainsi qu'à
J'ai hâte de vous voir ici en août pour vous montrer
les derniers travaux.
payé pour aucun de ceux qui sont censés être
vendus, j'espère qu'ils seront tous (15) retournés.

Vue de l'exposition chez Sidney Janis en mars 1952. Dans la salle du fond « Convergence ».

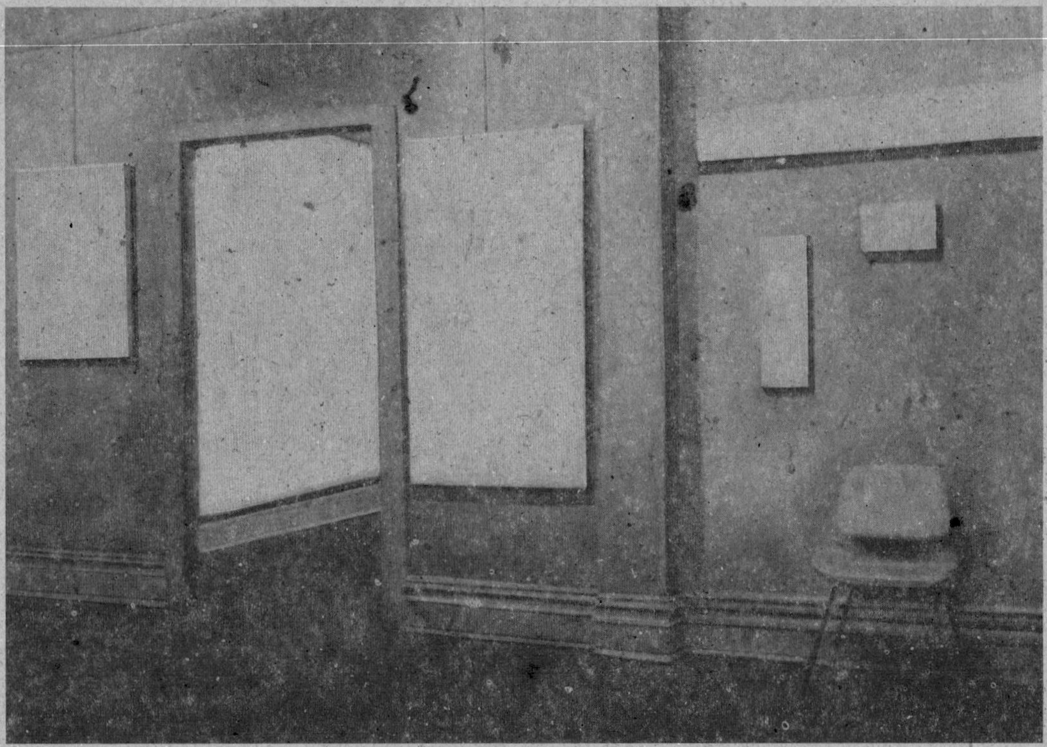

17-30 novembre 1952

Une rétrospective de 8 peintures est organisée au Bennington College (Vermont).

Exposition au Bennington College; de gauche à droite : « The Key », 1946; « Echo : Number 25 », 1951; « Pasiphaë », 1943.

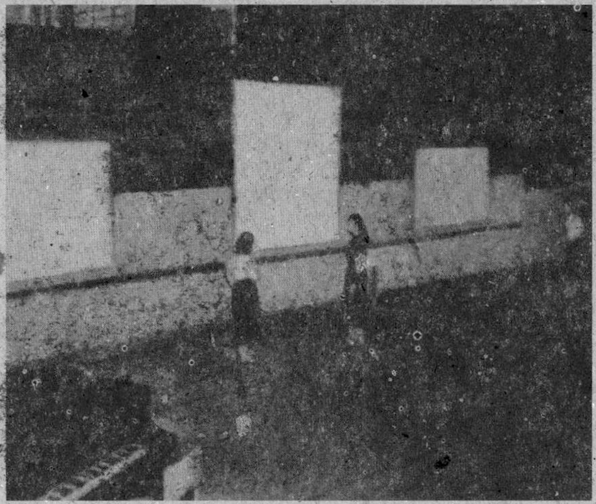

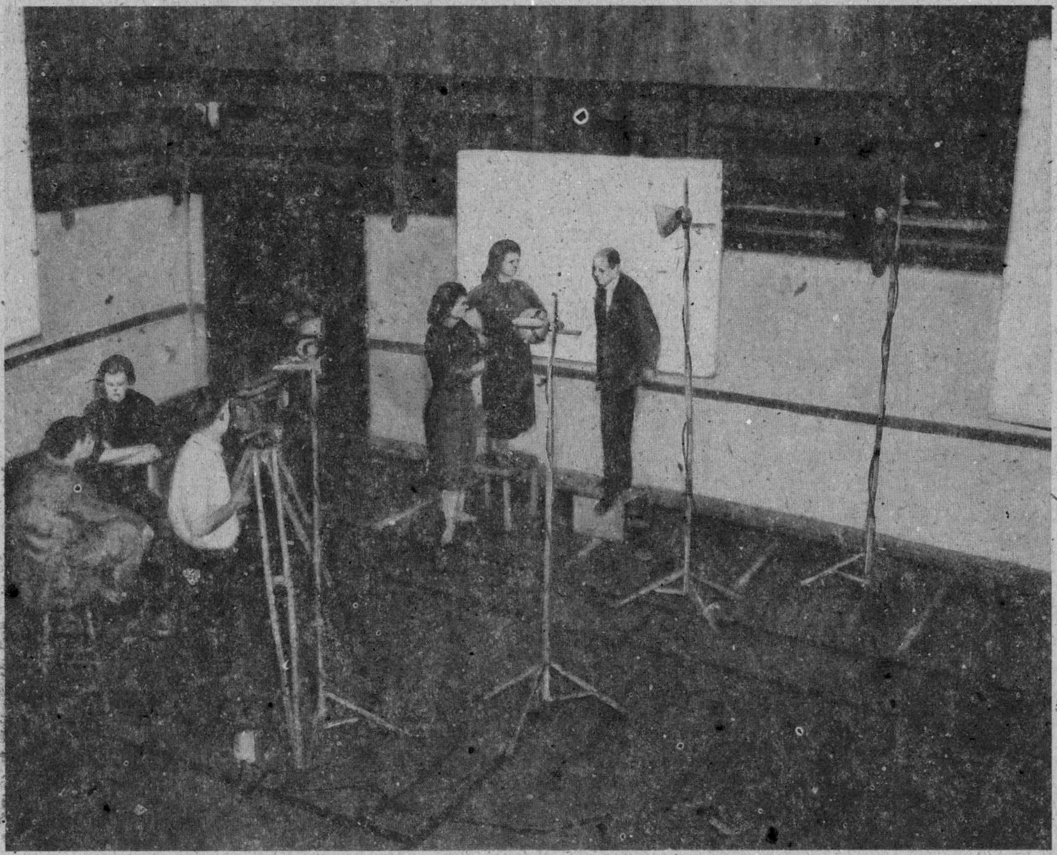

JP filmé pendant l'exposition au Bennington College devant une de ses toiles : « The Key », 1946.

1953

C'est la première année depuis 1944 durant laquelle JP n'a pas d'exposition personnelle.
Sur la demande de Janis et afin d'éviter la confusion dans la numérotation par année, il donne à nouveau des titres à ses toiles.

L'ouvrage dirigé par Robert Lebel « Premier bilan de l'Art Actuel » est publié aux éditions du Soleil Noir à Paris et consacre une notice à JP.

Notice sur JP publiée dans Premier bilan de l'art actuel.

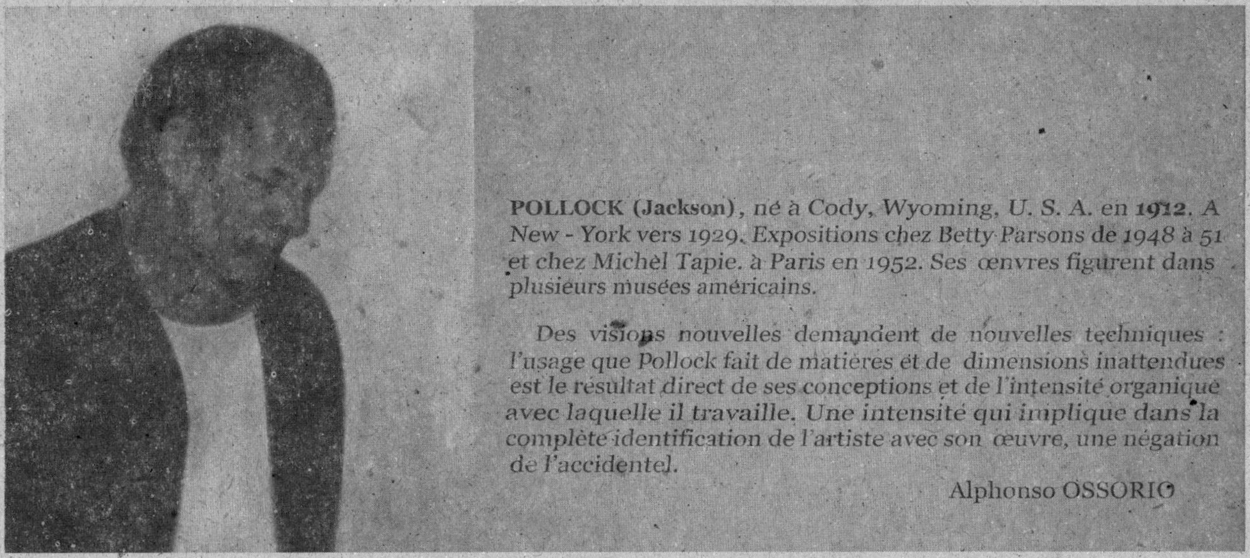

POLLOCK (Jackson), né à Cody, Wyoming, U. S. A. en 1912. A New - York vers 1929. Expositions chez Betty Parsons de 1948 à 51 et chez Michel Tapie. à Paris en 1952. Ses œuvres figurent dans plusieurs musées américains.

Des visions nouvelles demandent de nouvelles techniques : l'usage que Pollock fait de matières et de dimensions inattendues est le résultat direct de ses conceptions et de l'intensité organique avec laquelle il travaille. Une intensité qui implique dans la complète identification de l'artiste avec son œuvre, une négation de l'accidentel.

Alphonso OSSORIO

24 avril-8 juin 1953

12 peintres et sculpteurs américains contemporains exposent au Musée d'art moderne de Paris. Pollock est représenté par 4 peintures : « The She-Wolf » (1943), « Number 6 » (1952); « Number 10 » (1952), « Number 12 » (1952).

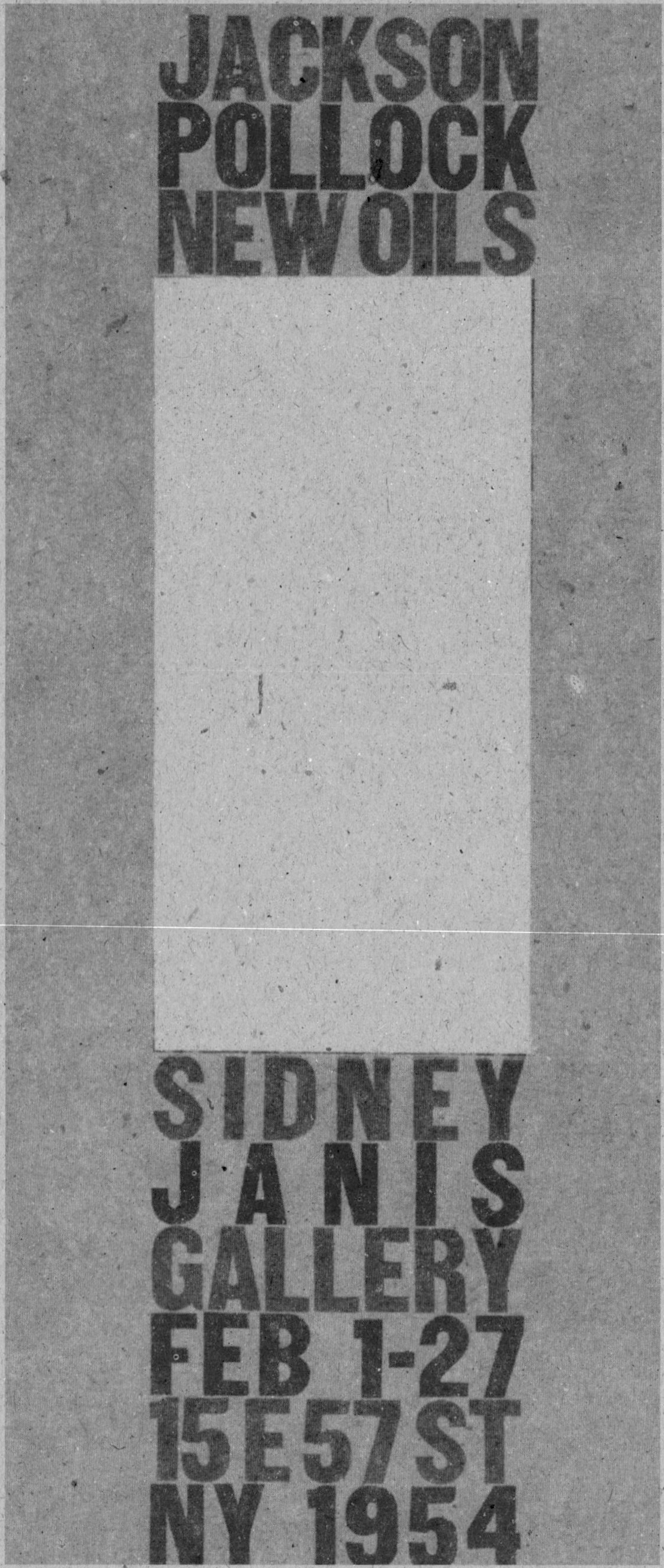

Affiche pour l'exposition chez Sidney Janis en 1954.

Janis, à Sidney Lettre 28 septembre 1953.

Ils seront livrés jeudi. Peut-être pourrons-nous
discuter des titres lors de ma prochaine visite. Je
Cher Sidney,
Voici la liste des tableaux que j'envoie à la galerie.
trouve le catalogue des « 5 ans » excellent.
Amitiés à vous Jackson.
et Harriet.

de Sidney Lettre Janis, 20 octobre 1953.

semaines.
Clem[1] de tableau de 1953 au Whitney[2] où il
leur aurait été inutile. Nous gardons les tableaux
de 1953 pour un grand coup : votre exposition
Vos quatre nouveaux tableaux sont ici — ils sont
fantastiques. Il n'y a rien de neuf jusqu'à mainte-
nant mais nous avons au moins un client qui est
très intéressé par l'un d'entre eux.
Je n'ai pas envoyé, comme me l'avait suggéré
l'exposition de janvier.
Clem[1] a beaucoup aimé vos dernières toiles.
J'ai dans l'idée que vous êtes en train de peindre de
personnelle. Même si nous en vendons un d'ici là,
nous spécifierons qu'il doit être inclus dans
Cher Pollock,
Nous avons remanié notre programme et avons fixé
l'exposition Pollock à la fin janvier, pour quatre
nouvelles choses. Je suis bien sûr impatient de voir
une autre superbe exposition Pollock et je suis sûr
que mon vœu sera exaucé.

(1) Clement Greenberg.
(2) Whitney Annual, 15 octobre — 6 décembre.

Clyfford Lettre de Still, 29 octobre 1953.

J'ai été à la galerie de Janis avec Barney[1] l'autre
ment apparu. C'est qu'ici, un homme s'était mis au
travail, au travail le plus profond qu'un homme
puisse entreprendre quand il est prêt à affronter ce
qu'elle réalisait tu dois le savoir. Mais au-delà des
détails, des intentions, l'important m'est claire-
J'ai quitté la pièce empli de la reconnaissance et du
regain de courage que de tels moments offrent
toujours. C'est simplement ma façon de dire merci
qu'il est et ce à quoi il aspire.
jour et je me suis permis d'aller dans son bureau
pour voir les tableaux que tu avais faits cet été.
Ce que chaque œuvre disait, où elle se situait, ce
et d'espérer que mon travail t'a quelques fois
apporté la même chose.

(1) Barnett Newman.

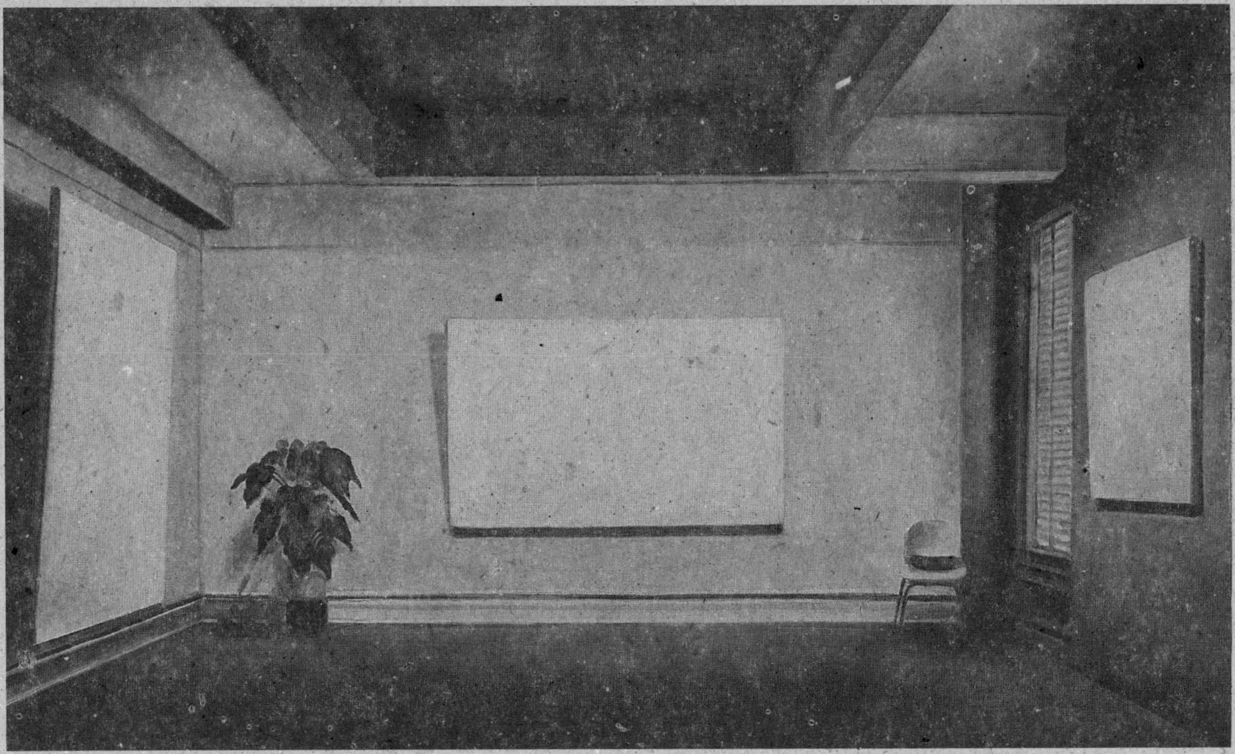

Vue de l'exposition chez Sidney Janis en 1954.

4-23 janvier 1954

JP présente « Blue Poles » dans l'exposition « 9 American painters today » à la Galerie Sidney Janis.

1er-27 février 1954

10 toiles de 1953 constituent la seconde exposition personnelle à la Galerie Sidney Janis : « Ritual », « Ocean Greyness », « Easter and the Totem », « Four Opposites », « The Deep », « Greyed Rainbow », « Sleeping Effort », « Portrait and a Dream », « Unformed Figure », « Moon Vibrations ».
Les critiques, en général enthousiastes, se montrent réservés. Greenberg s'abstient de commentaires mais fait connaître sa déception à JP.

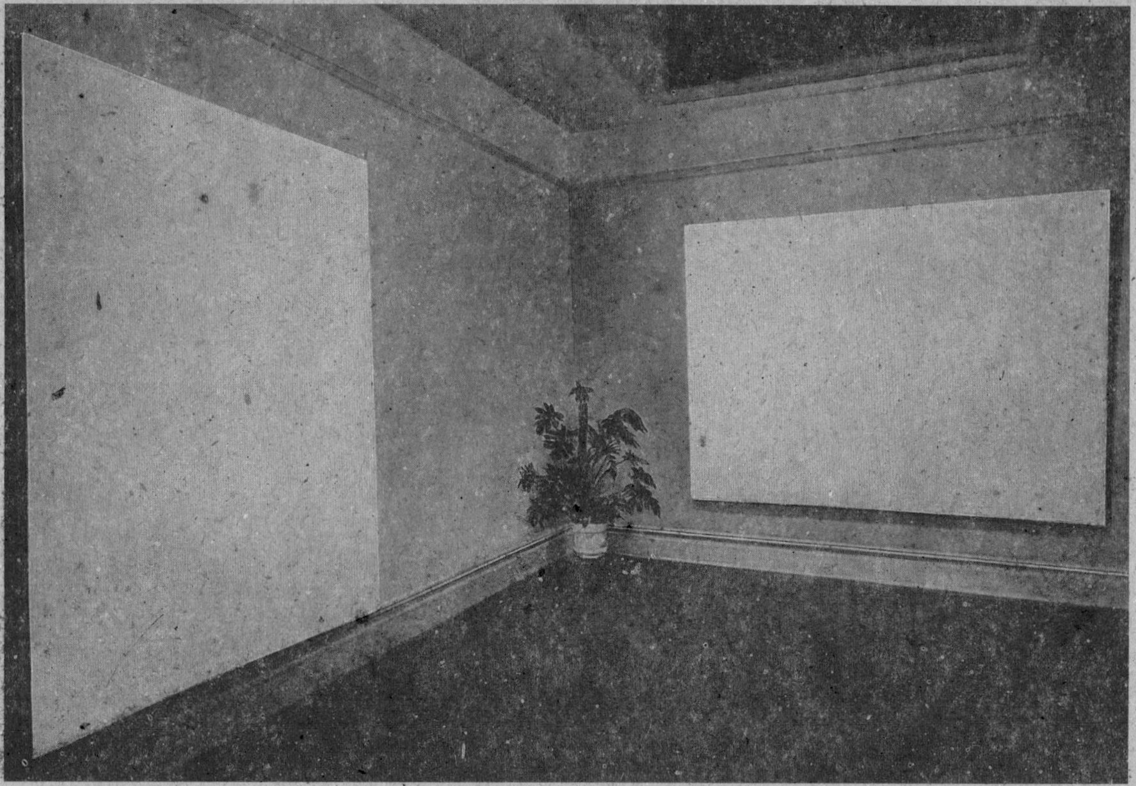

Vue de l'exposition chez Sidney Janis en 1954.

traînées et les tertres de peinture blanche.
Il faudrait que je regarde **Greyed Rainbow** plusieurs fois avant de me décider à son égard, mais cette œuvre recèle quelque chose : un sens de mouvement bouillonnant et plongeant qui émerge de la mer, ou, tels des poissons géants dans l'étendue énorme d'écume blanche, battent l'eau avec la queue. Dans cette œuvre, la couleur se limite au quart inférieur de la toile. Là, telles des coulées se répandant lentement, des nuances délicates de rose, de bleu lavande, de vert, et de jaune minéral remplissent les creux entre les **Ritual**, parcourues de figures-masques stylisées — telles les figures du théâtre japonais — sont d'une luminosité carnavalesque. Par contre dans **Greyed Rainbow** dominent le noir, le blanc et le gris : des lignes noires et épaisses roulent avec la lente houle lentement de la tranquillité d'un élément pour s'y entrelacer et, petit à petit, se glisser vers son désordre, sont faits de couleurs vives; ils émergent des tourbillons de peinture grise (le fait que Pollock y réussit sans avoir recours à des coups de théâtre dernière exposition; nous la retrouvons dans **Ocean Greyness**, peut-être la meilleure des œuvres récentes. Là, les visages de diables, de géants du contraire. C'est cette dialectique qui inspire les meilleures œuvres de Pollock. Nous la trouvons dans **Number 12**, la meilleure peinture de sa nous aide à jauger son œuvre). **Ocean Greyness** a été disposé selon un plan éminemment organisé; l'art étant une sphère où les forces du désordre sont maîtrisées par l'homme, et peuvent exercer une force importante; elles sont déployées dans la peinture avec beaucoup de précision et sans Alors que c'est autre chose qui provoque l'échec de **Easter and the Totem**. C'est un bon tableau. Il demeure moins développée que son sens de la ligne; parfois je n'ai pu m'empêcher de penser à ces espèces de gâteaux verdâtres ou rosâtres et immondes servis dans certains salons de thé. — a réussies et les échecs aussi — c'est l'aperçu qu'elles nous donnent sur la structure métaphysi-évoque des sentiments de printemps et un sens de renouvellement et de renaissance, mais Matisse aurait pu l'exécuter. Pour ce critique, ce qui excite dans les œuvres récentes de Pollock — celles qu'il ques correspond à celle de leur conception et se justifie grâce à elle.
que et psychologique des choses. Car en effet, les puissantes alternatives rythmées sur lesquelles ces œuvres se fondent sont peut-être celles du processus créateur meme. Et ce qui est rare dans l'art abstrait, la complexité de leurs formes et techni-fioriture superflue.
Mais la sensibilité des couleurs chez Pollock

tout à fait convaincantes, et deux (**Ocean Greyness** et **Sleeping Effort**) se classent parmi ce qu'il a fait de mieux.
légèrement peintes, parfois aussi épaisses et glacées qu'un mille-feuille, et avec une contexture qu'elles sont exécutées au pinceau et à la truelle; ce ne sont pas d'énormes dessins linéaires exécutés en faisant couler entre les doigts de la peinture-émail. Les surfaces en sont parfois lisses et trements de couleurs. Il y a un effet réciproque incessant entre la forme et ce qui est informe, entre aussi embrouillée. On y voit beaucoup de repeints et d'émaillages. Parfois, des lignes de contour définissent les formes, mais le plus souvent, ces dernières émergent des entrelacs et des enchevê-centrale de cet art. C'est dommage que les reproductions en noir et blanc n'en rendent le résolu et ce qui est à l'état naissant; entre les formes, les lignes, les textures et les couleurs. Et la palette est plus riche et variée qu'auparavant. Désormais, les couleurs contribuent autant, sinon plus que la ligne au dynamisme houleux, qualité Du point de vue technique, la caractéristique saillante des œuvres récentes de Pollock est absolument pas la variété, l'intensité et la distribution effective).
Les couleurs de **Sleeping Effort** ont un éclat profond, une sonorité, qui rappellent la peinture fauve et qui ne lui sont point inférieures. Celles de

James Fitzsimmons, Art and Architecture
Los Angeles, mars 1954.

partir du moment où il a entrepris ses célèbres « giclures »), mais ont trouvé que son art avait des plus puissants et originaux de sa génération, ce dont de plus en plus de gens commencent à se rendre compte. Certains d'entre nous ont reconnu ses dons dès le départ (ou, plus exactement, à exposées à la Sidney Janis Gallery), Pollock embrouille ses détracteurs et confond ses admira-limites, qu'il ne tenait pas suffisamment compte des possibilités du support, des états d'esprit et d'âme. Aujourd'hui, avec ses peintures récentes (qui au moment de la mise sous presse, sont naturalisme banal — comme s'il ne s'était rien produit en art pendant ces cinquante dernières teurs. Pour commencer, il ne s'y répète pas. Et, bien qu'il introduise dans son œuvre des éléments figuratifs, il n'est pas pour autant pris par ce manque de courage et d'imagination qui a forcé certains artistes secondaires à revenir à un quasi-Jackson Pollock n'est pas un homme doux. C'est un homme en colère. Il est aussi l'un des artistes les années. Au contraire, il a enrichi son art dans tous les sens possibles (sans l'encombrer d'ornements extrinsèques, toutefois) et il en a élargi l'à-propos. Toutes ses dernières peintures n'ont pas été réussies, mais trois ou quatre d'entre elles sont

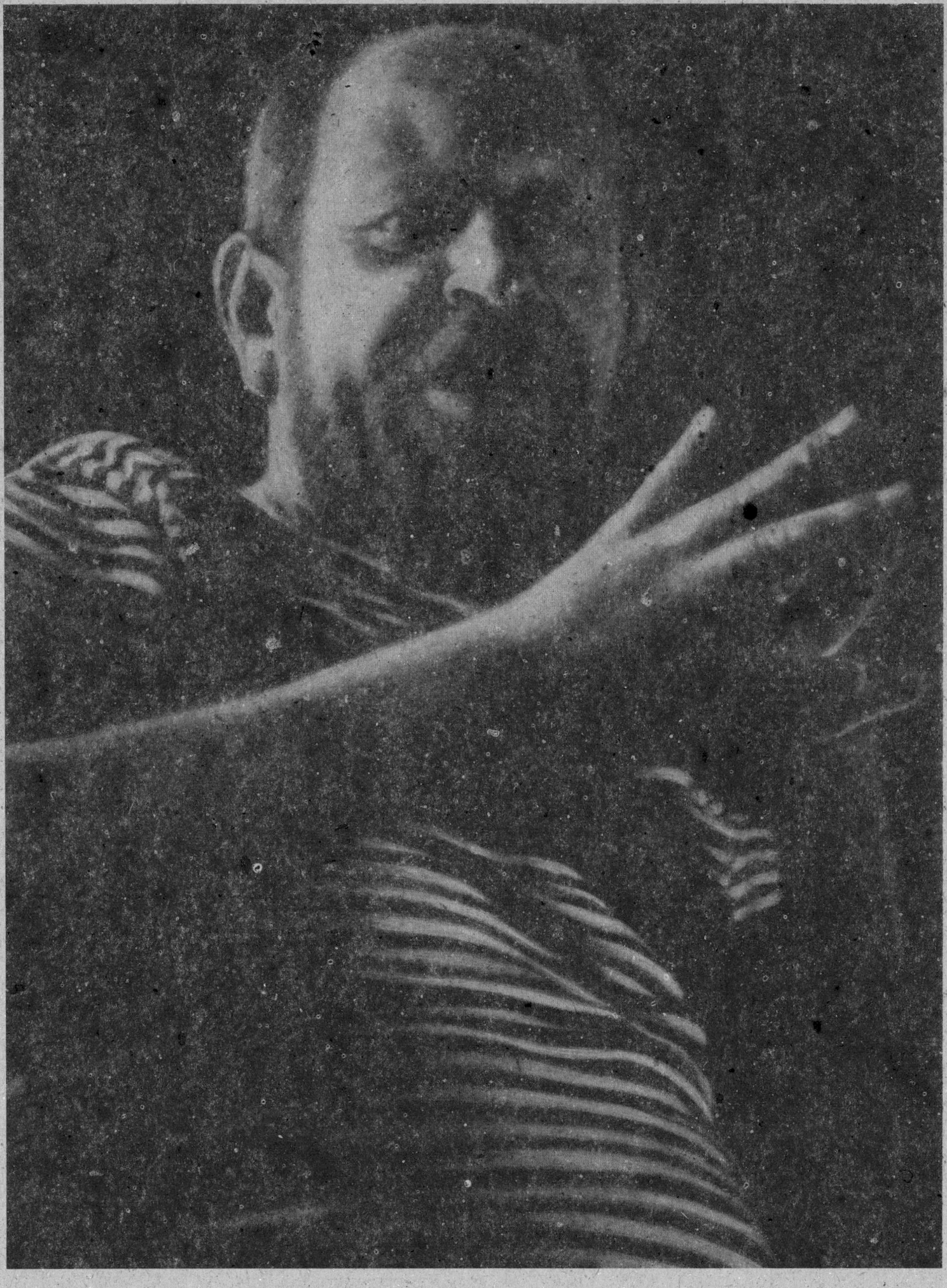

JP, c. 1955.

Été 1954

Aidant au déménagement de Elaine et de Bill de Kooning dans une maison de Montauk, JP se casse la cheville. Cet accident prolonge son inactivité.

1955

JP ne peint pratiquement plus depuis un an et demi.

31 mars-15 mai 1955

Le Musée national d'art moderne de Paris présente « 50 ans d'art aux États-Unis », collections du Museum of Modern Art de New York.

Juillet 1955

Il achète un passeport qu'il n'utilisera jamais.

Été 1955

Il réentreprend une analyse.

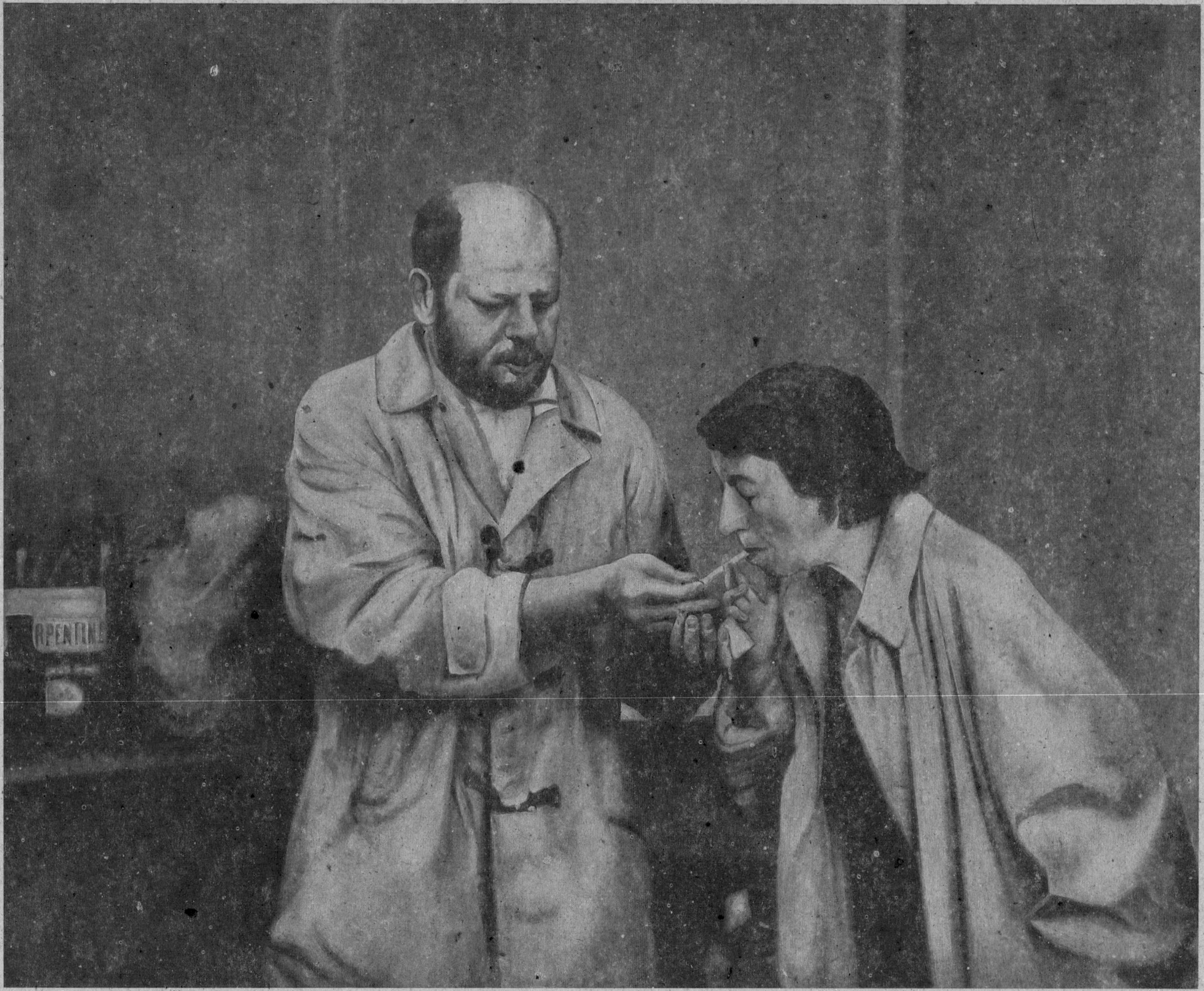

JP et Lee Krasner, c. 1955.

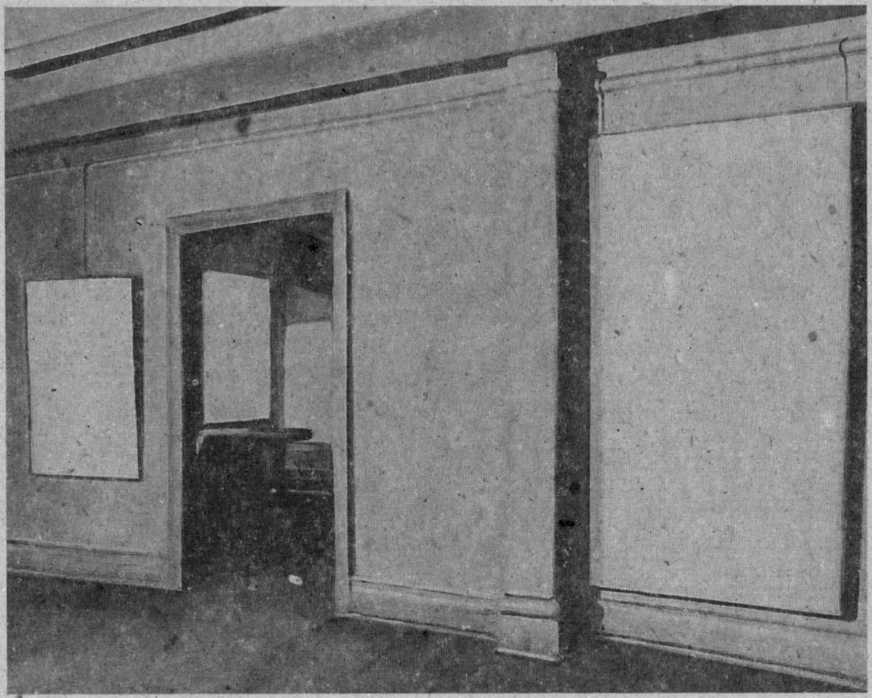
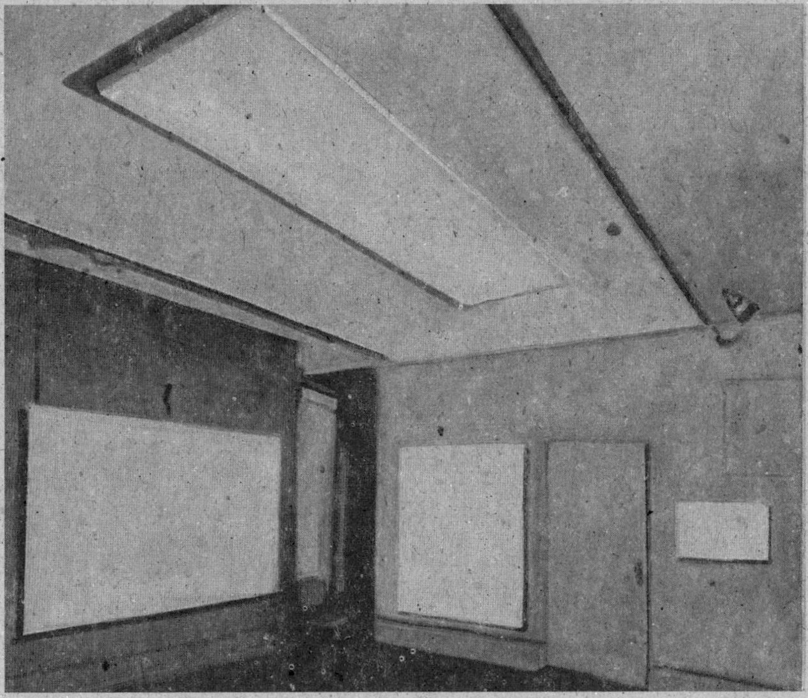

Vues de l'exposition chez Sidney Janis, 1955.

Catalogue de l'exposition chez Sidney Janis.

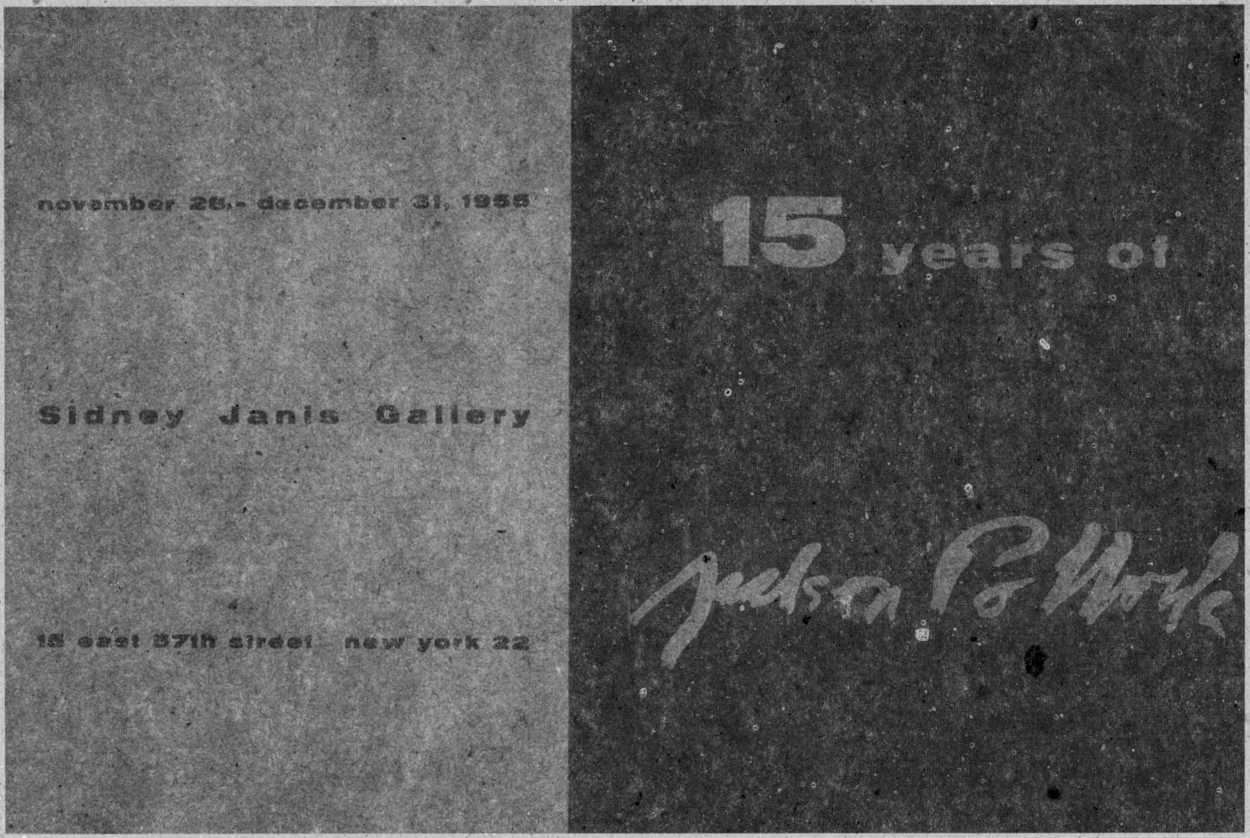

**28 novembre-
31 décembre 1955**

Sur l'insistance de Lee Krasner, JP accepte une petite rétrospective à la Galerie Sidney Janis « Fifteen years of Jackson Pollock ». « The Flame » (1934-1938), « Masqued Image » (1938-1941), « The Magic Mirror » (1941), « Pasiphaë » (1943), « Gothic » (1944), « The Totem Lesson II » (1945), « The Key » (1946), « Eyes in the Heat » (1946), « White Cockatoo » (1948), « Out of the Web » (1949), « Autumn Rhythm » (1950), « Echo » (1951), « Convergence » (1952), « Moon Vibrations » (1953-1955), « White Light« » (1954), « Search » (1955).
La presse le traite comme un vieux maître.

19 décembre 1955

Betty Parsons organise une exposition rétrospective de sa collection « Ten Years ». La peinture de Pollock est représentée par « The Night Dancer » de 1944. Le commentaire est de C. Greenberg.

20 février 1956

Le *Times* publie un article sur la peinture d'avant-garde intitulé « The Wild Ones » regroupant les peintres Baziotes, Gorky, Guston, de Kooning, Motherwell, Rothko.

Mai 1956

Sur le thème « work in progress », Andrew Ritchie, directeur du Museum of Modern Art de New York, propose à Pollock d'inaugurer une série d'expositions comprenant 25 tableaux, parmi les plus importants de l'artiste. Sa mort la transformera en hommage posthume.

Juin 1956

Un entretien avec JP est réalisé par Selden Rodman à East Hampton pour une publication prochaine : *Conversation with artists* (New York 1957).

Juillet 1956

Lee Krasner s'embarque pour l'Europe dans l'intention de rendre visite à ses amis Paul et Esther Jenkins à Paris, puis d'aller à Venise et à Londres chez Charles Gimpel.

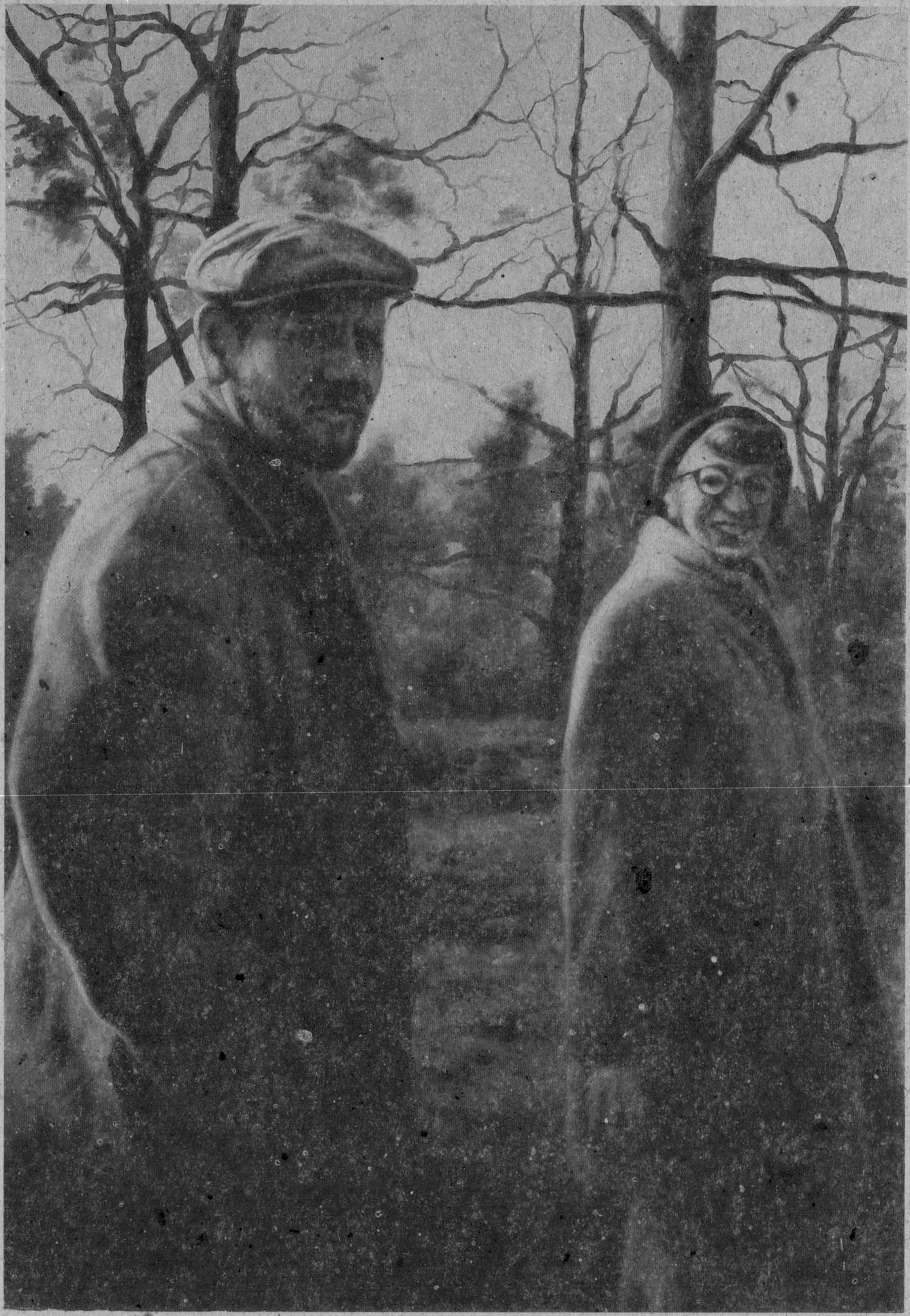

JP et Lee Krasner, 1955-1956.

Le 11 août 1956 à 22 h 15

Ayant prévu d'accompagner ses amies Ruth Kligman et Edith Metzger à un concert chez Ossorio, puis s'étant ravisé, Pollock sur le chemin du retour perd le contrôle de sa voiture, quitte la route et s'écrase contre un arbre. Il meurt instantanément.

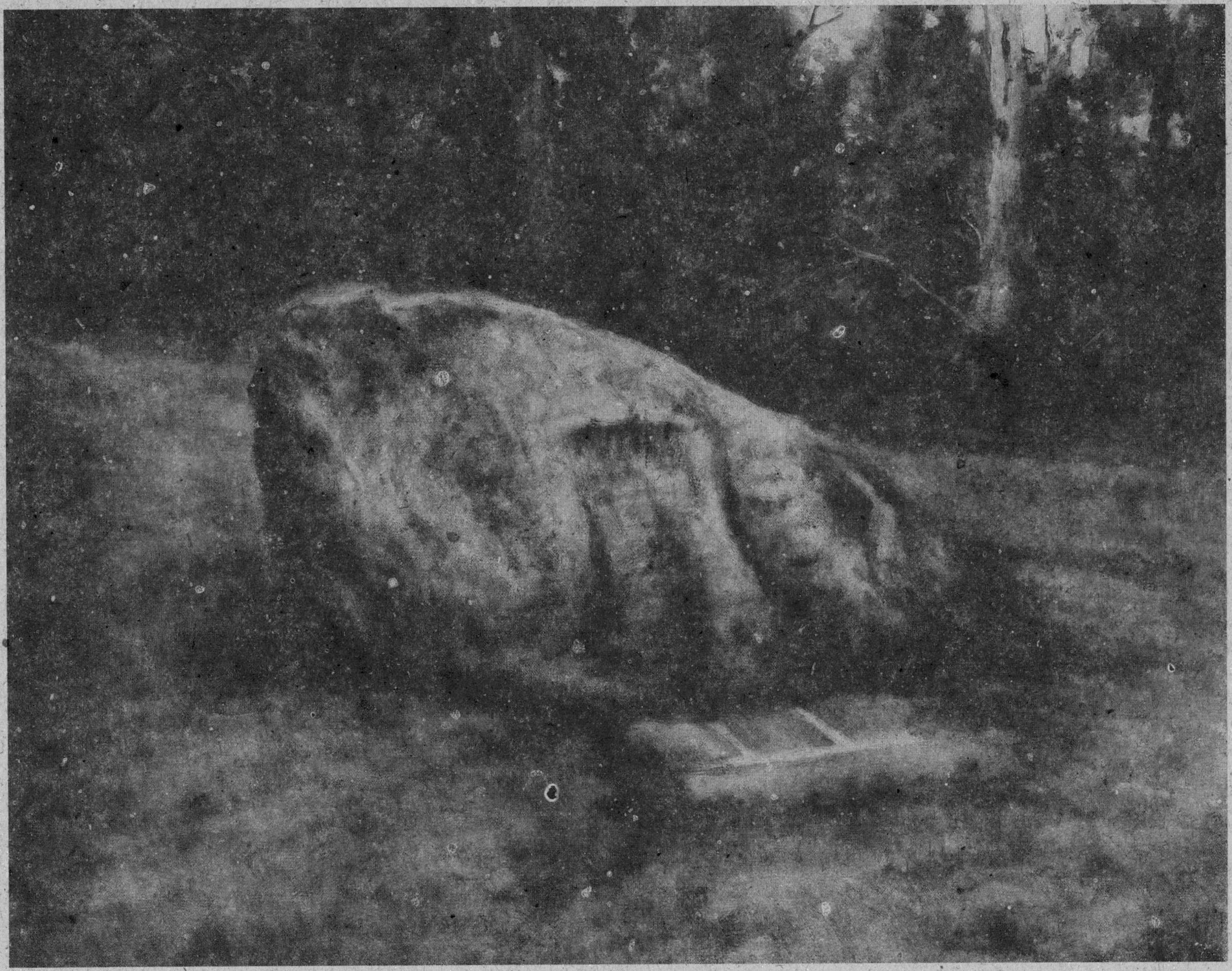

Tombe de JP au cimetière de Green River à East Hampton.

Alone, alone, all all alone;
Alone on the wide wide sea.

Seul, seul, entièrement seul
Seul aux vastes horizons de la mer.

Coleridge.

Silver is a madness of mankind.

Argent, folie des humains.

Pline.

Year after year in the snow, of his canvas, rolled out on the ground, intoxicated with the hair of the goddess.

too young to not be amazed of the meaning of his own words — never learning to become old and lonely or lean into the wind of winter —

his soul was a resentful sensitive shivery woman studying his own image in secret —

painting... so that self-knowledge could explode in his mind so that he might embody his soul's thought.

— looking for a vein of silver he felt her bone within him rattling his own bone.

— painting... then the smoke of war and the bones of men — painting... keeping one eye on time — painting... female energy turning light to matter / silversmith and musician of the soul.

too muscular too violent too tender too brave too earthy to flying.

even a world has its all embracing pathos.

blue poles — blue bones.
waiting for the sun to rise and the wall to turn red

année après année, dans la neige, de ses toiles, déroulées, au sol, envoûté par les cheveux de la déesse.

trop jeune pour n'être pas étonné du sens de ses propres mots — n'ayant jamais eu à apprendre à vieillir et à être seul ou à tenir le vent, l'hiver.

son âme — féminité rancunière, sensible et frileuse, scrutant sa propre image, en secret —

peindre... afin que la connaissance de soi explose dans son esprit, afin qu'il puisse y incorporer la propre pensée de son âme.

— à la recherche du filon d'argent, il sentait l'os de cette âme féminine qui ébranlait en lui ses propres os.

— peindre... à cette époque, la fumée de la guerre et le squelette des hommes—peindre... un oeil fixé sur le temps — peindre... énergie femelle qui transforme la lumière en matière / orfèvre et musicien de l'âme.

trop musclé trop violent trop tendre trop courageux trop terreux pour voler.

même le monde recèle un pathétique qui embrasse tout.

poteaux bleux — os bleus.
attendre que le soleil se lève et que le mur rougisse.

Sam Francis

List of Works / Elenco delle Opere / Liste des Œuvres

Paintings / Dipinti / Peintures

Cover / Copertina / Couverture
Jackson Pollock par Arnald Newman, c.1949. 2008 - oil on canvas / olio su tela / huile sur toile, 100 x100 cm
p. 12
Jackson Pollock par Michael Vaccaro. 2008 - oil on canvas / olio su tela / huile sur toile, 370 x 253 cm
p. 214
Les cinq enfants des LeRoy Pollock, c. 1914, de gauche à droite : Jay, Sanford, Charles, Paul Jackson, Frank. 2008 - oil on canvas / olio su tela / huile sur toile, 125 x 90 cm
La famille Pollock mangeant des pastèques à Chico, c. 1914, de gauche à droite : LeRoy, Frank, Charles, Jackson, Jay, Sanford, Stella. 2008 - oil on canvas / olio su tela / huile sur toile, 70 x 50 cm
p. 215
La famille Pollock à Chico en 1917, en haut à gauche : Charles Cecil, Stella, Marvin Jay, en bas : Sanford LeRoy, LeRoy, Frank Leslie et Paul Jackson. 2008 - oil on canvas / olio su tela / huile sur toile, 180 x 145 cm
A Phœnix en Arizona, JP et sa mère à l'extrême gauche, c. 1923. 2008 - oil on canvas / olio su tela / huile sur toile, 60 x 35 cm
p. 216
JP et Sanford dans le grand canyon en Arizona, en 1927. 2008 - oil on canvas / olio su tela / huile sur toile, 70 x 30 cm
Deux photos d'identité de JP, c. 1926. 2008 - diptych / dittico / diptyque, oil on canvas / olio su tela / huile sur toile, 73 x 56 cm each / ciascuno / chacun
p. 217
JP en garde forestier dans l'Arizona, été 1927. 2008 - oil on canvas / olio su tela / huile sur toile, 40 x 70 cm
JP en garde forestier dans l'Arizona, été 1927. 2008 - oil on canvas / olio su tela / huile sur toile, 30 x 40 cm
p. 219
JP, élève à la Manual Art School de Los Angeles, c. 1928. 2008 - oil on canvas / olio su tela / huile sur toile, 145 x 170 cm
p. 220
JP, c. 1929. 2008 - oil on canvas / olio su tela / huile sur toile, 140 x 180 cm
p. 221
JP, c. 1929. 2008 - polyptych / polittico / polyptyque, oil on canvas / olio su tela / huile sur toile, 140 x 180 cm each / ciascuno / chacun
p. 226
JP, Charles Pollock et Manuel Tolegian, New York, 1932-1933. 2008 - oil on canvas / olio su tela / huile sur toile, 120 x 80 cm
p. 227
JP à New York, c. 1932. 2008 - oil on canvas / olio su tela / huile sur toile, 60 x 100 cm
p. 231
JP à Martha's Vineyard, avec la famille Berton, été 1934. 2008 - oil on canvas / olio su tela / huile sur toile, 70 x 70 cm
p. 232
JP, Sanford et une personne non identifiée, c. 1935. 2008 - oil on canvas / olio su tela / huile sur toile, 80 x 50 cm
p. 234
Georges Cox, Siqueiros et JP à l'atelier expérimental, New York, 1936. 2008 - oil on canvas / olio su tela / huile sur toile, 50 x 30 cm
p. 241
JP et Lee Krasner à East Hampton, c. 1940. 2008 - oil on canvas / olio su tela / huile sur toile, 100 x 120 cm
p. 242
JP devant son « Mural », quelques années après sa réalisation. 2008 - oil on canvas / olio su tela / huile sur toile, 100 x 50 cm
p. 244
JP dans son atelier au 46 East, 8th Street, New York, 1943; derrière lui « The Guardians of the Secret » en cours d'exécution. 2008 - oil on canvas / olio su tela / huile sur toile, 70 x 40 cm
p. 255
La grange transformée en atelier, à Springs. 2008 - oil on canvas / olio su tela / huile sur toile, 93 x 73.5 cm
p. 256
Peggy Guggenheim et JP à l'Art of this Century, devant le « Mural », 1946. 2008 - oil on canvas / olio su tela / huile sur toile, 50 x 60 cm
p. 258
JP pendant l'été à Long Island. 2008 - oil on canvas / olio su tela / huile sur toile, 50 x 50 cm
JP pendant l'été à Long Island. 2008 - oil on canvas / olio su tela / huile sur toile, 50 x 50 cm
JP pendant l'été à Long Island. 2008 - oil on canvas / olio su tela / huile sur toile, 80 x 80 cm
p. 259
Sculptures de galets réalisées sur la plage de Montauk, Long Island. 2008 - oil on canvas / olio su tela / huile sur toile, 90 x 80 cm
p. 261
JP dans son atelier. 2008 - oil on canvas / olio su tela / huile sur toile, 70 x 50 cm
p. 262
Carton d'invitation pour l'exposition chez Betty Parson en 1948. 2008 - diptych / dittico / diptyque, oil on canvas / olio su tela / huile sur toile, 63.4 x 70 cm each / ognuno / chacun
Barnett Newman, J.P. et Tony Smith lors de l'exposition Newman chez Betty Parson, 1951. 2008 - oil on canvas / olio su tela / huile sur toile, 125 x 90 cm
p. 263
JP photographié par Herbert Matter. 2008 - oil on canvas / olio su tela / huile sur toile, 80 x 95 cm
p. 264
JP en 1949 photographié par le sculpteur Wilfred Zogbaum. 2008 - oil on canvas / olio su tela / huile sur toile, 70 x 65 cm
p. 265
Carton d'invitation pour l'exposition chez Betty Parson. 2008 - oil on canvas / olio su tela / huile sur toile, 148.5 x 65 cm
La famille Pollock à Springs, été 1949. 2008 - oil on canvas / olio su tela / huile sur toile, 100 x 70 cm
p. 266
Photographies du reportage de Life Magazine. 2008 - oil on canvas / olio su tela / huile sur toile, 60 x 80 cm
Photographies du reportage de Life Magazine. 2008 - oil on canvas / olio su tela / huile sur toile, 50 x 50 cm
p. 267
Photographies du reportage de Life Magazine. 2008 - oil on canvas / olio su tela / huile sur toile, 50 x 50 cm
Photographies du reportage de Life Magazine. 2008 - oil on canvas / olio su tela / huile sur toile, 50 x 50 cm
JP au travail © Arnold Newman. 2008 - oil on canvas / olio su tela / huile sur toile, 50 x 70 cm
JP au travail © Arnold Newmann. 2008 - oil on canvas / olio su tela / huile sur toile, 50 x 50 cm
p. 268
JP chez Daniel I. Miller, l'épicier de Long Island, alors possesseur de « Silver over Black, White, Yellow and Red », 1948. 2008 - oil on canvas / olio su tela / huile sur toile, 70 x 70 cm
p. 269
JP à Spring photographié par le sculpteur Wilfred Zogbaum. 2008 - oil on canvas / olio su tela / huile sur toile, 160 x 160 cm
JP à Spring photographié par le sculpteur Wilfred Zogbaum. 2008 - oil on canvas / olio su tela / huile sur toile, 70 x 70 cm
JP à Spring photographié par le sculpteur Wilfred Zogbaum. 2008 - oil on canvas / olio su tela / huile sur toile, 70 x 70 cm
p. 270
JP dans son exposition chez Betty Parson. 2008 - oil on canvas / olio su tela / huile sur toile, 30 x 45 cm
JP et Peter Blake devant la maquette du musée. 2008 - oil on canvas / olio su tela / huile sur toile, 80 x 40 cm
p. 271
« Rape of Europe » terre cuite peinte de JP, c. 1940, 15,2 cm de long, collection particulière. 2008 - oil on canvas / olio su tela / huile sur toile, 30 x 30 cm
JP réalisant des sculptures dans l'atelier de son voisin Lawrence Larkin, à East Hampton. 2008 - oil on canvas / olio su tela / huile sur toile, 80 x 50 cm
p. 272
JP dans son atelier en 1949. 2008 - diptych / dittico / diptyque, oil on canvas / olio su tela / huile sur toile, 50 x 50 cm each / ciascuno / chacun
p. 273
JP, Lee Krasner et leur chien, photographiés par Martha Holmes en 1949. 2008 - oil on canvas / olio su tela / huile sur toile, 155 x 150 cm
p. 274
JP et Lee Krasner dans l'atelier de Pollock à Long Island. 2008 - oil on canvas / olio su tela / huile sur toile, 70 x 100 cm
p. 275
JP et James Brooks à Springs, photographiés par hans Namuth. 2008 - oil on canvas / olio su tela / huile sur toile, 60 x 50 cm
JP et Lee Krasner et son frère à Springs. 2008 - oil on canvas / olio su tela / huile sur toile, 50 x 70 cm
p. 276
« Les Irascibles » : de gauche à droite à l'arrière-plan : De Kooning, Tomlin, Newman, Pollock, Brooks ; au centre à partir de la gauche : Jimmy Ernest, Motherwell, Gottlieb, Sterne, Stamos ; au premier plan : Still, Baziotes, Poussette-Dart, Rothko, Reinhardt. 2008 - oil on canvas / olio su tela / huile sur toile, 65 x 60 cm
p. 277
Réunis au Museum of Modern Art de New York, autour de l'équipe du musée, les artistes sélectionnés pour la Biennale de Venise. De gauche à droite : Edward Steichen, René d'Harnoncourt, John Marin, Andrew Carnduff Richtie, Lee Gatch, Alfred M. Frankfurter, Willem De Kooning et Jackson Pollock. 2008 - oil on canvas / olio su tela / huile sur toile, 210 x 130 cm
p. 279
JP à l'exposition chez Betty Parson. 2008 - oil on canvas / olio su tela / huile sur toile, 70 x 50 cm
Deux modèles photographiés par Cecil Beaton chez Betty Parson pour le magazine Vogue. 2008 - oil on canvas / olio su tela / huile sur toile, left / sinistra / gauche 70 x 70 cm, right / destra / droite 65 x 70 cm
p. 280
Hiver- A la fin de l'année, Namuth persuade JP de se laisser filmer en train de peindre deux peintures dont une sur verre (Numr 29). 2008 - oil on canvas / olio su tela / huile sur toile, 150 x 150 cm
p. 281
Hiver- A la fin de l'année, Namuth persuade JP de se laisser filmer en train de peindre deux peintures dont une sur verre (Numr 29). 2008 - oil on canvas / olio su tela / huile sur toile, 150 x 50 cm
p. 282
Hiver- A la fin de l'année, Namuth persuade JP de se laisser filmer en train de peindre deux peintures dont une sur verre (Numr 29). 2008 - oil on canvas / olio su tela / huile sur toile, 150 x 50 cm
p. 283
Hiver- A la fin de l'année, Namuth persuade JP de se laisser filmer en train de peindre deux peintures dont une sur verre (Numr 29). 2008 - oil on canvas / olio su tela / huile sur toile, 150 x 150 cm
p. 285
JP à Spring, photographié par Hans Namuth. 2008 - oil on canvas / olio su tela / huile sur toile, 130 x 130 cm
p. 297
Couverture du catalogue de l'exposition au Studio Paul Bacchetti en 1952. 2008 - oil on canvas / olio su tela / huile sur toile, 50 x 60 cm
p. 298
Alechinsky et Wallace Ting au vernissage de l'exposition du Museum of Modern Art, New York 1967. 2008 - oil on canvas / olio su tela / huile sur toile, 50 x 75 cm
p. 299
Photos extraites du film de Hans Namuth. 2008 - oil on canvas / olio su tela / huile sur toile, 25 x 80 cm
p. 300
Vue de l'exposition chez Sidney Janis en mars 1952. Dans la salle du fond « convergente ». 2008 - oil on canvas / olio su tela / huile sur toile, 100 x 70 cm
p. 301
JP filmé pendant l'exposition au Bennington College devant une de ses toiles : « The Key », 1946. 2008 - oil on canvas / olio

su tela / huile sur toile, 75 x 60 cm
Exposition au Bennington College ; de gauche à droite : « The key », 1946; « Echo : Number 25 », 1951 ; « Pasiphaë », 1943. 2008 - oil on canvas / olio su tela / huile sur toile, 40 x 35 cm
Notice sur JP publiée dans Premier bilan de l' art actuel. 2008 - oil on canvas / olio su tela / huile sur toile, 80 x 35 cm

p. 303
Vue de l'exposition chez Sidney Janis en 1954. 2008 - oil on canvas / olio su tela / huile sur toile, 100 x 60 cm

p. 304
Vue de l'exposition chez Sidney Janis en 1954. 2008 - oil on canvas / olio su tela / huile sur toile, 210 x 150 cm

p. 305
JP, c. 1955. 2008 - oil on canvas / olio su tela / huile sur toile, 50 x 70 cm

p. 306
JP et Lee Krasner, c. 1955. 2008 - oil on canvas / olio su tela / huile sur toile, 250 x 200 cm

p. 307
Vue de l'exposition chez Sidney Janis, 1955. 2008 - oil on canvas / olio su tela / huile sur toile, 60 x 50 cm
Vue de l'exposition chez Sidney Janis, 1955. 2008 - oil on canvas / olio su tela / huile sur toile, 50 x 45 cm

p. 308
JP et Lee Krasner, 1955-1956. 2008 - oil on canvas / olio su tela / huile sur toile, 70 x 100 cm

p. 309
Tombe de JP au cimetière de Green River à East Hampton. 2008 - oil on canvas / olio su tela / huile sur toile, 60 x 50 cm

p. 310
p. 310. 2008 - oil and water enamel paint on canvas / olio e smalto ad acqua su tela / huile et laque à l'eau sur toile, 150 x 150 cm

Documents / Carte / Documents

p. 222
Lettre à Charles Pollock, 10 juin 1931. 2008 - printed paper on canvas, computer alterations / stampa su carta incollata su tela e ritoccata al computer / jet d'encre sur papier marouflé sur toile, retouches informatiques, 72.4 x 44.8 cm

p. 225
Manuscrit de JP. 2008 - printed paper on canvas, computer alterations / stampa su carta incollata su tela e ritoccata al computer / jet d'encre sur papier marouflé sur toile, retouches informatiques, 71 x 27 cm

p. 232
Bol en céramique exécuté par JP et couverture du catalogue de l'exposition "American and Foreign Artists", Brooklyn Museum. 2008 - printed paper on canvas, computer alterations / stampa su carta incollata su tela e ritoccata al computer / jet d'encre sur papier marouflé sur toile, retouches informatiques, 35 x 70 cm

p. 236
JP. sans titre, cuivre repoussé. 1938. 2008 - printed paper on canvas, computer alterations / stampa su carta incollata su tela e ritoccata al computer / jet d'encre sur papier marouflé sur toile, retouches informatiques, 55.8 x 62.3 cm

p. 237
Dessin psycho analytique, 1939-1940, Zabriskie Gallery, New York. 2008 - printed paper on canvas, computer alterations / stampa su carta incollata su tela e ritoccata al computer / jet d'encre sur papier marouflé sur toile, retouches informatiques, 38 x 50 cm

p. 238
Lettre à Charles Pollock, été 1940. 2008 - printed paper on canvas, computer alterations / stampa su carta incollata su tela e ritoccata al computer / jet d'encre sur papier marouflé sur toile, retouches informatiques, 53 x 67 cm

p. 240
Catalogue de l'exposition "American and French painting", organisée par John Graham. 2008 - printed paper on canvas, computer alterations / stampa su carta incollata su tela e ritoccata al computer / jet d'encre sur papier marouflé sur toile, retouches informatiques, 46.3 x 75.7 cm

p. 241
Couverture du catalogue de l'exposition "Artists for Victory". 2008 - printed paper on canvas, computer alterations / stampa su carta incollata su tela e ritoccata al computer / jet d'encre sur papier marouflé sur toile, retouches informatiques, 45.7 x 64.5 cm

p. 246
Lettre à sa mère, 4 février 1944. 2008 - printed paper on canvas, computer alterations / stampa su carta incollata su tela e ritoccata al computer / jet d'encre sur papier marouflé sur toile, retouches informatique, 54.5 x 55 cm

p. 249
Catalogue de l'exposition collective à l'Art of This Century, où fut présentée pour la première fois "Pasiphae". 2008 - printed paper on canvas, computer alterations / stampa su carta incollata su tela e ritoccata al computer / jet d'encre sur papier marouflé sur toile, retouches informatiques, 51.8 x 65 cm

p. 251
Lettre à sa mère, Loie et Sanford, 25 août 1944. 2008 - printed paper on canvas, computer alterations / stampa su carta incollata su tela e ritoccata al computer / jet d'encre sur papier marouflé sur toile, retouches informatiques, 59 x 77 cm

p. 253
Lettre de Peggy Guggenheim à William Eisendrath à propos de la préparation de l'exposition à l'Arts Club de Chicago. 2008 - printed paper on canvas, computer alterations / stampa su carta incollata su tela e ritoccata al computer / jet d'encre sur papier marouflé sur toile, retouches informatiques, 51.5 x 68.5 cm
Carton d'invitation pour l'exposition à l'Arts Club de Chicago. 2008 - printed paper on canvas, computer alterations / stampa su carta incollata su tela e ritoccata al computer / jet d'encre sur papier marouflé sur toile, retouches informatiques, 50.5 x 65.5 cm
Catalogue de l'exposition à l'Art of This Century. 2008 - printed paper on canvas, computer alterations / stampa su carta incollata su tela e ritoccata al computer / jet d'encre sur papier marouflé sur toile, retouches informatiques, 22.5 x 75.5 cm

p. 254
Certificat de mariage de JP et Lee Krasner. 2008 - printed paper on canvas, hand alterations / stampa su carta incollata su tela e ritoccata a mano / jet d'encre sur papier marouflé sur toile, retouches à la main, 59.5 x 78.5 cm

p. 255
Couverture du livre de souvenirs de Peggy Guggenheim, Out of this Century, 1946. 2008 - printed paper on canvas, computer alterations / stampa su carta incollata su tela e ritoccata al computer / jet d'encre sur papier marouflé sur toile, retouches informatiques, 60 x 39.5 cm

p. 257
Contrat entre Peggy Guggenheim et Betty Parson, 12 mai 1947. 2008 - printed paper on canvas, computer alterations / stampa su carta incollata su tela e ritoccata al computer / jet d'encre sur papier marouflé sur toile, retouches informatiques, 47.5 x 64.5 cm

p. 268
Lettre de JP à Betty Parson. 2008 - paper on canvas / carta su tela / papier sur toile, 48 x 67.5 cm

p. 270
Dépliant pour l'exposition de JP chez Betty Parson. 2008 - printed paper on canvas, computer alterations / stampa su carta incollata su tela e ritoccata al computer / jet d'encre sur papier marouflé sur toile, retouches informatiques, 19.5 x 73.5 cm

p. 287
Catalogue de « Véhémences confrontées » - diagramme établi par Georges Mathieu. 2008 - printed paper on canvas, computer alterations / stampa su carta incollata su tela e ritoccata al computer / jet d'encre sur papier marouflé sur toile, retouches informatiques, 52.5 x 63 cm

p. 288
Catalogue de « Véhémences confrontées ». 2008 - printed paper on canvas, computer alterations / stampa su carta incollata su tela e ritoccata al computer / jet d'encre sur papier marouflé sur toile, retouches informatiques, 58.5 x 69 cm

p. 289
Couverture de la revue Art d'Aujourd'hui. 2008 - printed paper on canvas, computer alterations / stampa su carta incollata su tela e ritoccata al computer / jet d'encre sur papier marouflé sur toile, retouches informatiques, 52.5 x 65.5 cm

p. 292
Catalogue de l'exposition à l'Arts Club de Chicago. 2008 - printed paper on canvas, computer alterations / stampa su carta incollata su tela e ritoccata al computer / jet d'encre sur papier marouflé sur toile, retouches informatiques, 42 x 63.5 cm
Lettre de JP à propos de son exposition à l'Arts Club de Chicago. 2008 - printed paper on canvas, computer alterations / stampa su carta incollata su tela e ritoccata al computer / jet d'encre sur papier marouflé sur toile, retouches informatiques, 53.5 x 65 cm
Lettre de JP à propos de son exposition à l'Arts Club de Chicago. 2008 - printed paper on canvas, computer alterations / stampa su carta incollata su tela e ritoccata al computer / jet d'encre sur papier marouflé sur toile, retouches informatiques, 53.5 x 50 cm

p. 293
Première page du catalogue de l'exposition chez Betty Parsons en 1951. 2008 - printed paper on canvas, computer alterations / stampa su carta incollata su tela e ritoccata al computer / jet d'encre sur papier marouflé sur toile, retouches informatiques, 59 x 75 cm
Dépliant édité par la galerie Betty Parson à l'occasion de l'exposition de 1951. 2008 - printed paper on canvas, computer alterations / stampa su carta incollata su tela e ritoccata al computer / jet d'encre sur papier marouflé sur toile, retouches informatiques, 73 x 31 cm

pp. 294–295
Le livre d'or de l'exposition JP au studio Paul Facchetti. Parmi les visiteurs on note les noms de Tristan Tzara, Estelle Rewald, Suzanne de Coninck, Edward Dragon, Enrico Donati, Sam Francis, Philippe Jullian, Roger Van Gindertael, Zao Wou ki, Michel Ragon, R.E. Gilet, Michel Tapié de Céleyran, Henry Galy-Carles, Nejad, Camille Bryen, Madeleine Rousseau, Roberta Gonzales, Eduardo Jonquières, Pierre Soulages, René Bertelé, Edouard Jaguer, Guy Weelen, Jacques Doucet, Gianni Bertini, Darthea Speyer, Simone Collinet, Bernard Quentin, Igor Troubetskoy, Aline Gagnaire, Noël Arnaud, Albert Plécy, Pierre Bruguière, Annette Michelson, Tal-Coat, Vladimir Lopuszniak, Lutk-Pink, Hosiasson, Guy Marester, Arpad Szenes, Gabrielle Buffet Picabia, François Stahly, Serge Charchoune, John Franklin Kœnig, Marcel Jean, Jean-José Marchand, Jean Bertholle, Jean Cathelain, Roger Augustinci, Jean Degottex, René Drouin, Michel Seuphor, Miró, Henri Goetz, Karel Appel, Zadkine, François Le Lyonnais, Marie Cottoli, Arnal, Claire Falkenstein, Jean Grenier, Arden Quin, Jacques Damase, Gérard Vulliamy, Philippe Martin, Jacques Pichette, Herta Wescher, Armando della Vittoria. 2008 - printed paper on canvas, computer alterations / stampa su carta incollata su tela e ritoccata al computer / jet d'encre sur papier marouflé sur toile, retouches informatiques, 52.5 x 64 cm, 23 x 64 cm, 23 x 64 cm

p. 297
Première page du catalogue de l'exposition à la galerie Betty Parson, corrigée par Alfonso Ossorio pour servir d'introduction au catalogue du Studio Facchetti. 2008 - printed paper on canvas, computer alterations / stampa su carta incollata su tela e ritoccata al computer / jet d'encre sur papier marouflé sur toile, retouches informatiques, 51.5 x 64.5 cm

p. 300
Catalogue de l'exposition chez Sidney Janis en novembre 1952. 2008 - printed paper on canvas, computer alterations / stampa su carta incollata su tela e ritoccata al computer / jet d'encre sur papier marouflé sur toile, retouches informatiques, 26 x 77.5 cm

p. 302
Affiche pour l'exposition chez Sidney Janis en 1954. 2008 - printed paper on canvas, computer alterations / stampa su carta incollata su tela e ritoccata al computer / jet d'encre sur papier marouflé sur toile, retouches informatiques, 33.5 x 67.5 cm

p. 307
Catalogue de l'exposition chez Sidney Janis. 2008 - printed paper on canvas, computer alterations / stampa su carta incollata su tela e ritoccata al computer / jet d'encre sur papier marouflé sur toile, retouches informatiques, 46 x 68 cm

Gabriele Di Matteo

Jackson Pollock

Gabriele Di Matteo. Pollock

Giorgio Verzotti

The curators of the Jackson Pollock exhibition held in New York at the MoMA in 1999 tried something unexpected: they literally dissected the photographs of Hans Namuth showing the drippings to reveal not only enlarged details, but also to reconstruct the timing of the creative process, the various phases of the construction of a painting. The motivation behind this philological attention was surprising: the aim was to demonstrate that in the dripping the non-intentional nature of the gesture is just an illusion, that the tangled line is actually a "potential contour" for forms that lean toward figuration, especially the human figure, glimpsed in the vertical bands with which Pollock usually began the painting process. According to the curators, in fact, Pollock was a great draftsman, and his painting is the ultimate, most extreme expression of a tradition solidly rooted in the Renaissance. And it would appear that Kirk Varnedoe and Pepe Karmel have gone even further.

Rosalind Krauss remarks: "The emphasis on drawing . . . as the very tool of intentionality is underscored in the exhibition by the curious presentation of a group of failed attempts, on the part of the curators, to imitate Pollock's line . . ."[1] In short, the two curators tried to "remake" Pollock, trying their hand at dripping to demonstrate, in their view, that the gratuitous act of letting paint fall on canvas can be imitated with the same attitude, and the same results, of those who imitated the great models of the past in academic painting. To repeat what, by definition, is taken as an unrepeatable action means overthrowing the usual criteria of evaluation regarding Pollock, as well as others, abolishing the value of non-intentionality.

This is a daring position that deserves some attention, in spite of the absurdity of its assumptions. It can be understood only in the light of an ideological position that tends to diminish the value of the avant-garde as such.

In the end, this is a filler operation: it reflects a need to fill the gesture with meaning, to keep it from floating in the void of non-intentionality. An intentional gesture is less alarming, because it calls for alert, active awareness: so when Pollock painted, on a canvas lying on the floor, as we can observe in the film and the photographs by Hans Namuth, he would have been in a state of great self-awareness. No abandon, no release of unconscious impulses, but an almost continuous control over the process, aimed at fulfilling a project already plotted out in the mind of the artist. No overlooked act, and above all nothing automatic. Automatism in art alienates the subject and its pathos, while here the attempt is to restore the subject to its central, Cartesian or at least neo-Platonic, position: the drawing, in fact, comes before the painting, preparing for it.

The fact that certain curators of exhibitions transform themselves into painters in order to interpret a painter, in spite of their low level of technical expertise in the medium, is rather amazing but also interesting: it is impossible not to think of them when we look at the recent cycle of paintings by Gabriele Di Matteo, an artist, whose approach to Pollock is no less bizarre or intriguing. These are two strategies of reinterpretation of the art of the recent past, the first canonical and therefore implemented with heretical procedures, the second legitimate, on an artistic level, but not so penetrating on the level of history.

What is at stake is not a normalization in ideological terms, but a comparison between different universes of meaning, which are all, however, related to the realm of painting and to the ontological status of images in contemporary Western culture.

Di Matteo has been working in this direction for some time now, also involving other operators in his projects that are organized in thematic cycles and based on rather complex connections between different practices.

In his investigation, since the start of his career in the early 1980s, of the cognitive potential of the images found in our habitat, the artist has approached painting (which at the start was not his specific medium) as a device for revealing the functioning of images themselves.

Painting, in short, is used as a test, in an analytical and deconstructive process on the signifying power of iconic signs, to put it in very general terms. To which we can add, as I have already written elsewhere, that Di Matteo wants to investigate the role of painting in the era of the triumph of technological media, which continue to play a decisive role, also in the constitution of contemporary artistic languages. Di Matteo has never wanted to "depict." If anything, he wants to come to grips with the pictorial image seen, so to speak, as a category. The painted image must be defined on a level we might call ontological, and this can happen through comparison with that which, with respect to painting, represents something other than itself, the icons conveyed by printed matter or, in any case, thanks to mechanical or digital media-tion that determines their reproducible nature. Furthermore, the artist tests the expressive potential of the painted image, probing its intrinsic capacity to build a narrative structure.

The strategy of discourse with which to implement this comparison might also be called a rhetoric of duplication. All of Di Matteo's images are copies, often of lost originals, duplicates that are frequently displayed as such, as diptychs of identical figures or figures with only minor differences, or series of equal figures that take on environmental proportions due to the large size of each element. Doubling as a discursive strategy implies that the work is done by starting with practices of comparison between opposites: high/elite culture compared to low, popular culture, handicraft compared to mechanical processes. This latter watershed is the one explored, above all, by the artist, by making large figurative paintings that are simply copies, and gigantic ones at that, of existing printed images. Significantly, Di Matteo has not yet appropriated the icons propagated by the web. No imagery from the Internet has appeared, as yet, in his work, and his appropriations from the iconosphere are not limited to pictorial images constructed with the same approach as photographs, as many young and not-so-young artists have been doing for years now. The counterpart he has chosen for his probing is the universe of printed matter and its modes of reproduction, which are then imitated or parodied, perhaps, in the painted copy. The photographic-pictorial diptychs he made years ago, and all the other works based on the double or the series, the painting displayed with its technical reproduction, or the photograph beside its handmade copy, do not, however, point to a potentially infinite process of multiplication. Instead, they allude to a progressive extinction of the image. The mechanical duplication alters the colors, and we might presume that if it were repeated it would lead, in the end, to the deterioration or even the erasure of the image itself. The painted copy, no matter how accurate, will always contain differences, flaws, the randomness of the hand, meaning that every resemblance is also a difference. In short, what is lost is the inferiority of the copy with respect to the original. The former takes on value due to its distinctive traits, as if it were the original, as a result of the absence of a by-now disrupted hierarchy of values. We might say that the test of the cognitive potential of images sails toward the shores of negation: in this true/false dialectic that wavers without finding a conclusion, what is tested is the radical futility of a discourse that attempts to "describe" the real. Painting turns out to be neither truer nor more evocative than the image obtained through mechanical reproduction, and the latter is not necessarily more technically precise, more definite, more affirmative than its handmade double.

Let's get back to Pollock, because Gabriele Di Matteo has decided to make him the focus of a new cycle of paintings, starting with a bibliographic relic, as is nearly always the case in his work. The relic, justifiably indicated as such because of its extreme rarity, is the catalogue of the retrospective on Pollock held at the so Centre Pompidou in Paris in 1982. The volume was famous for its brown packing paper pages, except for the part illustrating the works in color. One section is set aside for biographical notes, with comments and illustrations by the artist. This section, entitled "Une vie, éléments et documents," becomes the focus of Di Matteo's operation. All the illustrations have been subjected to a process of duplication: the photographs, all in black and white, showing Pollock in different moments of his life, from childhood to the tomb, documenting his activity as a painter and a protagonist of the American artistic culture of his time, have been copied as paintings, nearly always corresponding to the proportions of the images as they appear in the publication, but enlarged. The images that show letters, typewritten pages, invitations, and other things have been rephotographed and enlarged. This material forms the exhibition Di Matteo devotes to Pollock, an invasion of the walls of the artspace, which will be almost entirely covered by these pictorial enlargements. Pollock in his youth, shown with friends and colleagues, in official and informal garb, at work; Pollock seen in his everyday existence, together with his wife, Lee Krasner. Everything returns, transformed into painting that, obviously, remakes the photography without being able to eliminate the imprecisions of the imitative process, the randomness of the hand, the inevitable differences. The paintings have been made by the artist himself or by a helper, a craftsman, we might say, because the comparison attempted here is precisely this, between craft and art, by first focusing on the comparison between documentation and (re)creation.

First of all, photography repeated in painting reverses the relationship common sense would tend to see between them, because painting, the "one-of-a-kind," is usually reproduced by photography, the art of multiplicity. Second, painting that imitates photography lowers its own level. From the very place of pure, unconditioned creativity, especially in the modern tradition, it becomes a vicarious discipline, a practice of copyists, a pure imitative technique. These two lowerings of tone, so to speak, bring one of the pertinent characteristics of Pollock, or one of the characteristics that made him great, to the fore: the lowering of the act of painting, also seen in romantic terms: the lowering of the canvas to the ground (Krauss has written some memorable things on this aspect, to which I refer readers without delving further into the matter here), the lowering of practice from pure creation to abandonment to the whims of the unconscious and the automatic, and above the lowering of the degree of heroic pathos with which the tradition of painting was usually charged. Di Matteo, in other terms, brings out and underscores precisely those characteristics of Pollock that the curators of the exhibition at the MoMA wanted to deny or at least shove into the background. To my mind, this is already a fine act of redemption.

To clarify things: Pollock is also great because he "democratizes" art, taking it down off the pedestal of specialization, or away from the myth of the artist as mad genius. Di Matteo explores this area, also revealing a clash between high and low cultures, in the sense that he updates purely imitative painting, the kind done by folk artists, the craftsmen who specialize in different purely decorative genres. The low-level skill, this material practice, without pathos, repetitive, far from any heroic stance, is applied here to bring the gestures and story of Jackson Pollock back to life, of that most radical champion of an unavoidably elitist avant-garde. With a rather similar intent, Di Matteo has also made paintings, also copied from the illustrations of a book, of the everyday life of Marcel Duchamp, seen as he buys the bottle rack or looks at the damaged *Large Glass*. The avant-garde, in short, has value if it is immersed in the everyday dimension, responding to the challenge posed by pop cultures, by "lowered" forms of knowledge.

In any case, the operation we are examining here is not limited to this. If we take a good look at the paintings in the exhibition, we realize that every thing, every detail from the printed photographs seems to return, with minimal modifications, except for one: Pollock's painting. So the views of the exhibitions, the rooms or halls of spaces that hosted his famous drippings and other works, contain only white rectangles or squares: Pollock himself poses in front of or beside long, pristine, or to put it more precisely, erased, censored surfaces. It is as if, in the battle between crafted painting and great creative painting, the former had won, for once, utilizing its capacity for repetition to cancel the founding acts of modernism. The hand of the artist-artisan has copied everything except the tangles, the stains, the poured paints of Pollock. Let's put it another way: that which by nature evades copying itself, which by definition is unique and unrepeatable, has not been copied: the unconditioned, unpredictable gesture, and as a result also the signs it leaves behind of its passage. Why this evidence of respect on the part of the artist-copyist?

It is a way of making emptiness: instead of the *horror vacui* of the MoMA curators, who wanted the fullness of the reasoning subject at all costs, Di Matteo proposes an attraction to the void, emphasizing the pushing to the margins of the subject from the "center" by depicting the disappearance of its phenomenology, its distinctive features, its identity, leaving no residual signs. The catalogue of this exhibition, an artist's book in which this text appears, takes a similar path: again, it imitates the size and thickness of the paper of the Parisian catalogue, but with a large number of empty pages, including only the same repainted images in place of the photographs in the biographical section, the only survivor, published again.

At the height of this practice of short-circuited reproduction that moves in the opposite direction with respect to common sense, yet nevertheless thematically addresses the nature of the images with which we live and, therefore, the human condition, Di Matteo warns us: there can be something that will not allow itself to be reproduced, that resists the regime of the infinite replica, or we might say the precession of the simulacra, though it is no longer fashionable today to say so. This something is not the fullness of meaning, nor is it the full self-awareness of the subject; it is not Descartes nor neo-Platonism with its supremacy of the idea. Instead, what remains and resists is the abandon to unconscious drives, to mechanical action, to the contact of the subject with its own biological rhythm that becomes creative rhythm, to the body as a "desiring machine," pure creativity without *arche* and without *telos*. Pure life, we might say, or nude humanity, as in the title of a vast work by Di Matteo. That which resists the game of simulation and permits the multiplicity of meanings, whether high or low, is simply the human factor, then. This is precisely what Di Matteo, replica upon replica, theme after theme, simply celebrates.

1. Rosalind E. Krauss, "The Crisis of the Easel Picture," in Pepe Karmel and Kirk Varnedoe (eds.), *Jackson Pollock: New Approaches*. New York: The Museum of Modern Art, 1999.

Gabriele Di Matteo. Pollock

Giorgio Verzotti

I curatori della mostra di Jackson Pollock aperta a New York, al MoMA, nel 1999 hanno tentato una cosa inaspettata: hanno letteralmente sezionato le fotografie di Hans Namuth che riproducono i *dripping* per farci vedere non solo i particolari, ingranditi, ma anche per ricostruire il tempo del processo creativo, le varie fasi della costruzione del quadro. Sorprendente la motivazione di tanta attenzione filologica: l'intento era di dimostrare che nel *dripping* la non intenzionalità del gesto è solo apparente, e che la linea aggrovigliata in realtà è un "potenziale contorno" per forme che tendono alla figurazione, e alla figura umana specialmente nei fasci verticali con cui Pollock usava iniziare il processo pittorico. Secondo quei curatori infatti Pollock era un grande disegnatore, la sua pittura l'ultima e più estrema espressione della tradizione che tiene ben salde le sue radici nel Rinascimento. E pare che Kirk Varnedoe e Pepe Karmel abbiamo fatto anche di più.

Scrive in proposito Rosalind Krauss: "L'enfasi per il disegno [...] come strumento stesso di intenzionalità è sottolineata in mostra dalla curiosa presentazione di un gruppo di tentativi falliti da parte dei curatori di imitare la linea di Pollock..."[1]. Insomma i due curatori hanno voluto "rifare" Pollock rifacendo loro stessi dei *dripping*, a dimostrare, secondo la loro visione, che l'atto gratuito di far cadere il colore sulla tela può essere imitato con lo stesso atteggiamento e gli stessi risultati di verosimiglianza di chi imitava in Accademia i grandi modelli del passato. Rifare ciò che per definizione si dà come azione irripetibile significa rovesciare gli usuali criteri di giudizio rispetto a Pollock, e non solo, abolendo appunto la non-intenzionalità come valore.

Una posizione molto ardita che merita un po' di attenzione nonostante l'assurdità dell'assunto, comprensibile solo alla luce di una posizione ideologica che tende a sottrarre valore all'avanguardia in quanto tale.

Si tratta in fondo di un'operazione di riempimento: bisogna riempire il gesto di significato, non lasciarlo fluttuare nel vuoto della non-intenzionalità. Un gesto intenzionale è meno allarmante perché presuppone una coscienza allertata e agente: quando Pollock dipingeva, la tela a terra, come lo vediamo fare nel film e nelle foto di Hans Namuth, egli era molto presente a se stesso. Nessun abbandono, nessuna emergenza della pulsione inconscia, ma un quasi continuo controllo sul processo, finalizzato alla realizzazione di un progetto che preesiste nella mente dell'artista. Nessun atto mancato e soprattutto nessun atto automatico. L'automatismo in arte emargina il soggetto e il suo pathos, qui invece lo si vuole rimettere nella sua posizione centrale, cartesiana, o almeno neoplatonica: il disegno infatti viene prima del dipinto, lo prepara.

Che alcuni curatori di mostra si trasformino in pittori, sia pure coniugati al livello minimo di sapienza tecnica riguardo al mezzo, per meglio interpretare un pittore stupisce un po', però ci interessa: impossibile non pensare a loro quando pensiamo al recente ciclo pittorico di Gabriele Di Matteo, artista, il cui approccio a Pollock non è meno bizzarro e meno interessante. Si tratta di due strategie di rilettura dell'arte del recente passato, il primo canonico e però realizzato con procedure eretiche, il secondo legittimo sul piano artistico ma non probante su quello della storia.

Qui non si tratta di tentare una normalizzazione in senso ideologico, si tratta di porre un confronto fra diversi universi di senso, tutti però attinenti al sistema della pittura e allo statuto ontologico delle immagini nella cultura contemporanea occidentale.

Di Matteo lavora da tempo in questa direzione, coinvolgendo anche altri operatori nei suoi progetti che si articolano per cicli tematici e si basano su rimandi piuttosto complessi fra pratiche diverse.

Interrogandosi, fin dall'origine del suo lavoro nei primi anni Ottanta, sul potenziale conoscitivo delle immagini che connotano il nostro habitat, l'artista ha incontrato la pittura (che all'inizio non era il suo specifico) come dispositivo di svelamento del funzionamento delle immagini stesse.

La pittura serve insomma come verifica in un processo analitico e decostruttivo relativo al potere significante dei segni iconici. Questo detto molto in generale. A ciò possiamo aggiungere, come ho gia scritto altrove, che Di Matteo intende rimettere in questione il ruolo della pittura nell'epoca del trionfo dei media tecnologici, che a tutt'oggi hanno un ruolo decisivo anche nella costituzione dei linguaggi artistici contemporanei. Di Matteo non ha mai voluto "dipingere", se mai confrontarsi con l'immagine pittorica intesa per così dire come categoria. L'immagine dipinta deve essere definita su un piano che diremmo ontologico, e questo può avvenire attraverso un confronto con ciò che rispetto ad essa rappresenta l'altro da sé, con le icone veicolate a mezzo stampa o comunque grazie a una mediazione meccanica o digitale che ne decreti la natura riproducibile. Oltre a ciò, l'artista pone l'immagine pittorica alla prova del suo potenziale espressivo saggiandone la capacità intrinseca di costruire una struttura narrativa.

La strategia discorsiva per attuare il confronto di cui sopra è quella che potremmo definire anche come retorica della duplicazione. Tutte le immagini di Di Matteo sono copie, di cui gli originali spesso si sono persi, sono duplicazioni spesso esibite come tali, come dittici di figure identiche o recanti differenze minime, e sono anche serie di figure uguali, che conquistano le dimensioni ambientali date le grandi dimensioni di ogni elemento. Lo sdoppiamento come strategia discorsiva implica che la pratica di lavoro si effettui a partire da pratiche di messa a confronto fra poli opposti: le culture alte ed elitarie assimilate alle culture basse e popolari, la manualità confrontata con la meccanicità. È soprattutto su quest'ultimo crinale che l'artista si è impegnato, cioè nel realizzare grandi pitture figurative che altro non sono se non copie, ingigantite per di più, di preesistenti immagini a stampa. Significativamente Di Matteo non si è ancora impossessato delle icone emesse dalla rete, nessuna immagine tratta da Internet per mezzo del computer si è ancora affacciata nel suo lavoro, tanto meno i suoi prelievi dall'iconosfera si sono limitati a proporre immagini pittoriche costruite con gli stessi tagli delle fotografie, come sta facendo una pletora di giovani e meno giovani artisti ormai da molti anni. Il contraltare scelto per le sue verifiche è l'universo della stampa e le sue modalità di riproduzione, che dunque vengono mimate o forse parodiate nella copia in pittura. I dittici fotografico-pittorici che anni fa aveva realizzato, e tutte le altre opere basate sul doppio o sulla serie, la pittura esposta con la sua riproduzione tecnica, o la fotografia accanto alla sua copia manuale, non prefigurano però un processo, potenzialmente infinito, di moltiplicazione, ma alludono piuttosto a una progressiva messa a morte dell'immagine. La duplicazione meccanica falsa i colori, e si può presumere che se fosse reiterata porterebbe alla fine al deterioramento e forse alla scomparsa dell'immagine stessa; la copia dipinta, per quanto fedele, recherà sempre le differenze, le imprecisioni, le aleatorietà della mano, così da fare di ogni simile un differente. Si perde insomma la sudditanza della copia nei confronti dell'originale, la prima assumendo valore per i suoi tratti distintivi come fosse essa stessa un originale, nell'assenza di una gerarchia di valori ormai dissestata. Diciamo che la verifica compiuta sul potenziale conoscitivo delle immagini veleggia verso le sponde della negazione: in questa dialettica vero/falso che gira a vuoto, ciò che viene verificato è la radicale ineffettualità di ogni discorso che intenda "descrivere" il reale. La pittura non si mostra né più veritiera né più evocativa dell'immagine ottenuta per meccanica riproduzione, quest'ultima non è di necessità più tecnicamente precisa, più definita, più asseverativa del suo doppio realizzato manualmente.

Torniamo adesso a Pollock, perché al grande americano Gabriele Di Matteo ha deciso di dedicare un nuovo ciclo pittorico, che parte da un reperto bibliografico, come quasi sempre succede nel suo lavoro. Il reperto, è il caso di dirlo data la sua introvabilità, è il catalogo della retrospettiva che il Centre Pompidou di Parigi ha dedicato a Pollock nel 1982, famoso anche per le pagine in carta marrone da pacchi di cui è costituito, tranne che per la parte di illustrazione delle opere a colori. Una sezione del catalogo è dedicata alla biografia commentata e illustrata dell'artista, e su questa sezione, chiamata *Une vie, éléments et documents*, si concentra l'attenzione di Di Matteo. Tutte le illustrazioni sono state sottoposte a un processo di duplicazione: le fotografie, tutte in bianco e nero, che ritraggono Pollock nei diversi momenti della sua vita, dall'infanzia alla morte, e che documentano la sua attività di pittore e di protagonista della cultura artistica americana del suo tempo, sono state copiate in pittura, sono diventate cioè altrettanti quadri, dipinti rispettando quasi sempre le dimensioni delle immagini come appaiono sulla pubblicazione, fermo restando il generale processo di ingrandimento. Le immagini che ritraggono lettere, dattiloscritti, inviti e altro sono state invece rifotografate e ingrandite. Questo materiale è la mostra che Di Matteo dedica a Pollock, sotto forma di invasione delle pareti dello spazio espositivo, che si mostreranno quasi interamente ricoperte da questi ingrandimenti pittorici. Pollock da giovane, fotografato con gli amici e i colleghi, in vesti ufficiali e informali, da lavoro; Pollock colto nel suo quotidiano, insieme alla moglie Lee Krasner, tutto torna trasformato in pittura che, ovviamente, rifà la fotografia senza poter eliminare le imprecisioni nel processo imitativo, senza tralasciare le aleatorietà della mano, le inevitabili differenze. I quadri sono stati realizzati dall'artista stesso e da un suo aiutante e collaboratore, un artigiano potremmo dire, perché il confronto qui tentato è proprio questo, fra artigianato e arte, passando prima dal confronto fra documentazione e (ri)creazione.

La fotografia ripetuta in pittura per prima cosa rovescia il rapporto che il senso comune tende a porre fra l'una e l'altra, essendo di solito la pittura, "pezzo unico", a venire riprodotta dalla fotografia, arte della molteplicità. In secondo luogo la pittura che imita la fotografia si abbassa di livello, da luogo stesso, per tradizione soprattutto moderna, della creatività pura e incondizionata diventa disciplina vicaria, pratica di copisti, pura tecnica imitativa. Queste due cadute di tono, se così ci possiamo esprimere, servono a rimettere in primo piano una delle caratteristiche salienti di Pollock, che fanno anche la sua grandezza, e cioè proprio l'abbassamento dell'atto di dipingere, inteso ancora romanticamente: abbassata la tela al livello del suolo (qui Krauss ha scritto pagine memorabili a cui rimando senza pretese di cimentarmi con esse), abbassata la pratica, dalla pura creazione all'abbandono all'inconscio e alle pratiche automatiche, e soprattutto abbassato il grado di pathos eroicizzante di cui la pittura è per tradizione portatrice. Di Matteo in altri termini evidenzia e tematizza esattamente quei caratteri pollockiani che i curatori della mostra del MoMA volevano negare o almeno mettere in sordina, il che mi sembra già un bell'atto di risarcimento.

Per intenderci, Pollock è grande anche perchè "democratizza" l'arte, scendendo dal piedistallo dello specialismo o uscendo dal mito dell'artista genio-e-follia. Di Matteo si inserisce in questo solco ponendo in causa anche un confronto fra culture alte e basse, nel senso che riattualizza la pittura di pura imitazione, quella che fanno i pittori popolari, gli artigiani che si specializzano nei diversi generi producendo pure decorazioni. Questo sapere basso, questa pratica materiale senza pathos e ripetitiva, lontana da ogni eroismo, qui fa rivivere in effige le gesta e la vita di Jackson Pollock, campione dell'avanguardia più radicale e, forzatamente, più elitaria che ci sia. Con intento non dissimile, Di Matteo aveva anche dipinto, sempre copiandola dalle illustrazioni di un libro didattico, la vita di Marcel Duchamp colto nella quotidianità, mentre acquista lo scolabottiglie o quando guarda il *Grande Vetro* danneggiato. L'avanguardia, insomma, ha valore se si cala nella quotidianità, se accetta la sfida posta dalle culture popolari, dai saperi "abbassati".

L'operazione attuale non si limita comunque a questo. Se osserviamo bene i quadri in mostra, notiamo che tutto vi appare, ogni dettaglio presente nelle fotografie stampate ritorna, sia pure minimamente modificato, tranne una cosa: la pittura di Pollock. Così, le vedute delle mostre, delle sale o dei saloni espositivi che hanno via via ospitato i famosi *dripping* e quant'altro, sono qui ridotte a presentarci rettangoli o quadrati bianchi: Pollock stesso posa davanti o a fianco di lunghe superfici intonse, o per meglio dire azzerate, cancellate, censurate. È come se nel combattimento fra pittura artigianale e grande pittura creativa avesse vinto la prima, per una volta, capace con la sua ripetitività di azzerare gli atti fondativi del modernismo. Tutto la mano dell'artista-artigiano ha copiato, ma non i grovigli, le macchie, le colature di colore di Pollock.

Diciamo meglio: non è stato copiato ciò che per natura si sottrae alla copia stessa, ciò che per antonomasia si dà come unicità irripetibile, il gesto incondizionato e imprevedibile, e per conseguenza i segni che esso lascia al suo passaggio. Come mai questo attestato di rispetto, da parte dell'artista-copista?

È un modo di fare vuoto: all'*horror vacui* dei curatori del MoMA, che a tutti i costi vogliono la pienezza del soggetto raziocinante, Di Matteo oppone l'attrazione per il vuoto, enfatizza l'emarginazione del soggetto dal "centro" figurando la sparizione della sua fenomenologia, dei suoi tratti distintivi, della sua identità, sia pure residuale, attestabile. Anche il catalogo di questa mostra, un libro d'artista in cui viene stampato questo testo, compie un percorso analogo: imitando, anche qui, il formato e lo spessore cartaceo del catalogo parigino, esso mostra un gran numero di pagine vuote, e unicamente quelle stesse immagini ridipinte collocate al posto delle fotografie, nella sezione biografica che resta, unica superstite, di nuovo pubblicata.

Al culmine della pratica di riproduzione cortocircuitata, che si muove all'opposto rispetto al senso comune ma che nondimeno tematizza la natura delle immagini con cui viviamo e perciò la condizione umana, Di Matteo ci avverte: ci può essere qualcosa che non si lascia riprodurre, che oppone resistenza al regime della replica infinita, potremmo dire alla precessione dei simulacri anche se adesso non è più di moda dirlo. Questo qualcosa non è la pienezza del senso né l'autoconsapevolezza piena del soggetto, non è Cartesio né il neoplatonismo con la sua supremazia dell'Idea. All'opposto, ciò che resta e fa resistenza è l'abbandono al moto inconscio, all'atto meccanico, al contatto del soggetto col proprio ritmo biologico, che diviene ritmo creativo, al corpo come "macchina desiderante", creatività pura senza *arché* e senza *télos*.

La pura vita, potremmo dire, o la nuda umanità, come si intitola un'opera sterminata di Di Matteo. Ciò che resiste al gioco della simulazione e che consente la molteplicità dei significati, alti o bassi che siano, è allora, semplicemente, l'umano. Che è propriamente ciò che Di Matteo, di replica in replica, di tema in tema, semplicemente celebra.

1. R. Krauss, *La crisi della pittura da cavalletto*, in Id., *Reinventare il medium*, Bruno Mondadori, Milano 2004.

Gabriele Di Matteo. Pollock

Giorgio Verzotti

Les commissaires de l'exposition Jackson Pollock inaugurée au MoMA, à New York, en 1999, ont expérimenté quelque chose d'inattendu : ils ont littéralement découpé les photographies de Hans Namuth qui reproduisent les drippings pour nous en faire voir des détails agrandis, mais aussi pour reconstruire le temps du processus créatif, les différentes étapes de la construction du tableau. La motivation d'une telle attention philologique est étonnante : l'intention était de montrer que la notion non-intentionnelle du geste, dans le dripping, n'est qu'apparente et que l'enchevêtrement de la ligne est en fait un « contour potentiel » de formes qui tendent à la figuration, et à la figure humaine, en particulier dans les verticales par lesquelles Pollock avait l'habitude de lancer son processus créatif. Selon ces commissaires, en effet, Pollock était un grand dessinateur, et sa peinture représentait l'expression ultime et la plus achevée d'une tradition qui avait ses origines dans la Renaissance. Il semble d'ailleurs que Kirk Varnedoe et Pepe Karmel soient allés bien plus loin en matière d'expositions étonnantes.

À ce propos, Rosalind Krauss écrit : « L'accent mis sur le dessin [...] comme instrument d'intentionnalité est souligné par la présence dans l'exposition d'un curieux ensemble de tentatives infructueuses d'imitation de la ligne de Pollock faites par les deux commissaires... »[1]. Donc, Varnedoe et Karmel voulaient « refaire » eux-mêmes le dripping de Pollock, montrer que, selon eux, l'acte gratuit de la chute libre de couleur sur une toile peut être imité, dans l'esprit de ceux qui copiaient, aux Beaux-Arts, les grands modèles du passé, avec les mêmes résultats en termes de vraisemblance. Refaire ce qui par définition est donné comme un geste unique signifie renverser les critères de jugement habituels sur Pollock, et pas seulement lui, par l'abolition du non-intentionnel comme valeur.

C'est une position très audacieuse, qui mérite qu'on s'y arrête malgré l'absurdité de son postulat, et qu'on ne peut comprendre qu'à la lumière d'une position idéologique qui tend à diminuer la valeur des avant-gardes en tant que telles.

Dans le fond il s'agit d'une opération de remplissage : il faut remplir le geste avec du sens, ne pas le laisser flotter dans le vide du non-intentionnel. Un acte intentionnel est moins alarmant, car il présuppose une conscience attentive et en action : quand Pollock peint sur une toile posée par terre, comme le montrent les films et les photos de Hans Namuth, il est très présent à lui-même. Aucun abandon, aucune urgence dictée par une pulsion inconsciente, mais un contrôle sur le processus, visant à la réalisation d'un projet déjà formé dans l'esprit de l'artiste. Aucun acte manqué et surtout aucun acte automatique. L'automatisme dans l'art marginalise le sujet et son pathos ; or, le but ici est de le replacer dans une position centrale, cartésienne, ou tout au moins néo-platonicienne : le dessin vient avant la peinture, il la prépare.

Que certains commissaires d'exposition se transforment en peintres – bien qu'à un niveau minimal de connaissances techniques – pour mieux interpréter un artiste peut surprendre, mais nous intéresse : impossible de ne pas y penser en évoquant la récente série de peintures de Gabriele Di Matteo, un artiste dont l'approche de Pollock n'est ni moins bizarre ni moins intéressante. Il s'agit de deux stratégies de relecture du passé récent, l'une canonique mais faite de procédures hérétiques, l'autre légitime sur le plan artistique, mais non concluante sur le plan de l'histoire.

Il n'est pas question ici de normaliser dans un sens idéologique, mais de faire une comparaison entre différents univers de sens, tous liés à la peinture et au statut ontologique des images dans la culture occidentale contemporaine.

Di Matteo a longtemps travaillé dans cette direction en faisant participer d'autres « opérateurs » à ses projets, qui s'articulent en cycles thématiques et sont basés sur des relations assez complexes entre les différentes pratiques.

La remise en cause, dès ses premiers travaux, au début des années quatre-vingt, du potentiel

cognitif des images qui caractérisent notre habitat, a conduit l'artiste à s'essayer à la peinture (qui n'était pas spécifique à son art) comme à un dispositif de dévoilement du fonctionnement des images elles-mêmes.
La peinture sert de processus de vérification analytique et déconstructif de la puissance significative des signes iconiques. Cela, c'est ce qu'on peut dire en restant très général. On peut ajouter, comme je l'ai déjà écrit ailleurs, que Di Matteo vise à réintroduire la question de la peinture à l'époque du triomphe de la technologie, qui joue aujourd'hui un rôle décisif dans la création des langages artistiques contemporains. Di Matteo n'a jamais voulu « peindre », mais plutôt se confronter à l'image picturale conçue comme catégorie. L'image peinte doit être définie sur un plan que je qualifierais d'ontologique, et on peut le faire en la confrontant à ce qui lui est par essence autre : les icônes véhiculées par la presse ou par une médiation mécanique ou numérique qui en décrète la nature reproductible. En outre, l'artiste met l'image picturale à l'épreuve de son potentiel expressif en testant sa capacité intrinsèque à construire une structure narrative.
La stratégie discursive consistant à mettre en œuvre la comparaison précitée pourrait se définir comme une rhétorique de la duplication. Toutes les images de Di Matteo sont des copies, dont les originaux ont parfois été perdus ; les copies sont souvent présentées comme telles, comme des diptyques d'images présentant des différences mineures, ou bien des séries de figures identiques, qui conquièrent l'environnement grâce aux grandes dimensions de chaque élément. La duplication en tant que stratégie discursive implique que le travail soit effectué à partir de la pratique d'une comparaison entre pôles opposés : assimiler la haute culture, les cultures d'élite à la culture basse et populaire, comparer le manuel au mécanique. C'est sur cette ligne de crête que l'artiste s'est engagé, en développant de grandes peintures figuratives qui ne sont en général rien d'autre que des copies géantes d'images de presse préexistantes. De manière significative, Di Matteo ne s'est pas encore emparé des icônes diffusées par le web, aucune image téléchargée par ordinateur n'est encore apparue dans son travail ; ses emprunts à l'iconosphère se sont limités à proposer des peintures structurées par les mêmes cadrages de photographies, comme le fait une multitude de jeunes et moins jeunes artistes depuis de nombreuses années. La contrepartie qu'il a choisie pour sa vérification est le monde de la presse et son mode de reproduction, qui est ensuite mimé ou peut-être parodié dans sa copie sous forme de peinture. Les diptyques picturo-photographiques qu'il a faits il y a quelques années, et tous les autres travaux reposant sur le principe du double ou de la série – la peinture exposée avec sa reproduction technique ou la photo à côté de sa copie réalisée à la main – ne préfigurent pas un potentiel infini de multiplications, mais se réfèrent plutôt à un développement progressif de mise à mort de l'image. La duplication mécanique fausse les couleurs, et on peut supposer que répétée, elle finirait sûrement par conduire à la détérioration et peut-être à la disparition de l'image ; la copie peinte, aussi fidèle soit-elle, montrera toujours les différences, les imprécisions, les hasards du travail de la main, faisant de chaque ressemblance une différence. Bref, la copie cesse d'être assujettie à l'original, elle acquiert une valeur pour ses signes distinctifs comme si elle était un original, en l'absence d'une hiérarchie des valeurs désormais ébranlée. Disons que la vérification du potentiel cognitif de l'image vogue vers les rives de la négation : ce qui s'est passé dans ce jeu de vrai/faux qui tourne à vide, c'est l'impossibilité radicale de tous les discours qui auraient l'intention de « décrire » le réel. La peinture ne se révèle ni plus véridique ni plus évocatrice que l'image obtenue par reproduction mécanique, et cette dernière n'est pas nécessairement plus précise techniquement, plus définie, plus assévérative que son double réalisé manuellement.
Revenons à Pollock, auquel Gabriele Di Matteo a décidé de consacrer un nouveau cycle de peintures, en partant de notices bibliographiques, comme c'est souvent le cas dans son travail. La pièce historique, c'est vraiment le cas de le dire car elle est devenue introuvable, est le catalogue d'une rétrospective consacrée à Pollock par le Centre Pompidou en 1982, célèbre pour les pages en papier d'emballage brun qui composent tout le volume à l'exception d'une partie en couleurs qui présente les œuvres. Une section du catalogue est consacrée à la biographie commentée de l'artiste ; c'est sur celle-ci, intitulée « Une vie, éléments et documents », que se concentre l'attention de Di Matteo. Toutes les illustrations ont été soumises à un processus de copie : les photographies, toutes en noir et blanc, qui tracent un portrait de Pollock à différents moments de sa vie, de l'enfance à la mort, et qui illustrent son activité de peintre et de protagoniste de la culture artistique américaine de son temps, ont été copiées à la peinture et transformées en autant de tableaux. Les peintures respectent presque toujours la taille des images telles qu'elles apparaissent dans le catalogue, sous réserve du processus général de grossissement. Les illustrations représentant des lettres, des tapuscrits, des invitations ou d'autres documents ont été photographiées et agrandies. Ce matériel constitue l'exposition que Di Matteo consacre à Pollock, sous la forme d'une invasion de l'enceinte de l'espace d'exposition, qui est presque entièrement couvert de ces peintures. Pollock jeune, photographié avec ses amis et collègues, habillé de manière élégante ou décontractée, en vêtements de travail, Pollock saisi dans sa vie quotidienne, avec sa femme Lee Krasner, tout cela se retrouve transformé en une peinture qui, bien sûr, reproduit la photographie sans pouvoir éliminer les imprécisions de l'acte d'imitation, sans oublier l'aléatoire de la main, les inévitables différences. Les peintures ont été faites par l'artiste lui-même et son assistant et collaborateur, on pourrait dire un artisan, parce que la confrontation est ici entre l'artisanat et l'art, en passant d'abord par la confrontation entre documentation et (re)création.

La photo copiée par la peinture inverse en premier lieu le rapport que le sens commun tend à faire entre l'une et l'autre, puisque c'est habituellement la peinture, « pièce unique », qui est reproduite par la photographie, art de la multiplicité. En deuxième lieu, la peinture qui imite la photo descend à un niveau inférieur : de lieu par excellence de la créativité pure et sans contrainte, telle que la voit en particulier la tradition moderne, elle devient discipline subalterne, pratique de copiste et simple technique d'imitation.

Ces deux baisses de niveau, si l'on peut les appeler ainsi, servent à remettre au premier plan une caractéristique marquante de Pollock qui contribue aussi sa grandeur : l'abaissement de l'acte pictural, qui était encore romantique ; en abaissant la toile au niveau du sol (Krauss a écrit sur ce sujet des pages mémorables auxquelles je fais référence sans aucune prétention de les concurrencer), il a abaissé la pratique, la portant de la création pure à l'abandon pur à l'inconscient et aux pratiques automatiques ; il a en particulier réduit le degré de pathos héroïque que la peinture porte traditionnellement. Di Matteo, en d'autres termes, montre et thématise exactement les caractères propres à Pollock que les commissaires de l'exposition du MoMA avaient voulu nier, ou au moins mettre en sourdine, ce qui, je trouve, est déjà une belle forme de dédommagement.

Pour être clair, Pollock est grand car il « démocratise » l'art en descendant du piédestal des spécialistes et en sortant du mythe artistique génie-folie. Di Matteo s'inscrit dans ce sillon en mettant en scène une confrontation entre culture « haute » et culture « basse », c'est-à-dire en réactualisant la peinture de pure imitation, celle qui est faite par les artistes populaires, des artisans qui se spécialisent dans les différents genres et produisent de pures décorations. Ce savoir humble, cette pratique matérielle, répétitive et sans pathos, loin de tout héroïsme, fait revenir ici en filigrane les actes et la vie de Jackson Pollock, champion de l'avant-garde la plus radicale et, forcément, la plus élitiste qui soit. C'est dans une intention comparable que Di Matteo avait peint, toujours en les copiant, les illustrations d'un livre pour enfants racontant la vie quotidienne de Marcel Duchamp où on le voyait acheter son porte-bouteilles ou regarder *Le Grand Verre* abîmé. L'avant-garde, en somme, a de la valeur si elle se glisse dans la vie quotidienne, si elle accepte le défi de la culture populaire et des connaissances « rétrogradées ».

Cependant l'opération ne se limite pas à cela. Si on regarde bien les peintures exposées, on y retrouve tous les détails présents dans les photos imprimées, même s'ils ont un peu changé ; tout y est, sauf une chose : la peinture de Pollock. Ainsi, les vues des expositions, des salles ou des galeries qui ont successivement accueilli les célèbres drippings en sont réduites à nous présenter des rectangles ou des carrés blancs : Pollock en personne pose devant ou à côté de longues surfaces inoccupées, ou plutôt réinitialisées, supprimées, censurées. Comme si, dans la bataille entre l'artisanat et le grand art créatif, c'était pour une fois le premier qui avait gagné, qui avait réussi, par son aptitude à la répétition, à annuler les actes fondateurs du modernisme. Tout, la main de l'artiste-artisan a tout copié, sauf les enchevêtrements, les taches et les coulées de Pollock.

Précisons : Di Matteo n'a pas copié ce qui par nature se refuse à la copie, ce qui se donne par excellence comme absolument unique, le geste inconditionnel et imprévisible et, par conséquent, les signes qu'il laisse sur son passage. Pourquoi cette marque de respect de l'artiste-copiste ?

C'est une façon de faire le vide : à l'horreur du vide des commissaires d'exposition du MoMA, qui voulaient à tout prix la plénitude du sujet rationnel, Di Matteo oppose l'attirance pour le vide, met l'accent sur l'exclusion du sujet du « centre » en figurant la disparition de sa phénoménologie, de ses traits distinctifs, de son identité, résiduelle peut-être, mais vérifiable. Le catalogue de cette exposition, un livre d'artiste, dans lequel paraît ce texte, prend lui aussi une direction semblable : en imitant, ici encore, la taille et l'épaisseur du papier du catalogue parisien, il présente un grand nombre de pages vides ; seules ces mêmes images peintes sont mises à la place des photographies dans la partie biographique qui reste, seule survivante, de nouveau publiée .

Au sommet de sa pratique de reproduction court-circuitée, qui se déplace dans une direction opposée par rapport au sens commun mais qui, néanmoins, thématise la nature des images avec lesquelles nous vivons et donc la condition humaine, Di Matteo nous met en garde : il peut y avoir quelque chose qui ne se laisse pas reproduire, qui résiste au régime de réplication infinie, ou mieux, à la précession des simulacres, même si ce n'est plus à la mode de le dire aujourd'hui. Il ne s'agit pas de la plénitude du sens ou de la pleine autonomie du sujet, ce n'est pas Descartes, ni le néo-platonisme avec sa suprématie de l'idée. En revanche, ce qui reste et résiste, c'est l'abandon à l'inconscient, l'acte mécanique au contact du sujet et de son rythme biologique qui devient rythme créatif, le corps comme « machine désirante », la créativité pure sans *archè* ni *télos*.

Il s'agit de la vie pure, ou de l'humanité nue, pour reprendre le titre d'une œuvre infinie de Di Matteo. Ce qui résiste au jeu de la simulation et qui permet la multiplicité des significations, hautes ou basses, n'est rien d'autre que l'humain. De réplique en réplique, de thème en thème, c'est précisément cela que célèbre Di Matteo.

1. Rosalind E. Krauss, "The Crisis of the Easel Picture," in Pepe Karmel and Kirk Varnedoe (eds.), *Jackson Pollock: New Approaches*. New York: The Museum of Modern Art, 1999.

The Complexity

François Michaud

The Game

The rule consists in selecting an artist not for his work, but for the image that he has left of himself.

The history of the avant-garde has frequently given life to heroic figures. However, few of these figures concentrate within themselves as many traits, apt for iconic extrapolation, as the one to which Gabriele Di Matteo associates himself by choosing as a subject the life of Jackson Pollock. It's not so much the biography of Pollock he is concerned with, but rather the way in which his life *offers itself* posthumously; it is not Pollock himself, but his specter drawn by the biographical outline as it appears in the catalogue for the 1982 *Jackson Pollock* show at the Centre Pompidou in Paris. Gabriele Di Matteo bypasses Pollock's paintings, retaining just traces of them: he proceeds instead from the layout of the biography. The work of reproduction in which he engages, covers the entire section in the catalogue dedicated to the life of the artist,[1] stopping just short of what could be deemed to be a copy in the academic sense of the term. Pollock's paintings, which appear in the photographs, included between page 213 and 310 of the catalogue, are intentionally left blank. Di Matteo's aim is not to copy Pollock's paintings, nor to utilize his technique to produce new works.[2] The game, if indeed it is a game, is simply to place Pollock's work in the background and to bring instead under the spotlight what occupies a secondary, or factual, position in the catalogue.

Is it a game, then? The seriousness of this game resides in the player's motivation. Marcel Duchamp demonstrated towards chess a level of perseverance and patience that painting, and without a doubt art in general, have never succeeded in generating within him. The rejection of painting was mainly the rejection of a kind of work, filled with codes and social rites inherent within the profession of artist.[3] On the contrary, the game, with the particularly abstract and cerebral quality of chess, led him to take up the same traits that he refused in painting, and to accept the conventions of progressive training and unremitting practice vis-à-vis an opponent, that prompted André Breton to write, not without a trace of scorn: "Free is not Duchamp to abandon the game he played around war, in favor of an interminable game of chess, that might give an odd idea of a mind loath to *serve,* but also—always this execrable Harrar—seemingly heavily afflicted by skepticism to the point that it refuses to state its reasons."[4]

The memory of Duchamp—or rather, the myth of an artistic career carried out in contempt of the features that distinguished art *up until him*—fascinates Gabriele Di Matteo just like it haunts the majority of artists today. However, it seems to me that his answer radically distinguishes itself from that of many others as it tries at all cost to avoid the principle of repetition. Clearly, it is thanks to a practice based on reproduction that he achieves this, and in an eminently repetitive form: for instance, he produces five versions of the same image, the man shutting his eyes tightly—the *Blind Man* at the MAMCO in Geneva[5]—to which he gives the title of the magazine published by Duchamp in New York in 1917. But the essential is not there: even by submitting to an iterative process and by consenting to quote through the title the artist he seems to have adopted as a model, Di Matteo avoids a "repetition" of another genre. Duchamp had indeed envisaged such a risk: the principle of a *readymade* allows an infinite series of propositions—since it is enough for the artist to select an object for that object to become a work of art—and all the objects thus produced fall into this process initiated by Duchamp. He who tried, first and foremost, to "live as a lodger,"[6] calculated only too well how such a legacy could prove to be cumbersome: the *readymade* paves the way to a whole series of works that, whoever the artist may be, fall nonetheless in the same line of the bottle-holder.

The Rule

The aim of the game consists in stripping the artist of his posthumous image.

The fact that the emperor is naked doesn't

imply that he's lost all his prestige. On the other hand, with his nakedness any ceremony is ruled out. Nonetheless something does remain, but what remains is outside of him and, to carry on with Duchamp, it is his uniform that he is being stripped of. Moreover, Duchamp could not stand the splattered overall worn by artists, just as much as he hated the pomposity with which they wore it as a tunic.

The case with Pollock is this: on the one hand there is painting, with everything that is ungraspable about it, and on the other, the life of the painter which he struggles with and that is really *impossible* for him. Di Matteo aims not to paint *à la* Pollock nor does he efface the paintings like Rauschenberg did with the drawing by De Kooning[7]—even if he leaves them, in a way, *blank*. He won't even try to paint at all cost, placing himself on the same ground as Pollock, De Kooning, and Picasso . . . even if he knows very well that every new painting, as soon as it is finished, enters immediately in competition with the works of others. The inevitable comparison that is drawn is this sign of the impossible that so often brings one to a halt: *what is the point, then?*

What remains is a narrow path that will lead the work outside the field of painting and away from the arena of the masters, and allows one to keep a respectful distance without abandoning the fight. Jackson Pollock appears naked, in the same way he is shown in the catalogue of the 1982 show. The biography tries to convey the contradictions of the character, his struggle against himself and against his ambition, the highs and lows, the straining in his relations with his father, his brothers, his mother, and Lee Krasner . . . Gabriele does not bring anything else onto the ring: all of the above is already there, and appears with the precision of *facts*, which is the sign of an historical work, especially when it concerns a dead artist. The emperor is dead when he steps into the arena, but his nakedness is the glorious nakedness of heroes and gods. The texts are there to perpetuate his story and precede him. As for Pollock's paintings, they linger in the background—they are *his works* and they remain where Pollock executed them, in the very moment they were created. Physically, they hang in museums and are part of collections formed during Pollock's lifetime or after his death. In Gabriele Di Matteo's canvases, blank images replace the paintings that illustrate Pollock's biography. Therefore, they have no place in the ring.

But Jackson has no place in the ring either, since Gabriele has no intention whatsoever to fight, and just like Arthur Cravan in Barcelona, he has no intention to transform this game into a real contest.[8] On the contrary, he has taken it upon himself to peel off the artist's skins one by one—everything that history and myth, memories and hagiography have placed, little by little, onto the body of the athlete. By doing this he renders his *works* nothing more than a mere illustration of a critical system, but he does that, without a doubt, so that we can view them in a different light. I have a feeling that in Gabriele Di Matteo's enterprise, and not just here with Pollock, there's an acute taste for the museum—not a specific one, but of what such a place must have been like in the imagination of a child, when visiting for the first time the Louvre or the Uffizi Gallery. There's a nostalgia for these spaces, which is inevitably dated and which corresponds to what the museums were at the time when that child, or us, started to explore them: spaces where the art—the *masterpiece*—occupied the whole space and where the accompanying text, often non existent, went unnoticed.

The Impossible

I have always been struck by the ease with which an artist is able to create a system and comply to its rules—at least as long as such rules remain, in his opinion, topical. Conceptual art, and its environs, have allowed the permutation of an artwork and its corresponding critical appraisal, rendering the work itself a simple accessory whereas, in the classic sense in which art is understood, it was always the opposite. The reproduction of the entries in Joseph Kosuth's dictionary have reactivated the old dichotomy where the object is juxtaposed to the concept, making the former the imperfect manifestation of the latter. The artwork is thus assimilated to a pure accident. Its vocation can only be to designate, further, that which precedes it: its *conception*—the mental fact.

The reversal of an artwork (a painting) and its appraisal cannot therefore surprise anymore, and even less shock. Forty years have passed since Kosuth's first photostats. These "images" (like all actual products heavily reproduced they end up by becoming images themselves) have joined those that were included, before them, in art books.[9] Nowadays, an art book can begin with Paolo Uccello's *Battle of San Romano* and end with Andy Warhol's *Campbell's Soup Cans*; in a few years time, there's no doubt that it will contain the works of Pollock and the reproductions by Gabriele Di Matteo of the photographs from the 1982 catalogue. Everything, therefore, ends up becoming an image and by its illustrative purpose it becomes a cliché—in the photographic sense of the term—of what art is *in a specific age*.

From there to conceive this process as a permanent assimilation of all new artworks within the canon of art there's just a small step, of which Gabriele Di Matteo is clearly quite aware. However, almost as if he wanted to sidestep the unavoidable character of this process, and through this, of the repetition that is inevitable, in every personal itinerary of pre-existing contributions and of other *personal* itineraries—other figures that art, at any given time, has produced—it seems that Gabriele Di Matteo, against all odds, wants to add to the existing something that will remain on the fringe and that will not entirely be assimilated. Working from critiques and elaborations *a posteriori* (just as he did with André Raffray's[10] *Marcel Duchamp: A Life in Pictures*), he tries to keep some distance from the artwork—or from the *masterpiece* as we should certainly say—and he slides into a space very near bibliography; he pretends to add his own commentary in such a way as if to suggest that he was not making an artwork himself.

Still, when one stands in front of his paintings rather than their reproductions in a catalogue, one cannot consider them anything else but paintings. Is it possible then that in Gabriele Di Matteo's work on the masters of modern art, his "heroes," there is a trace of what was a genre in the classification system of art? Are they not indeed attempts to create portraits? Or, rather, is he not trying to find the right category to define these groups of work? And whether we see them as portraits or still lifes, it does not really matter,[11] as no definition could really do them justice. Nonetheless, he entertains a very intimate correspondence with the works that have enabled his own enterprise. The familiarity allowed by the biographical treatment of Pollock is greater than pure contemplation would allow, or even a careful study of his work. These names, which could deflect and divert from this artistic practice, end up authorizing it nonetheless. Di Matteo seeks permission from his masters to continue to paint. There is nothing irreverent in his stance, which draws from the outer reaches of the history of painting, to the acceptance of a legacy and a debt. But the life of Pollock allows also a new kind of proximity: just like the volume *Marcel Duchamp: A Life*, illustrated by André Raffray, called for a childlike approach and simple illustrations, which seemed so far removed from the detachment cultivated by Duchamp, Pollock appears in the biography in question as a young man: he may even be just a brother.

When reading the catalogue's text of 1982 I was struck by the first few letters addressed to his brothers. They are the letters of an aspiring artist to his elder brothers, whose relationship to art, as well as to life, is one step ahead—just like Duchamp, for that matter, whose brothers were already pursuing sculpture and painting as a career at a time when Duchamp himself was only starting out. Up to what point does this become relevant in the use that Duchamp makes very early on of the word "delay" to designate the painting in his notes on *La Mariée*?[12] I received Pollock's images (or rather, the images of Gabriele Di Matteo's paintings) as digital printouts before I even saw the catalogue in question. I was surprised by their "living" quality, in spite of their being rendered in different shades of gray, in line with the black and white of the original photographs. They were familiar images. Through these images, I then saw the photograph reproductions in the catalogue. They all somehow seemed to have lost their distance. I looked at them as you leaf through a family album—as if this famous "delay" was finally being breached.

1. In the catalogue, the life of Jackson Pollock is presented in two different ways. Firstly, as a factual chronology, illustrated by photographs taken at different stages of his life; and secondly, as a series of interlinked texts, written in the first person and containing numerous letters between the artist and those close to him, and memories, such as those of Peggy Guggenheim; *Jackson Pollock*, Musée National d'Art Moderne, January 21–April 19, 1982, Paris, Centre Georges Pompidou, 1982.
2. Around 1980, Art & Language took up Pollock's *dripping* technique in an out-of-context way, ignoring Pollock's specific aims, to produce a critique of artistic expression. This resulted in the series *Portraits of V.I. Lenin in the Style of Jackson Pollock*.
3. Bernard Marcadé (*Marcel Duchamp*. Paris: Flammarion, 2007, Chapter 7 ["No More Painting, Get a Job"], pp. 75–88), is particularly illuminating on the intricate reasons of this progressive neglect of painting: mixing a certain aversion for the technique in itself and the complete rejection of the art world, and especially the Parisian art world.
4. André Breton, *Second manifeste du surréalisme*, *Œuvres completes*. Paris: Gallimard, I, collection "La Pléiade," 1988, p. 815. See also the footnote by Marguerite Bonnet (no. 7, p. 1614), on the comparison between Duchamp's "interminable" game of chess and Rimbaud's Ethiopian exile ("cet exécrable Harrar").
5. The photograph used as a starting point is a portrait of Jorge Luis Borges. There is a reference on this work on the MAMCO website: www.mamco.ch/artistes_fichiers/D/dimatteo.html
6. Marcel Duchamp, notes on a conference, quoted by Bernard Marcadé, *Marcel Duchamp*, *Op. cit.*, p. 86, no. 416.
7. For the scouring, the artist appropriated the drawing by De Kooning that therefore became a work by Rauschenberg (*Erased De Koonning Drawing*, 1953, San Francisco Museum of Modern Art).
8. The match that in 1916 saw Arthur Cravan pitted against Jack Johnson, one-time heavyweight world champion, turned out not to be a particularly memorable sporting event; however, it became one of Arthur Cravan's most famous performances—to be considered performance art before its time—celebrated, for instance, in the work of Andrea Fraser and Elena Kovylina. On the circumstances under which the match was organized, see: Arthur Cravan, *Œuvres, Poèmes, articles, letters*. Paris: Ivrea, 1992, p. 273.
9. There is an "illustration" in the general sense of the term in Alexander Alberro, *Conceptual Art and the Politics of Publicity*. Cambridge: MIT Press, 2003, p. 30 ff.
10. See Gabriele Di Matteo, *Œuvres 1986/2002*. Limoges-Milan: FRAC Limousin Artshow Edizioni, 2002, pp. 41–61.
11. Picabia presented his "tableau vivant" (whereabouts unknown) at a dada soirée on March 27, 1920. It was a stuffed monkey tacked to a board with the following inscription: "Portrait of Renoir, portrait of Cézanne, portrait of Rembrandt, still lives." In 1991, Gabriele Di Matteo produced a series of paintings based on portraits of these same artists, as they appeared on the cover of popular booklets. On the *Biography* project see ibid. pp. 34–36.
12. "Use 'delay' instead of picture or painting; picture on glass becomes delay on glass—but delay on glass does not mean picture on glass. It's merely a way of succeeding in no longer thinking that the thing in question is a picture—to make a delay of it in the most general way possible, not so much in the different meanings in which delay can be taken, but rather in their indecisive reunion. 'Delay'—a delay in glass as you would say a poem in prose or a spitoon in silver." Written by Marcel Duchamp around 1912, this text is part of the notes on the *Boîte verte* (*Green Box*, 1934) where he talks about the genesis of *La Mariée mise à nu par ses célibataires, meme* (*The Bride Stripped Bare by Her Bachelors, Even*). The original quote can be found in Michel Sanouillet (ed.), *Duchamp du signe*. Paris: Flammarion, 1994, p. 41.

La complessità

François Michaud

Il gioco

La regola consisterebbe nel selezionare un artista non tanto per la sua opera, ma per l'immagine che ha lasciato di sé.

Se la storia delle avanguardie ha volentieri dato vita a racconti eroici, poche figure raccolgono attorno a sé tanti tratti propri all'estrapolazione mitica quanto quella a cui si lega Gabriele Di Matteo scegliendo come soggetto la vita di Jackson Pollock.

Non è la vita dell'artista a interessarlo, quanto la maniera in cui *questa si presenta*, a titolo postumo; non è Pollock in sé stesso, ma lo spettro restituito dal racconto biografico così come appare nel catalogo *Jackson Pollock* del Musée national d'art moderne di Parigi del 1982. Gabriele Di Matteo ne accantona l'opera pittorica per conservarne solo le tracce: lavora a partire dall'impaginazione della biografia. Il lavoro di riproduzione al quale si dedica ingloba la totalità delle pagine consacrate, nel catalogo, alla vita dell'artista[1] e la sua impresa si ferma all'esatto limite in cui questa potrebbe identificarsi con la copia, nel senso accademico del termine: le pitture di Pollock, là dove appaiono nelle illustrazioni dalla pagina 213 alla pagina 310 del catalogo, saranno quindi lasciate bianche. Non si tratta né di fare una copia di un Pollock né tanto meno di utilizzarne la stessa tecnica per produrre nuove tele[2]. Il gioco, perché si tratta di un gioco, consisterebbe dunque semplicemente nel far passare l'opera in secondo piano e piazzare fisicamente (sotto i riflettori) quello che, nel catalogo, è secondario o, quanto meno, fattuale.

Si tratta quindi di un gioco? Il serio del gioco risiede nella motivazione del giocatore. Marcel Duchamp ha mostrato per gli scacchi un'ostinazione e una pazienza che la pittura e, senza dubbio, l'arte in genere non sono riuscite mai a suscitare in lui. Il rifiuto della pittura era innanzitutto il rifiuto di un lavoro assortito di codici e di riti sociali che accompagnano la *professione* d'artista[3].

Il gioco, al contrario, sotto la forma particolarmente astratta e cerebrale che caratterizza gli scacchi, lo ha portato a mettere in opera le capacità stesse che rifiutava alla pittura, accettando le regole di un apprendimento progressivo, di un confronto con l'avversario e di una pratica instancabile che fanno scrivere ad André Breton, non senza amarezza: "Libero non era, Duchamp, di abbandonare la partita giocata ai tempi della guerra per una partita *di scacchi* interminabile, la quale dà forse un'idea curiosa di una intelligenza che ripugna il *servir* ma anche – sempre questo abominevole Harrar – pesantemente afflitta da scetticismo nella misura in cui rifiuta di dire perché."[4]

La memoria di Duchamp – o meglio il mito di una carriera artistica condotta con il disprezzo per i segni sui quali si riconosceva, *fino a lui*, l'attività artistica – affascina tanto Gabriele Di Matteo quanto la maggior parte degli artisti contemporanei. La sua risposta, nonostante ciò, si distingue radicalmente da altre, in quanto cerca, così mi pare, di evitare a ogni costo il principio della ripetizione. Certo, è per mezzo di una pratica fondata sulla riproduzione che vi perviene e sotto una forma eminentemente ripetitiva: produrre, per esempio, cinque versioni della stessa immagine, l'uomo che strizza gli occhi – il *Blind Man* del MAMCO di Ginevra[5] – al quale dà il titolo della rivista pubblicata da Duchamp a New York nel 1917. Ma questo non è l'essenziale: se infatti si impone un procedimento iterativo e se consente di citare, con il titolo, l'artista che pare servirgli da modello, Di Matteo evita in realtà una "ripetizione" d'altro genere, di cui Duchamp aveva avvertito il rischio: dal momento che il principio del *ready-made* autorizza una serie infinita di proposte – dato che è sufficiente che l'artista scelga perché l'oggetto scelto si veda attribuire la qualità di opera – gli oggetti così prodotti si pongono tutti, meccanicamente, nella continuità del processo messo in moto dallo stesso Duchamp. Colui che cercava prima di tutto di "*vivre en locataire*"[6] (vivere da inquilino) misurava fin troppo bene quello che una tale posterità poteva avere come ingombro: il *ready-made* apriva la via a tutta una serie di opere che, chiunque ne fosse l'autore, si ponevano da sole nella filiazione del portabottiglie.

La regola

Il gioco consiste nello svestire l'artista dell'immagine che ha lasciato.

Che il Re sia nudo non implica che perda prestigio. Invece, la sua nudità esclude l'apparato. Resta ancora qualche cosa, ma quel che rimane si situa al di fuori di lui e, per continuare ancora un poco con Duchamp, gli si fa *cadere* la sua uniforme. Duchamp trovava, infatti, la blusa "*maculata*" dei pittori tanto insopportabile quanto la superbia che li spingeva a drappeggiarsene come di una toga.

Con Pollock si tratta proprio di questo: da una parte la pittura e tutto quello che ha di incommensurabile con qualsiasi dinamica attuale, di insormontabile; dall'altra, la vita del pittore e quello che era realmente l'*impossibile* per lui, quello con cui si era scontrato.

Di Matteo non ridipingerà Pollock, non cancellerà le sue tele, come Rauschenberg con i disegni di De Kooning[7] (anche se li lascia, in qualche modo, "in bianco"). Non cercherà nemmeno di dipingere a ogni costo situandosi sullo stesso piano di Pollock, di De Kooning, di Picasso... sapendo fin troppo bene che qualsiasi nuova tela, appena dipinta, entra immediatamente in competizione con l'opera di tutti. Il paragone inevitabile che ne scaturisce è questa caratteristica dell'impossibile, che spinge spesso a fermarsi: *Perchè farlo, in effetti?*

Resta dunque una via, stretta, che guiderebbe il pittore al di fuori del campo della pittura, dell'arena dei maestri, e che permetterebbe di tenersi a debita e rispettosa distanza pur non abbandonando il combattimento. Jackson si presenta nudo, ma né più né meno di come lo è nel catalogo del 1982. La biografia tenta di tener conto delle contraddizioni del personaggio, della sua lotta contro sé stesso e la sua ambizione, dello scoraggiamento e dei momenti di trionfo, del prolungarsi nel tempo dei suoi rapporti col padre, con i suoi fratelli, con sua madre, con Lee Krasner... Gabriele, sul ring, non aggiunge nient'altro: queste cose ci sono, con tutta la precisione data ai *fatti*, che è la caratteristica di una pubblicazione storica, soprattutto quando questa riguarda un artista scomparso. Il re è morto quando entra nell'arena, ma la sua nudità è la nudità gloriosa degli eroi e degli dèi. I testi esistono per ripetere un'altra volta la sua storia e lo precedono. Le pitture, quanto a loro, rimangono indietro – sono *le sue opere* e restano dove le ha dipinte, al momento in cui sono apparse (queste immagini bianche che rimpiazzano nell'opera di Gabriele Di Matteo le pitture illustranti la biografia). Fisicamente, sono sulle pareti dei musei, nelle collezioni che hanno raggiunto durante la vita dell'artista o dopo la sua morte. Non hanno quindi posto sul ring.

Ma anche Jackson forse non ha nulla da fare sul ring, perché Gabriele non ha senza dubbio nessuna intenzione di battersi, non più di quanto Arthur Cravan, a Barcellona, abbia l'intenzione di fare di questo gioco un vero incontro[8]. Al contrario, se ha preso cura di levare una a una le pelli di cui l'artista è ricoperto, tutto quello che la storia e il mito, le memorie e l'agiografia hanno depositato poco a poco sul suo corpo d'atleta, riducendo *i suoi lavori* a non essere altro che l'illustrazione di un apparato critico, è senz'altro anche perché si possa guardare diversamente questi ultimi. Ho l'impressione che, nel lavoro di Gabriele Di Matteo, e non solo in questo "Pollock", si legga un gusto acuto del museo: non di tale o tale altro, ma di quello che era questo luogo nell'immaginario di un bambino, quando si entrava per la prima volta al Louvre o alla Galleria degli Uffizi. Ci sarebbe una nostalgia di questi luoghi, la quale è inevitabilmente datata, corrispondente a quello che erano i musei al momento in cui lui, o noi, abbiamo cominciato a conoscerli: delle sale dove l'opera d'arte – il *capolavoro* – occupava tutto lo spazio e il testo, spesso inesistente, passava inosservato.

L'impossibile

La facilità con la quale l'artista è capace di creare un sistema e conformarsi alle sue regole – almeno fin tanto che queste mantengono ai suoi occhi un carattere attuale – mi ha sempre colpito. L'arte concettuale e affini hanno reso possibile la permutazione dell'opera e del commento, facendo della prima l'accessorio quando invece, nell'accezione classica dell'arte, era giustamente l'opera che predominava. Le riproduzioni di definizioni del dizionario di Joseph Kosuth hanno riattivato una dicotomia antica che, opponendo l'oggetto all'idea, faceva di questo una manifestazione imperfetta di quella. L'opera è allora assimilata a un puro incidente, la cui vocazione non può che essere di designare, al di là, quello che gli preesiste: la sua *concezione* – fatto mentale. L'inversione dell'opera (della pittura) e del testo quindi non saprebbe più sorprendere, e ancor meno scioccare. Quarant'anni sono passati dai primi *photostats* di Kosuth e queste "immagini" (perché, come tutta la produzione fisica, abbondantemente riprodotta, sono anch'essi divenuti immagini) hanno finito per raggiungere quelle che contenevano, prima di loro, i libri d'arte[9]. Un catalogo può oggi aprirsi sulla *Battaglia di San Romano* di Paolo Uccello e chiudersi sui barattoli di zuppa Campbell's di Andy Warhol; tra qualche anno, non c'è dubbio che potrà contenere le pitture di Pollock e le riproduzioni delle fotografie del catalogo del 1982 fatte da Gabriele Di Matteo. Tutto finisce per essere immagine e, per l'uso illustrativo che se ne fa, tutto finisce anche per essere cliché – nell'accezione fotografica del termine – di quello che è l'arte *per una data epoca*.

Da qui a concepire questo procedimento come un assorbimento permanente di qualsiasi nuova opera nel corpus di quello che è già presente, non c'è evidentemente che un passo – ciò di cui Gabriele Di Matteo sembra avere pienamente coscienza. D'altro canto, come se volesse dimenticare il carattere inesorabile di questo stesso procedimento e, per mezzo di ciò, dell'inevitabile ripetizione, propria a qualsiasi dinamica personale, di posizioni preesistenti e di ogni approccio *personale* – di altre figure che l'arte, a un certo punto, ha potuto presentare – sembra che l'artista tenga, rispetto e contro tutto, ad aggiungere all'esistente qualche cosa che si terrebbe *à côté*, non completamente assimilabile. Lavorando a partire dal commento e dalle costruzioni *a posteriori* (come aveva fatto per *La vita illustrata di Marcel Duchamp* di André Raffray)[10] tenta di tenersi a distanza dall'opera – dal *capolavoro*, dovremmo dire con sicurezza – e si insinua in uno spazio molto vicino alla bibliografia; finge di aggiungervi anche lui il suo commento e di fare in modo che questo non sia quella che propriamente si chiama un'opera. D'altra parte, quando si è di fronte alle sue pitture e non davanti alle riproduzioni nei cataloghi, non possiamo che considerarle come delle pitture, appunto. Potrebbe essere che, nel suo lavoro sulle figure dell'arte moderna, sui suoi "eroi", persista la traccia di quello che era il genere nel sistema delle Belle Arti? Non sarebbero anche da considerarsi come tentativi di una ritrattistica? O, piuttosto, non cerca forse di trovare la categoria adatta a definire questi insiemi: poco importa se li definiamo "ritratti" o "nature morte"[11], nessun nome potrebbe renderne conto correttamente. Rimane il fatto che queste intrattengono un'intima corrispondenza con l'opera che ne ha reso possibile la loro propria esistenza. La familiarità permessa dall'uso biografico di Pollock è più grande di quella permessa dalla pura contemplazione o dallo studio della stessa opera.

Questi nomi, che potrebbero anche spaventare e deviare dalla pratica di tale procedimento, finiscono invece per autorizzarne il perseguimento. Di Matteo si permette i suoi maestri per continuare a dipingere. Questa attitudine non ha niente di irriverente, attinge dal profondo della storia della pittura, dall'idea di filiazione e di debito. Ma vi è anche questa nuova prossimità che la vita di Pollock permette: così come *La vita di Marcel Duchamp* illustrata da André Raffray chiamava uno sguardo infantile, un immaginario semplice e apparentemente molto distante dall'allontanamento coltivato da Duchamp, il Pollock della biografia è un giovane, forse solo un fratello.

Leggendo il testo (quello del catalogo del 1982) rimasi colpito dalle prime lettere scritte ai suoi fratelli: lettere di un artista ancora incompiuto a dei fratelli più anziani il cui rapporto con l'arte, come con la vita, è *più maturo* – così come Duchamp, d'altra parte, i cui fratelli erano del tutto impegnati nelle carriere di scultore e pittore mentre lui stava appena debuttando. Fino a che punto questo non entra in conto nell'uso che Duchamp fece molto presto della parola "*retard*" per designare un quadro, nelle sue note sulla *Mariée*?[12] Le immagini di Pollock (le pitture di Gabriele Di Matteo fatte a partire dalle fotografie del catalogo) mi sono arrivate, sotto forma di immagini digitali, prima di vederne i loro modelli consultando il catalogo. Il loro carattere "vivo" mi ha sorpreso, malgrado fossero dipinti a grisaglia, fedeli al bianco e nero fotografico. Erano in effetti immagini familiari, attraverso le quali ho visto *poi* le fotografie del catalogo. Tutte sembravano allora aver perso la loro distanza. Le osservavo come si sfoglia un album di famiglia – come se questo famoso "ritardo" fosse finalmente stato recuperato.

1. Nel catalogo, la vita di Jackson Pollock si presenta con una duplice forma: da una parte una biografia fattuale, illustrata da fotografie prese in diversi momenti della sua vita; dall'altra un insieme di racconti incrociati, scritti in prima persona, composti da un'abbondante corrispondenza tra l'artista e i suoi intimi e di souvenir, tra i quali quelli di Peggy Guggenheim). Si veda *Jackson Pollock*, Musée national d'art moderne, 21 janvier - 19 avril 1982, Paris, Centre Georges Pompidou, 1982.
2. Attorno al 1980 il riutilizzo del *dripping*, estrapolato dal contesto nel quale Pollock lo utilizzava e dalla dinamica a lui specifica, è stato uno dei mezzi tramite i quali Art & Language ha portato avanti la sua critica dell'espressione plastica, dando luogo tra le altre cose a *Portraits of V.I. Lenin in the Style of Jackson Pollock*.
3. B. Marcadé, *Marcel Duchamp*, Flammarion, Paris 2007. Il capitolo 7, *Più pittura, cerca lavoro* (pp. 75-88), è particolarmente chiaro sui motivi intrecciati di questo abbandono progressivo della pratica pittorica, mescolando una certa avversione per la tecnica stessa e un vivo rifiuto del mondo artistico, specialmente parigino.
4. A. Breton, *Second manifeste du surréalisme*, in *Œuvres complètes*, t. I, Gallimard, collection La Pléiade, Paris 1988, p. 815. Si veda anche il commento di Marguerite Bonnet (n. 7, p. 1614) sul confronto tra l'"interminabile" partita a scacchi di Duchamp e l'esilio etiope di Rimbaud ("questo odioso Harrar").
5. La fotografia che serve da punto di partenza è un ritratto di Jorge Luis Borges. È possibile consultare, sul sito del MAMCO, una nota consacrata all'opera: www.mamco.ch/artistes_fichiers/D/dimatteo.html.
6. M. Duchamp, note per una conferenza, citate da B. Marcadé, *op. cit.*, p. 86, n. 416.
7. Con la cancellatura, l'artista si appropriava del disegno di De Kooning, diventato in questo modo un'opera di Rauschenberg (*Erased De Kooning Drawing*, 1953, San Francisco Museum of Modern Art).
8. L'incontro che, nel 1916, oppose Arthur Cravan a Jack Johnson, vecchio campione del mondo nella categoria "pesi medi", non ha lasciato un ricordo di un avvenimento sportivo di particolare interesse; invece rimane una delle manifestazioni più celebri di Arthur Cravan, il cui statuto di performance *ante litteram* ha trovato una posterità, per esempio, nel lavoro di Andrea Fraser o di Elena Kovylina. Sulle condizioni nelle quali questo incontro venne organizzato si veda A. Cravan, *Œuvres, poèmes, articles, lettres*, Ivrea, Paris 1992, p. 273.
9. Se ne trova un'"illustrazione" in tutti i sensi del termine nella pubblicazione di A. Alberro, *Conceptual Art and the Politics of Publicity*, The MIT Press, Cambridge 2003, p. 30 e sg.
10. Si veda anche G. Di Matteo, *Œuvres 1986/2002*, FRAC Limousin, Artshow Edizioni, Limoges/Milano 2002, pp. 41-61.
11. Picabia ha presentato il suo "*tableau vivant*", oggi scomparso, alla serata Dada del 27 marzo 1920: una scimmia di peluche appuntata al centro con attorno le scritte "Portrait de Renoir", "Portrait de Cézanne", "Portrait de Rembrandt", "Natures mortes". Nel 1991 Gabriele Di Matteo ha realizzato una serie di tele a partire dai ritratti degli stessi, in mezzo ad altri grandi nomi, come appaiono sulle copertine delle loro biografie in alcune pubblicazioni popolari. Sul progetto *Biografie* si veda *ibid.*, pp. 34-36.
12. "Utilizzare 'retard' invece di quadro o pittura; quadro su vetro diventa ritardo in vetro – ma ritardo in vetro non vuole dire quadro su vetro – è solo un mezzo per riuscire a smettere di considerare che la cosa in questione è un quadro – farne un ritardo nel modo più generale possibile, non tanto nei diversi sensi in cui è possibile definire il ritardo, ma piuttosto nel loro raggruppamento indeciso. 'Retard' – un ritardo in vetro, come si direbbe una poesia in prosa o un *crachoir* d'argento." Scritto da Marcel Duchamp verosimilmente verso il 1912, questo testo fa parte delle note della *Boîte verte* (1934) sulla concezione di *La Mariée mise à nu par ses célibataires, même*; riprodotto in *Duchamp du signe*, écrits réunis et présentés par M. Sanouillet, Flammarion, Paris 1994, p. 41.

La complexité

François Michaud

Le jeu

La règle consisterait à sélectionner un artiste non pour son œuvre, mais pour l'image qu'il a laissée de lui-même.

Si l'histoire des avant-gardes a volontiers donné lieu à des récits héroïques, peu de figures rassemblent autour d'elles autant de traits propres à l'extrapolation mythique que celle à laquelle s'attaque Gabriele Di Matteo en choisissant pour sujet la vie de Jackson Pollock. Ce n'est pas tant la vie de l'artiste qui l'occupe que la façon dont *elle se présente*, à titre posthume ; ce n'est pas Pollock lui-même, mais le spectre restitué par le récit biographique tel qu'il apparaît dans le catalogue de l'exposition « Jackson Pollock » du Musée national d'art moderne de 1982. Gabriele Di Matteo met de côté l'œuvre picturale pour n'en conserver que les traces : c'est à partir de la mise en page de la biographie qu'il travaille. Le travail de reproduction auquel il se livre englobe la totalité des pages consacrées dans le catalogue à la vie de l'artiste[1] et son entreprise s'arrête à l'exacte limite où celle-ci pourrait s'identifier à la copie, au sens académique du terme : les peintures de Pollock, là où elles apparaissent dans les illustrations des pages 213 à 310 du catalogue, seront ainsi laissées blanches. Il ne s'agit ni de faire la copie d'un Pollock ni d'utiliser la même technique que lui pour produire de nouvelles toiles.[2] Le jeu, s'il s'agit d'un jeu, consisterait donc simplement à faire passer l'œuvre au second plan et à placer physiquement (sous la lumière des projecteurs) ce qui, dans le catalogue, n'occupe qu'un rang secondaire ou, en tout cas, factuel.

S'agit-il d'un jeu ? Le sérieux du jeu réside dans la motivation du joueur. Marcel Duchamp a montré à l'égard des échecs une obstination et une patience que la peinture et, sans doute, l'art en général n'ont jamais réussi à susciter en lui. Le rejet de la peinture était avant tout le rejet d'un travail, assorti de codes, de rites sociaux accompagnant la *profession* d'artiste.[3] Le jeu, au contraire, sous la forme particulièrement abstraite et cérébrale qui caractérise les échecs, l'a conduit à mettre en œuvre les capacités mêmes qu'il refusait à la peinture, acceptant les règles d'un apprentissage progressif, d'une confrontation à l'adversaire et d'une pratique inlassable qui font écrire à André Breton, non sans dépit : « Libre n'était pas à Duchamp d'abandonner la partie qu'il jouait aux environs de la guerre pour une partie *d'échecs* interminable qui donne peut-être une idée curieuse d'une intelligence répugnant à *servir* mais aussi – toujours cet exécrable Harrar – paraissant lourdement affligée de scepticisme dans la mesure où elle refuse de dire pourquoi. »[4]

La mémoire de Duchamp – ou plutôt le mythe d'une carrière artistique conduite au mépris des signes auxquels se reconnaissait, *jusqu'à lui*, l'activité artistique – fascine Gabriele Di Matteo comme elle hante aujourd'hui la plupart des artistes. Sa réponse, cependant, se distingue radicalement de bien d'autres, en ce qu'elle cherche, me semble-t-il, à éviter à tout prix le principe de répétition. Certes, c'est justement au moyen d'une pratique fondée sur la reproduction qu'il y parvient et sous une forme éminemment répétitive : produire, par exemple, cinq versions de la même image, l'homme fronçant les yeux – le *Blind Man* du MAMCO de Genève[5] – auquel il donne le titre de la revue publiée par Duchamp à New York en 1917. Mais l'essentiel n'est pas là : s'il s'astreint à un procédé itératif et s'il consent à citer, par le titre, l'artiste qui paraît devoir lui servir de modèle, Di Matteo évite en réalité une « redite » d'un autre genre et dont Duchamp avait pressenti le risque : dès lors que le principe du *readymade* autorise une suite infinie de propositions – puisqu'il suffit que l'artiste choisisse pour que l'objet choisi se voie attribuer la qualité d'œuvre –, les objets ainsi produits se placent tous, mécaniquement, dans la continuité du processus mis en route par Duchamp. Celui qui cherchait avant tout à « vivre en locataire »[6] ne mesurait que trop ce qu'une telle postérité pouvait avoir d'encombrant : le *readymade* frayait la voie à toute une série d'œuvres qui, quels qu'en soient les auteurs, se plaçaient d'elles-mêmes dans la filiation du porte-bouteilles.

La règle
Le jeu consiste à dévêtir l'artiste de l'image qu'il a laissée.
Que le roi soit nu n'implique pas qu'il perde tout prestige. En revanche, sa nudité exclut l'apparat. Il reste pourtant bien quelque chose, mais ce qui reste se situe en dehors de lui et, pour poursuivre encore un peu avec Duchamp, c'est son uniforme qu'on lui fait ainsi *tomber*. Duchamp trouvait, d'ailleurs, aussi insupportable la blouse maculée des peintres que la superbe qui les poussait à s'en draper comme d'une toge.
Avec Pollock, il s'agirait bien de cela : d'un côté la peinture et ce qu'elle a d'incommensurable avec toute entreprise actuelle, d'insurmontable ; de l'autre, la vie du peintre et ce qu'était réellement l'*impossible* pour lui, ce avec quoi il s'est débattu. Di Matteo ne repeindra pas Pollock, il n'effacera pas ses toiles, comme Rauschenberg avec le dessin de De Kooning[7] – quoiqu'il les laisse, en quelque sorte, « en blanc ». Il ne cherchera pas non plus à peindre coûte que coûte, en se situant sur le même terrain que Pollock, que De Kooning, que Picasso... tout en sachant trop bien que toute nouvelle toile, à peine peinte, entre immédiatement en compétition avec l'œuvre de tous. La comparaison inévitable qui en découle est cette marque de l'impossible, qui pousse si souvent à arrêter : *à quoi bon, en effet ?*
Il reste donc une voie, étroite, qui guiderait le peintre hors du terrain de la peinture, de l'arène des maîtres et qui permettrait de se tenir à distance respectueuse tout en n'abandonnant quand même pas le combat. Jackson se présente nu, mais ni plus ni moins qu'il ne l'est dans le catalogue de l'exposition de 1982. La biographie tente de tenir compte des contradictions du personnage, de sa lutte avec lui-même et avec son ambition, du découragement et des instants de triomphe, de l'étirement dans le temps de ses rapports avec son père, avec ses frères, avec sa mère, avec Lee Krasner... Gabriele, sur le ring, n'apporte rien d'autre : ces choses sont là, avec cette précision de *faits* qui est la marque d'un ouvrage historique, surtout quand celui-ci concerne un artiste disparu. Le roi est mort quand il entre dans l'arène, mais sa nudité est la nudité glorieuse des héros et des dieux. Les textes sont là pour répéter une nouvelle fois son histoire et le précèdent. Les peintures, quant à elles, demeurent en arrière – elles sont *ses œuvres* et elles demeurent où ils les a peintes, au moment où elles sont apparues (ces images blanches qui remplacent dans l'œuvre de Gabriele Di Matteo les peintures illustrant la biographie). Physiquement, elles sont sur les murs des musées, dans les collections qu'elles ont rejointes du vivant de l'artiste ou après sa mort. Elles n'ont donc rien à faire sur le ring.
Mais Jackson n'a peut être rien à faire sur le ring non plus, car Gabriele n'a sans doute pas l'intention de se battre et, pas plus qu'Arthur Cravan à Barcelone, il n'a l'intention de faire de ce jeu un vrai match.[8] Au contraire, s'il a pris soin de prélever une à une les peaux dont l'artiste est recouvert, tout ce que l'histoire et le mythe, les mémoires et l'hagiographie ont déposé peu à peu sur le corps de l'athlète en contraignant ses *travaux* à n'être que l'illustration d'un apparat critique, c'est sans doute aussi pour qu'on puisse regarder autrement ces derniers. J'ai le sentiment que, dans l'entreprise de Gabriele Di Matteo, et pas seulement ici avec Pollock, se lit un goût aigu du musée – non de tel ou tel, mais de ce qu'était ce lieu dans un imaginaire d'enfant, quand on pénétrait pour la première fois au Louvre ou à la Galerie des Offices. Il y aurait une nostalgie de ces lieux-là, laquelle est inévitablement datée, correspondant à ce qu'étaient les musées au moment où lui ou nous avons commencé à les connaître : des salles où l'œuvre d'art – le *chef-d'œuvre* – occupait toute la place et où le texte, bien souvent inexistant, passait inaperçu.

L'impossible
La facilité avec laquelle un artiste sait créer un système et se conformer à ses règles – du moins tant que celles-ci possèdent à ses yeux un caractère d'actualité – m'a toujours frappé. L'art conceptuel et ses alentours ont rendu possible la permutation de l'œuvre et du commentaire, en faisant de la première l'accessoire quand, dans l'acception classique de l'art, c'était justement l'œuvre qui prédominait. Les reproductions de notices de dictionnaire de Joseph Kosuth ont réactivé une dichotomie ancienne qui, opposant l'objet et l'idée, faisait de celui-ci une manifestation imparfaite de celle-là. L'œuvre est alors assimilée à un pur accident, dont la vocation ne peut être que de désigner, au-delà, ce qui lui préexiste : sa *conception* – fait mental. L'inversion de l'œuvre (de la peinture) et du texte ne saurait donc plus surprendre, et encore moins choquer. Quarante ans se sont écoulés depuis les premiers photostats de Kosuth et ces « images » (car, comme toute production physique, abondamment reproduite, ils ont fini aussi par devenir des images) ont fini par rejoindre celles que contenaient, avant elles, les livres d'art[9]. Un ouvrage peut aujourd'hui s'ouvrir sur la *Bataille de San Romano* de Paolo Uccello et s'achever sur les boîtes de soupe Campbell's d'Andy Warhol ; dans quelques années, nul doute qu'il pourra contenir les peintures de Pollock et les reproductions des photographies du catalogue de 1982 par Gabriele Di Matteo. Tout finit donc par être image et, par l'usage illustratif qui en est fait, tout cela finit par constituer un cliché – au sens photographique du terme – de ce qu'est l'art *pour une époque donnée*.
De là à concevoir ce processus comme une absorption permanente de toute œuvre nouvelle dans le corpus de ce qui est déjà là, il n'y a évidemment qu'un pas – ce dont Gabriele Di Matteo semble avoir une claire conscience. Pourtant, comme s'il voulait oublier le caractère inexorable de ce processus et, à travers lui, de la répétition inévitable, dans toute démarche personnelle, de positions préexistantes et d'autres démarches *personnelles* – d'autres figures que l'art, à un moment donné, a pu présenter –, il semble que l'artiste tienne, envers et contre tout, à ajouter à l'existant quelque chose qui se tiendrait *à côté*, qui ne serait pas complètement assimilable. En travaillant à partir du commentaire et des constructions *a posteriori*

(comme il l'avait fait pour *La vie illustrée de Marcel Duchamp* d'André Raffray[10]), il tente de se tenir à distance de l'œuvre – du *chef-d'œuvre*, devrait-on dire sûrement – et se glisse dans un espace tout près de la bibliographie ; il feint d'ajouter lui aussi son commentaire et de faire que ceci ne soit pas, à proprement parler, une œuvre. Pourtant, quand nous sommes face à ses peintures et non devant leurs reproductions dans des catalogues, nous ne pouvons les considérer autrement que comme des peintures, justement. Se peut-il que, dans son travail sur les figures de l'art moderne, sur ses « héros », il y ait encore la trace de ce qu'était le genre dans le système des beaux-arts ? Est-ce que ce ne sont pas aussi des tentatives de portraits ? ou, plutôt, ne cherche-t-il pas justement à trouver la catégorie qui serait apte à définir ces ensembles : qu'on les désigne comme portraits ou natures mortes, peu importe[11], aucun nom ne parviendrait correctement à en rendre compte. Il n'en demeure pas moins qu'ils entretiennent une très intime correspondance avec l'œuvre qui a rendu possible sa propre entreprise. La familiarité permise par le traitement biographique de Pollock est plus grande que celle qu'autorise la pure contemplation ou l'étude de l'œuvre même. Ces noms qui pourraient aussi bien effrayer et détourner de la pratique finissent par autoriser quand même sa poursuite. Di Matteo s'autorise de ses maîtres pour continuer à peindre. Il y a là une posture qui n'a rien d'irrévérencieux, qui puise au plus reculé de l'histoire de la peinture, à l'acceptation de la filiation et de la dette. Mais il y a aussi cette proximité nouvelle que la vie de Pollock permet : de même que la *Vie de Marcel Duchamp* illustrée par André Raffray appelait un regard d'enfant, une imagerie simple, d'apparence si éloignée de la distanciation cultivée par Duchamp, le Pollock de la biographie est un homme jeune : peut-être seulement un frère.

En lisant le texte (celui du catalogue de 1982), je fus frappé par les premières lettres écrites à ses frères : lettres d'un artiste encore inaccompli à des frères plus âgés et dont le rapport à l'art, comme à la vie, est *en avance* – tout comme Duchamp, d'ailleurs, dont les frères se trouvaient pleinement engagés dans la carrière de sculpteur et de peintre quand lui-même débutait à peine. Jusqu'à quel point cela n'entre-t-il pas en ligne de compte dans l'usage que Duchamp fait très tôt du mot « retard » pour désigner le tableau, dans ses notes sur la *Mariée* ?[12] Les images de Pollock (les peintures de Gabriele Di Matteo faites d'après les photographies du catalogue) me sont parvenues, sous forme de clichés numériques, avant que je consulte l'ouvrage et que je voie donc leur modèle. Leur côté « vivant » m'a alors surpris, malgré le traitement en grisaille fidèle au noir et blanc photographique. C'étaient bien des images familières, à travers lesquelles j'ai vu *ensuite* les photographies du catalogue. Toutes semblaient ainsi avoir perdu de leur distance. Je les regardais comme on feuillette un album de famille – comme si ce fameux retard avait enfin été rattrapé.

1. Dans le catalogue, la vie de Jackson Pollock se présente sous une double forme : d'une part une chronologie factuelle, illustrée de photographies prises à divers moments de son existence ; d'autre part un ensemble de récits croisés, écrits à la première personne, composés à la fois d'une abondante correspondance entre l'artiste et ses proches et de souvenirs – notamment ceux de Peggy Guggenheim ; *Jackson Pollock*, Musée national d'art moderne, 21 janvier - 19 avril 1982, Paris, Centre Georges Pompidou, 1982.
2. Autour de 1980, la réutilisation du procédé du *dripping*, détourné de ses buts spécifiques et du contexte dans lequel Pollock l'employait, a été l'un des moyens par lesquels Art & Language a poursuivi sa critique de l'expression plastique, donnant lieu notamment à la série « Portraits de V.I. Lénine dans le style de Jackson Pollock ».
3. Bernard Marcadé, *Marcel Duchamp*, Paris, Flammarion, 2007 ; le chapitre 7, « Plus de peinture, cherche du travail » (p. 75-88), est particulièrement éclairant sur les raisons croisées de cet abandon progressif de la pratique picturale : mêlant une certaine aversion pour la technique elle-même et un vif rejet du milieu artistique, spécialement parisien.
4. André Breton, *Second manifeste du surréalisme*, *Œuvres complètes*, t. I, Paris, Gallimard, collection « La Pléiade », 1988, p. 815. Voir aussi le commentaire de Marguerite Bonnet (n. 7, p. 1614), sur la comparaison entre l'« interminable » partie d'échecs de Duchamp et l'exil éthiopien de Rimbaud (« cet exécrable Harrar »).
5. La photographie qui sert de point de départ est un portrait de Jorge Luis Borges ; on trouvera, sur le site du MAMCO, une notice consacrée à l'œuvre : http://www.mamco.ch/artistes_fichiers/D/dimatteo.html
6. Marcel Duchamp, notes pour une conférence, citées par Bernard Marcadé, *op. cit.*, p. 86, n. 416.
7. Par le gommage, l'artiste s'appropriait le dessin de De Kooning, devenu ainsi une œuvre de Rauschenberg (*Erased De Kooning Drawing*, 1953, San Francisco Museum of Modern Art).
8. Le combat qui, en 1916, opposa Arthur Cravan à Jack Johnson, ancien champion du monde dans la catégorie mi-lourds, n'a pas laissé le souvenir d'un événement sportif particulièrement remarquable ; il demeure en revanche l'une des manifestations les plus célèbres d'Arthur Cravan, dont le statut de performance avant la lettre a trouvé une postérité, par exemple, dans le travail d'Andrea Fraser ou d'Elena Kovylina. Sur les conditions dans lesquelles ce match fut organisé, voir : Arthur Cravan, *Œuvres, Poèmes, articles, lettres*, Paris, Ivrea, 1992, p. 273.
9. On en trouve une « illustration » à tous les sens du terme dans l'ouvrage d'Alexander Alberro, *Conceptual Art and the Politics of Publicity*, Cambridge, The MIT Press, 2003, p. 30 sq.
10. Voir notamment *Gabriele Di Matteo, Œuvres 1986/2002*, FRAC Limousin, Artshow Edizioni, Limoges-Milan, 2002, p. 41-61.
11. Picabia a présenté son « tableau vivant », aujourd'hui disparu, à la soirée Dada du 27 mars 1920, un singe en peluche épinglé au centre avec, autour, les inscriptions suivantes : « Portrait de Renoir, portrait de Cézanne, portrait de Rembrandt, natures mortes ». En 1991, Gabriele Di Matteo a réalisé une série de toiles d'après les portraits des mêmes, au milieu d'autres grands noms, tels qu'ils figuraient en couverture de brochures populaires. Sur le projet *Biografie*, voir *ibid.* p. 34-36.
12. « Employer "retard" au lieu de tableau ou peinture ; tableau sur verre devient retard en verre – mais retard en verre ne veut pas dire tableau sur verre. – C'est simplement un moyen d'arriver à ne plus considérer que la chose en question est un tableau – en faire un retard dans tout le général possible, pas tant dans les différents sens dans lesquels retard peut être pris, mais plutôt dans leur réunion indécise. "Retard" – un retard en verre, comme on dirait un poème en prose ou un crachoir en argent. » Ecrit par Marcel Duchamp vraisemblablement vers 1912, ce texte fait partie des notes de la *Boîte verte* (1934) sur la conception de *La Mariée mise à nu par ses célibataires, même* ; reproduit dans *Duchamp du signe*, Ecrits réunis et présentés par Michel Sanouillet, Paris, Flammarion, 1994, p. 41.

Appendix
Apparati
Annexes

Gabriele Di Matteo

Born in Torre del Greco (Naples). Lives and works in Milan.
Nato a Torre del Greco (Napoli). Vive e lavora a Milano.
Né à Torre del Greco (Naples). Vit et travaille à Milan.

Selected Solo Exhibitions / Mostre personali selezionate / Expositions personnelles (sélection)

2009
Federico Luger Gallery, Milano.
2007
Annarumma 404, Milano.
2005
Configurations, Musée d'Art Moderne et Contemporain (MAMCO), Genève.
Connexions, série Bonus, Musée d'Art Moderne et Contemporain (MAMCO), Genève.
FRAC Languedoc-Roussillon, Montpellier, with catalogue / con catalogo / avec catalogue.
Musée PAB, Alès, with catalogue / con catalogo / avec catalogue.
Gallery 101, Ottawa.
2004
Musée d'Art Moderne et Contemporain (MAMCO), Genève.
2003
Antonio Colombo Arte Contemporanea, Milano, with catalogue / con catalogo / avec catalogue.
Galleria 404, Napoli.
FRAC Bretagne, Rennes, with catalogue / con catalogo / avec catalogue.
Le Grand Café, Saint-Nazaire.
2002
Collège Marcel Duchamp, Châteauroux.
FRAC Limousin, Limoges, with catalogue / con catalogo / avec catalogue.
2001
Australian Centre for Contemporary Art, Melbourne.
2000
Vilma Gold Gallery, London.
C/O non-profit Gallery, Milano.
1999
Galerie Georges-Philippe & Nathalie Vallois, Paris.
1998
Bibliothèque Municipale de Lyon, FRAC Rhône-Alpes, Lyon, with catalogue / con catalogo / avec catalogue.
1996
Paolo Vitolo Gallery, Milano.
PLACENTIA Gallery, Piacenza.
1994
FRAC Languedoc-Roussillon, Galerie ESCA, Nîmes, with catalogue / con catalogo / avec catalogue.
1993
FAC-SIMILE Gallery, Milano.
1992
Espaj Pascual Lucas, Valencia, with catalogue / con catalogo / avec catalogue.
Studio Graziano Vigato, Alessandria.
1991
FAC-SIMILE Gallery, Milano, with catalogue / con catalogo / avec catalogue.
1989
FAC-SIMILE Gallery, Milano.
1986
Galerie ESCA, Nîmes.

Selected Group Exhibitions / Mostre collettive selezionate / Expositions collectives (sélection)

2008
Le Couloir des Miroirs (Art & Cinéma), FRAC Limousin, Limoges.
P2P-Échanges, Casino Luxembourg, Luxembourg.
2007
Photopeintres, FRAC Limousin, Limoges.
Ensamble(s), Cité des Arts, Paris.
2006
Chauffe Marcel (L'imitation de Marcel Duchamp), Montpellier.
Molécules Particulières, Espace François-Auguste Ducros, Grignan, FRAC Rhône-Alpes.
Immaginario contemporaneo, Galleria Bel Vedere, Milano.
2005
L'Humanité mise à nu et l'arc en frac, Casino Luxembourg, Luxembourg.
OK, OKAY, Swiss Institute, New York.
OK, OKAY, Gray Art Gallery, New York.
Quadriennale di Roma, Roma.
2004
Welcome to Entropia, curated by / a cura di / commissaire d'exposition Yannick Milloux, Centre national d'Art et du Paysage, Vassivière.
Utopia Station, Incursione vesuviana, curated by / a cura di / commissaire d'exposition Gigiotto Del Vecchio, Napoli.
2003
Collection de Chefs-d'œuvre, FRAC Limousin.
Isola (art) project, MAMCO, Genève.
Napoli Anno Zero, curated by / a cura di / commissaire d'exposition Gianfranco Maraniello, Castel Sant'Elmo, Napoli.
2002
Rumors of War, curated by / a cura di / commissaire d'exposition Franklin Sirman, Jacob Lawrence Foundation, New York.
2001
Biennale of Tirana, Tirana.
Il Dono, curated by / a cura di / commissaires d'exposition Gianfranco Maraniello, Antonio Somaini, Sergio Risaliti, Palazzo delle Papesse, Siena.
The Bronx Museum, New York.
Centro culturale Candiani, Mestre.
Stadtgalerie, Klagenfurt.
Mary and Leigh Block Museum of Art, Northwestern University, Evanston.
Art Gallery of Hamilton, Hamilton, Ontario.
Scottsdale Museum of Contemporary Art, Scottsdale.
2000
Hallucinating Love Foundation, curated by / a cura di / commissaire d'exposition Gigiotto Del Vecchio, Maze Art Gallery, Torino.
Fantapop, curated by / a cura di / commissaire d'exposition Virginia Baradel, Fondazione Bevilacqua La Masa, Venezia.
1999
First Melbourne International Biennale, curated by / a cura di / commissaire d'exposition Jen Budney and / e / et Roberto Pinto, Melbourne.

Un jardin d'hiver, Bourg-en-Bresse, collection FRAC Rhône-Alpes.
Stranger Knocking, CCP - Centre for Contemporary Photography, Melbourne.
1998
Subway, curated by / a cura di / commissaire d'exposition Roberto Pinto, Milano.
Due o tre cose che so di loro, curated by / a cura di / commissaire d'exposition Marco Meneguzzo, PAC - Padiglione d'Arte Contemporanea, Milano.
1997
Punto, curated by / a cura di / commissaire d'exposition Elio Grazioli, Galleria Continua, San Gimignano.
1996
Photopeintres, Casino Luxembourg, Luxembourg.
Tradition & Innovation. Italian Art since 1945, curated by / a cura di / commissaire d'exposition Francesco Bonami, National Museum of Contemporary Art, Seoul.
1995
Aperto '95 - Out of Order, curated by / a cura di / commissaire d'exposition Roberto Daolio, Galleria d'Arte Moderna, Bologna.
1994
Procreation, FRI-ART - Centre d'Art Contemporain, Fribourg.
Prima linea, curated by / a cura di / commissaire d'exposition Francesco Bonami, Flash Art Museum, Trevi.
1991
Something Is Happening in Italy, Lia Rumma Gallery, Napoli.
1989
Premio Saatchi & Saatchi, Palazzo delle Stelline, Milano (first prize / primo premio / premier prix).
1986
Evacuare Napoli, l'ultima generazione, Institut Français de Naples, Napoli.

Public Collections / Collezioni pubbliche / Collections publiques

Artothèque, Lyon
FRAC Bretagne
FRAC Languedoc-Roussillon
FRAC Limousin
FRAC Rhône-Alpes
MAMCO, Genève
PAC, Milano

Bibliography / Bibliografia / Bibliographie

Andrea Viliani, in *Contemporary-Conversations*, n. 2, 2008.
Barbara Meneghel, in *Flash Art*, n. 268, 2008.
Andrea Viliani, *Le peintre salue la mer*, FRAC Languedoc-Roussillon, 2005.
Alessandro Rabottini, "We Live Together in a Photograph of Time," in *Le peintre salue la mer*, FRAC Languedoc-Roussillon, 2005.
Françoise Lonardoni, "Un critère de choix," in *Le peintre salue la mer*, FRAC Languedoc-Roussillon, 2005.
Gilda Williams, "Painting from a Distance," in *Le peintre salue la mer*, FRAC Languedoc-Roussillon, 2005.
Marc Olivier Wahler, "Agent Double," in *Le peintre salue la mer*, FRAC Languedoc-Roussillon, 2005.
"A Constructed World," in *Le peintre salue la mer*, FRAC Languedoc-Roussillon, 2005.
Giorgio Verzotti, in *Art Forum*, February / febbraio / février 2004.
Andrea Viliani, *Il Capitano e la battaglia della terza dimensione*, Galleria Antonio Colombo, Milano, 2003.
Roberto Pinto, "L'inganno dell'inganno della pittura," in the catalogue / nel catalogo / dans le catalogue *Voyage sur la terre*, 2003.
Gilda Williams, *Vitamin P*, Phaidon, 2002.
Giorgio Verzotti, "Gabriele Di Matteo," in the catalogue / nel catalogo / dans le catalogue, FRAC Limousin, 2002.
Françoise Lonardoni, "Gabriele Di Matteo," in the catalogue / nel catalogo / dans le catalogue, FRAC Limousin, 2002.
Gabi Scardi, "Armando e il topo," in the catalogue / nel catalogo / dans le catalogue, FRAC Limousin, 2002.
Gabriella Coslovich, "Bare Fact of History," in *The Age*, Melbourne, 20 February / febbraio / février 2001.
Stuart Koop, essay on the exhibition / articolo relativo alla mostra / article sur l'exposition "History Stripped Bare," ACCA, Melbourne, 2001.
Gilda Williams, essay on the exhibition / articolo relativo alla mostra / article sur l'exposition "History Stripped Bare," Vilma Gold Gallery, London, 2000.
Neal Brown, "The Naked Truth about Contemporary Art," in *The Independent*, 10 September / settembre / septembre 2000.
Jean-Yves Jouannais, "La nuda umanità," in *Art/Press*, n. 257, May / maggio / mai 2000.
Giulio Ciavoliello, *Am I a Work of Art?*, Care/off show, 2000.
Roberto Pinto, *Stranger Knocking*, exhibition catalogue / catalogo della mostra / catalogue de l'exposition, Melbourne International Bienniale, 1999.
Jean-Yves Jouannais, "Les ruines circulaires," in the catalogue / nel catalogo / dans le catalogue *The Blind Man*, Bibliothèque Municipale de Lyon, 1998.
Giorgio Verzotti, "Impressions of Images," in the catalogue / nel catalogo / dans le catalogue *The Blind Man*, Bibliothèque Municipale de Lyon, 1998.
Giorgio Verzotti, "Gabriele Di Matteo," in *Flash Art*, n. 203, April–May / aprile-maggio / avril-mai 1997.
Jen Budney, "Five Paintings," in *ART+TEXT*, May / maggio / mai 1997.
Delphine Charrueau, essay on the exhibition / articolo relativo alla mostra / article sur l'exposition "Photopeintres", Casino Luxembourg, 1996.
Roberto Pinto, *Alfabetizzazione*, exhibition catalogue / catalogo della mostra / catalogue de l'exposition, 1996.
Francesco Bonami, *Italian Art since 1945*, exhibition catalogue / catalogo della mostra / catalogue de l'exposition, Museum of Contemporary Art, Seoul, 1996.
Roberto Daolio, *Aperto '95 - Out of Order*, exhibition catalogue / catalogo della mostra / catalogue de l'exposition, Galleria d'Arte Moderna, Bologna, 1995.
Francesco Bonami, *Prima linea*, exhibition catalogue / catalogo della mostra / catalogue de l'exposition, Trevi Flash Art Museum, 1994.
Lis Ott, in *Art Press*, summer / estate / été 1994.
Grazia Quaroni, *La mesure du temps*, catalogue / catalogo / catalogue, FRAC Languedoc-Roussillon, 1994.
Horatio Goni, in *CIMAL International*, January / gennaio / janvier 1993.
Rafael Pic, in *Art Press*, n. 180, 1993.
Maurizio Bortolotti, in *tema celeste*, n. 41, summer / estate / été 1993.
Grazia Toderi, in *Flash Art Italia*, n. 175, 1993.
Roberto Pinto, "Gabriele Di Matteo," in *Flash Art Italia*, n. 171, 1993.
Gianni Romano, in *Temporale*, n. 28, Lugano 1992.
Paolo Levi, in *Capital*, October / ottobre / octobre 1991.
Antonio D'Avossa, *TAC*, exhibition catalogue / catalogo della mostra / catalogue de l'exposition, Valencia, 1990.
Gianni Romano, in *Lapis International*, June / giugno / juin 1991.
Giulio Ciavoliello, in *Flash Art Italia*, n. 162, 1991.
Giorgio Verzotti, "Gabriele Di Matteo," in *Art Forum*, n. 9, 1991.
Giorgio Verzotti, "Biography," in *Gabriele Di Matteo*, exhibition catalogue / catalogo della mostra / catalogue de l'exposition, FAC-SIMILE Gallery, 1991.
Giacinto Di Pietrantonio, in *Flash Art Italia*, October–November / ottobre-novembre / octobre-novembre 1990.
Giorgio Verzotti, in *Flash Art Italia*, n. 158, 1990.
Maria Teresa Roberto, "Gabriele Di Matteo," in *Flash Art*, n. 157, 1990.
Giovanni Joppolo, "La scena italiana," in *Opus International*, n. 119, 1990.
Grazia Quaroni, "Gabriele Di Matteo," in *Flash Art*, 1990.
Giorgio Verzotti, "Gabriele Di Matteo," FAC-SIMILE Gallery, 1989.

Design / Progetto grafico / Graphisme
Gabriele Nason, Daniela Meda

Editorial Coordination / Coordinamento redazionale / Coordination éditoriale
Filomena Moscatelli

Copyediting / Redazione / Relectures
Alessandro Prandoni, Emily Ligniti, Marie Galey

Translation / Traduzione / Traduction
Gianmarco Del Re, David Liver, Steve Piccolo

Copywriting and Press Office / Copy e Ufficio stampa / Publicité et presse
Silvia Palombi Arte&Mostre, Milano

US Editorial Director / Direttore editoriale USA / Directeur éditorial Etats-Unis
Francesca Sorace

Promotion and Web / Promozione e Web / Promotion et Internet
Monica D'Emidio

Distribution / Distribuzione / Diffusion
Antonia De Besi

Administration / Amministrazione / Administration
Grazia De Giosa

Warehouse and Outlet / Magazzino e Spaccio / Stockage et vente
Roberto Curiale

Cover / Copertina / Couverture
Jackson Pollock par Arnald Newman, c.1949. 2008 - oil on canvas / olio su tela / huile sur toile, 100 x 100 cm

Photo Credits / Referenze fotografiche / Crédits photographiques
Antonio Maniscalco
© Centre Georges Pompidou, *Jackson Pollock*, Paris 1982 for the scanning of / per le scansioni di / pour les scannérisations des pp. 213-310

We apologize if, due to reasons wholly beyond our control, some of the photo sources have not been listed.
Ci scusiamo se per cause indipendenti dalla nostra volontà abbiamo omesso alcune referenze fotografiche.
L'éditeur est à la disposition des ayants droit pour toutes les sources iconographiques non identifiées.

Contents / Sommario / Sommaire

311 List of Works / Elenco delle opere / Liste des Œuvres

Giorgio Verzotti
314 Gabriele Di Matteo. Pollock
317 Gabriele Di Matteo. Pollock
320 Gabriele Di Matteo. Pollock

François Michaud
323 The Complexity
326 La complessità
329 La complexité

332 Appendix / Apparati / Annexes

ISBN 978-88-8158-719-3

Printed in Italy

Edizioni Charta srl
Milano
via della Moscova, 27 - 20121
Tel. +39-026598098/026598200
Fax +39-026598577
e-mail: edcharta@tin.it

Charta Books Ltd.
New York City
Tribeca Office
Tel. +1-313-406-8468
e-mail: international@chartaartbooks.it
www.chartaartbooks.it

Catalogue realized on the occasion of the exhibition
Catalogo realizzato in occasione della mostra
Catalogue réalisé à l'occasion de l'exposition

Gabriele Di Matteo: Jackson Pollock
Une vie, éléments et documents

21 January / 19 April 2009
21 gennaio / 19 aprile 2009
21 janvier / 19 avril 2009

Federico Luger
via Domodossola 17
20145 Milano
e-mail: info@federicoluger.com
www.federicolugergallery.com

Acknowledgments / Ringraziamenti / Remerciements

Françoise Lonardoni
Head of Contemporary Collections / Incaricata per le collezioni contemporanee / Chargée des collections contemporaines à la Bibliothèque de Lyon

Salvatore Russo
painter / pittore / peintre

Nikola Luger

Francesco Annarumma
Mattia Barbieri
Francesca Beretta, Marta and/e/et Arturo Luger
Nicola Cecchelli
Pepe Cobo
Armando della Vittoria
Gianmarco and/e/et Pierfrancesco Del Re
Igor Eškinja
Loredana Filice, Zaccaria Di Matteo
Francesco Fossati
Giovanna Francesconi
Antonio Funicola
Dulce Wendoly García Morales
David and/e/et Frederic Liver
Diango Hernández
Antonio Maniscalco
François Michaud
Luis Molina-Pantin
Maria Cristina Osnaghi
Nicola Palmarini
Carmine Panico
Steve Piccolo
Santo & Matteo
Josè Roberto Shwafaty Siquira
Maria Chiara Valacchi
Giorgio Verzotti

To find out more about Charta,
and to learn about our most recent publications, visit

Per saperne di più su Charta,
ed essere sempre aggiornato sulle novità, entra in

Pour en savoir plus sur Charta,
et être toujours informé des nouvelles parutions, visitez

www.chartaartbooks.it

Printed in January 2009
by Leva spa, Sesto San Giovanni
for Edizioni Charta